不动产登记实务问答

刘守君 ○ 编著

西南交通大学出版社
·成 都·

内容简介

本书作者对不动产登记实务中出现频率较高的 160 个问题进行了归集、解答，这些问题涵盖面广，涉及的知识多，具有典型性。作者对这些问题的解答中，有法理分析、法条阐释和实务处置建议，以期为读者解决不动产登记实务问题提供参考、拓宽思路。

图书在版编目（CIP）数据

不动产登记实务问答 / 刘守君编著. —成都：西南交通大学出版社，2021.9
　ISBN 978-7-5643-8246-9

Ⅰ. ①不… Ⅱ. ①刘… Ⅲ. ①不动产–产权登记–中国–问题解答 Ⅳ. ①D923.25

中国版本图书馆 CIP 数据核字（2021）第 185731 号

不动产登记实务问答

刘守君　编著

责任编辑	孟秀芝
封面设计	何东琳设计工作室
出版发行	西南交通大学出版社 （四川省成都市二环路北一段 111 号 西南交通大学创新大厦 21 楼）
发行部电话	028-87600564　028-87600533
邮政编码	610031
网　　址	http://www.xnjdcbs.com
印　　刷	四川煤田地质制图印刷厂
成品尺寸	170 mm × 230 mm
印　　张	16
字　　数	213 千
版　　次	2021 年 9 月第 1 版
印　　次	2021 年 9 月第 1 次
书　　号	ISBN 978-7-5643-8246-9
定　　价	48.00 元

图书如有印装质量问题　本社负责退换
版权所有　盗版必究　举报电话：028-87600562

作者简介

刘守君,男,1969年9月出生,党校大学文化,高级经济师职称。中国注册房地产估价师和中国注册房地产经纪人资格。乐山市首批学术和技术带头人。

1993年9月至2014年5月,在犍为县房地产管理所从事房屋登记工作,现从事不动产登记研究、咨询和教学工作。

主要学术兼职:北京城市学院众城智库中国不动产(自然资源)登记研究院研究员。

参研的主要课题:《福建省不动产登记办法》前期调研论证、河北雄安新区不动产登记制度体系研究。

主要研究兴趣:民法物权,不动产登记。出版专著《〈不动产登记暂行条例实施细则〉条文理解与适用》《不动产登记典型问题解析》《不动产登记收件实务》《不动产登记典型案例剖析》《不动产登记典型判例解析》等8部。有160多篇有关不动产登记的论文、案例剖析文章发表在《中国国土资源报》《中国不动产》《中国房地产》《房地产权产籍》《四川房地产》等专业报纸、期刊上。

前 言
PREFACE

"刘守君不动产登记实务系列丛书"自出版以来，得到了广大一线的不动产登记人员的喜爱，笔者感谢大家的信任与支持。丛书中的《不动产登记典型问题解析》《不动产登记典型案例剖析》实质上是不动产登记中的实务问题的问答汇集，根据读者的反馈，这两本书中汇集的235个典型的不动产登记实务问题的问答，为读者解决不动产登记中的一些实务问题提供了参考或拓展了思路，对此，笔者深感欣慰。

虽然《不动产登记典型问题解析》《不动产登记典型案例剖析》中汇集了235个典型的不动产登记实务问题问答，但我国处于社会、经济等各方面快速、多元化的发展时期，新情况、新问题的出现层出不穷，以处理个案为主的不动产登记实务中新情况、新问题的出现也常态化。笔者与不动产登记实务界的朋友们经常就这些新情况、新问题进行讨论、交流，并将一些典型问题的讨论、交流情况和感悟记录下来，从中选取了160个问答编撰成了您手中的《不动产登记实务问答》。

本书的编撰体系继承了《不动产登记典型问题解析》《不动产登记典型案例剖析》的编撰体系，即按具体的不动产登记类型，将这些问题进行了分类，便于读者查阅和关联理解。在方法上，通过法理分析、法条阐释和实务处理建议对这些问题进行解析。解析中，虽然也引用了法学家们的经典理论，但更多的还是根据自己研习民法物权、不动产登记理论和曾经从事二十余年不动产（房屋）登记实务的体会、经验以及与朋友们交流探讨中学到的新知识、提升的新认识，来说法理、讲法条、提建议。

笔者期盼本书的出版，能够为从事不动产登记实务的朋友们解决工作中的问题提供参考、帮助，但限于笔者的能力和水平，对本书的谬误之处，敬请读者和各位仁达贤翁不吝赐教。

本书能够顺利出版，得益于西南交通大学出版社的领导和编辑们的大力支持，在此深表谢忱。在本书编撰过程中，得到了我亲爱的妻子范晓容女士的真情陪伴和倾心相助，谨以此书向她致敬。谨以此书与我的四川大学生物治疗国家重点实验室的博士研究生女儿刘默涵同学共勉，祝她快乐、健康、阳光、课题研究顺利并学业有成。

刘守君

二〇二一年六月，犍为

主要法律规范性文件缩略语

1. 《中华人民共和国民法典》——《民法典》

2. 《中华人民共和国城市房地产管理法》——《城市房地产管理法》

3. 《中华人民共和国土地管理法》——《土地管理法》

4. 《中华人民共和国民事诉讼法》——《民事诉讼法》

5. 《中华人民共和国行政诉讼法》——《行政诉讼法》

6. 《中华人民共和国公证法》——《公证法》

7. 《中华人民共和国农村土地承包法》——《农村土地承包法》

8. 《中华人民共和国森林法》——《森林法》

9. 《中华人民共和国防洪法》——《防洪法》

10. 《中华人民共和国公司法》——《公司法》

11. 《中华人民共和国城乡规划法》——《城乡规划法》

12. 《最高人民法院关于适用〈中华人民共和国民法典〉继承编的解释（一）》——《民法典继承编司法解释（一）》

13. 《最高人民法院关于适用〈中华人民共和国民法典〉物权编的解释（一）》——《民法典物权编司法解释（一）》

14. 《最高人民法院关于适用〈中华人民共和国民法典〉有关担保制度的解释》——《民法典担保制度司法解释》

15. 《中华人民共和国城镇国有土地使用权出让和转让暂行条例》——《城镇国有土地使用权出让和转让暂行条例》

目录

CONTENTS

第一部分 首次登记

第 1 问　国有建设用地使用权出让期限始期未到的土地出让合同，登记机构可否用作登记的证据材料/...1

第 2 问　土地出让金缴纳凭证上的金额与土地出让合同上的金额不对应的，登记机构可否为当事人办理国有建设用地使用权首次登记/...2

第 3 问　公司注销前取得的土地，可否首次登记在重新设立的同名公司名下/...4

第 4 问　总公司持以分公司名义办理的用地、规划和竣工验收等材料申请的房屋首次登记，登记机构可否办理/...5

第 5 问　权利人取得房屋竣工验收手续后再非法加建一层的，登记机构可否为其办理竣工验收部分的房屋首次登记/...7

第 6 问　房地产的合作开发人分别以各自名义办理用地、规划许可手续，登记机构可否将竣工房屋首次登记给其中的一个合作人/...8

第 7 问　未办理首次登记的合资建房，登记机构可否凭生效的确认权属的判决书直接为出资人办理相应的房地产首次登记/...10

第 8 问　登记机构可否凭确认权属的裁定书为申请人办理房屋首次登记/...12

第 9 问　权利人放弃权利产生的注销登记办结后，收归国有的房地产该如何申请登记/...13

第 10 问　宅基地及地上房屋首次登记的权利主体是谁/...15

第 11 问　因水工建筑用地上营造的林木申请的林木所有权首次登

记，登记机构可否办理/...18

第 12 问　因在河堤堤坝上植树申请的土地承包经营权及地上林木所有权首次登记，登记机构可否办理/...19

第二部分　变更登记

第 13 问　因自动续期取得的住宅建设用地使用权，当事人应当申请什么登记/...21

第 14 问　当事人分割有抵押权负担的宗地产生的变更登记，登记机构可否办理/...22

第 15 问　两套毗邻的成套住房组合设定为一个不动产单元申请的变更登记，登记机构可否办理/...23

第 16 问　权利人因局部放弃宗地权利、局部保留宗地权利申请的国有建设用地使用权变更登记，登记机构可否办理/...25

第三部分　转移登记

第 17 问　权利人因将 50 年土地使用权期限中的前 30 年转让给他人申请的转移登记，登记机构可否办理/...28

第 18 问　对有边界争议的土地使用权申请的转移登记，登记机构可否作不予登记处理/...29

第 19 问　当事公司因分割登记在牵头公司名下的国有建设用地使用权申请的转移登记，登记机构可否办理/...30

第 20 问　被执行人未登记在其名下的基于生效法律文书取得的国有建设用地使用权又被人民法院裁定抵债产生的转移登记，登记机构可否办理/...32

第 21 问　国有土地使用权证上载明了使用期限的土地使用权性质是否是出让/...33

第 22 问　登记机构办理因出让取得的国有农用地使用权转移登记时，是否收取或查验契税缴纳凭证/...35

目 录

第 23 问　基于房屋买卖合同产生的转移登记中，登记机构可否将房屋直接登记在买卖合同当事人以外的人名下/…36

第 24 问　当事人依房屋买卖合同中关于单方申请转移登记的约定申请的转移登记，登记机构可否办理/…38

第 25 问　占份额三分之二以上的共有人处分共有的不动产后申请的转移登记，登记机构可否办理/…39

第 26 问　按份共有人转让其不动产份额时，其他共有人或其委托人是否应当参与转移登记申请/…40

第 27 问　转让人通知其他按份共有人的证明是否是转让转移登记申请材料/…41

第 28 问　对权属有争议的不动产转移登记申请，登记机构可否作中止登记处理/…42

第 29 问　当事人持无不动产登记资料支撑的房屋所有权证申请的房地产转让转移登记，登记机构该怎样处理/…43

第 30 问　房地产转让转移登记完成后，买卖双方可否以未提交土地增值税缴纳凭证为由申请撤回该转让转移登记申请/…44

第 31 问　申请人申请转移登记时，买方据以签订商品房预售合同的身份证明已被注销的，登记机构该如何处理/…46

第 32 问　企业注销前处分的不动产在企业注销后申请的转移登记，登记机构该怎样处理/…48

第 33 问　房地产开发公司被吊销营业执照后清算组成立前与购房人签订的商品房买卖合同，登记机构可否用作办理转移登记的证据材料/…51

第 34 问　公司营业执照被吊销后可否以该公司名义与买方共同申请转让转移登记/…52

第 35 问　登记在无民事行为能力的父母名下的房屋卖给非监护人的儿子产生的转移登记，登记机构可否办理/…53

第 36 问　监护人申请的将其与被监护人共同购买的房屋转移登记

为其单独所有产生的登记，登记机构可否办理/…54

第37问　受托人持以转让房屋坐落明确的代理事项的委托书申请的转移登记，登记机构可否受理/…55

第38问　受托的房地产开发公司指定其员工代委托人申请的房屋转移登记，登记机构可否受理/…56

第39问　抵押当事人在债务履行期间申请的以抵押房屋抵债产生的转移登记，登记机构可否办理/…57

第40问　抵押人转让抵押不动产申请的转移登记，登记机构可否办理/…58

第41问　被没收的房屋未转移登记到国家机关名下又转让给他人申请的转移登记，登记机构可否受理/…60

第42问　人民法院生效的判决书变更了商品房预售合同的买方，登记机构可否直接为变更后的买方办理商品房转移登记/…61

第43问　人民法院裁定归属的预售商品房可否直接转移登记给权利取得人/…62

第44问　查封期限届满后当事人持轮候查封法院在其他法院查封期间出具的拍卖成交裁定书申请的不动产转移登记，登记机构可否办理/…64

第45问　有查封登记存在的情形下，登记机构可否为申请人办理因查封法院生效的判决书产生的房地产权属变更登记/…66

第46问　未成年人购买宅基地上房屋申请的转移登记，登记机构可否受理/…66

第47问　婚前购买的商品房尚未登记到购房人名下，离婚时又赠与或卖给配偶产生的登记该如何申请/…68

第48问　基于离婚协议分割取得的房屋直接冲抵未成年子女抚养费产生的转移登记，登记机构可否办理/…69

第49问　离婚协议约定预购商品房归属的，办理转移登记时是否需要对方配偶在登记申请书上签名/…71

目录

第 50 问　生效的离婚民事调解书载明原夫妻共有的不动产归未成年儿子的，原权利人可否再处分该不动产/...72

第 51 问　当事人因变更离婚民事调解书中关于房屋归属的内容申请的转移登记，登记机构可否办理/...74

第 52 问　对申请人申请的权属有争议的房屋，登记机构应当怎样处理/...77

第 53 问　登记在自然人名下的集体建设用地使用权及地上房屋所有权可否办理因离婚产生的转移登记/...79

第 54 问　被继承的房屋可否登记给继承人的监护人/...80

第 55 问　已被他人抱养的子女可否继承其生父母的遗产/...81

第 56 问　第二顺序继承人的晚辈直系血亲是否可以申请继承转移登记/...82

第 57 问　遗嘱可否直接作为登记机构办理继承转移登记的原因材料/...83

第 58 问　打印遗嘱作为办理继承转移登记的证据材料时，登记人员应当注意什么/...85

第 59 问　代理人凭代为申请继承转移登记的委托书填写的份额约定书，登记机构可否用作登记的证据材料/...85

第 60 问　外籍继承人提交所在国公证机构出具的相关继承文书，登记机构该怎样查验/...87

第 61 问　登记簿上记载的宅基地使用权的户主死亡后，当事人应当申请什么登记/...88

第四部分　注销登记

第 62 问　当事人放弃房屋所有权但不放弃该房屋占用范围内的国有建设用地使用权申请的注销登记，登记机构可否办理/...90

第 63 问　当事人只申请因拆除房屋产生的房屋所有权注销登记的，登记机构可否办理/...91

第 64 问　登记机构可否按实施征收的人民政府的注销登记通知书办理被查封房屋的注销登记/...92

第 65 问　登记机构办理因征收申请的房屋注销登记时，是否要实地查看/...93

第 66 问　有抵押权负担的房屋因被征收申请的注销登记，登记机构可否办理/...94

第 67 问　注销登记办结后，登记机构是否向申请人颁发不动产登记证明/...95

第 68 问　死绝户的宅基地使用权及地上房屋所有权是否须收归集体经济组织后，该集体经济组织才可以申请注销登记/...96

第五部分　抵押权登记

第 69 问　国有农用地使用权可否抵押/...99

第 70 问　公墓用地可否抵押/...100

第 71 问　地上有合法建造并竣工的房屋时，登记机构可否为当事人办理净地抵押产生的抵押权登记/...102

第 72 问　地上新增在建建筑物后，登记机构可否为当事人办理原净地抵押权变更登记/...103

第 73 问　办理抵押权登记时，申请人的印章编号是否属于登记机构的查验范围/...104

第 74 问　登记机构是否应当注意抵押合同上的抵押期限/...106

第 75 问　当事人在查封期间签订抵押合同，但在查封解除后申请的抵押权登记，登记机构可否办理/...107

第 76 问　四家银行共同作为抵押权人与抵押人签订房地产抵押合同后，抵押权可否只登记在其中一家银行名下/...109

第 77 问　抵押权人与自己签订的抵押合同，登记机构可否用作办理抵押权登记的材料/...111

第 78 问　以出卖的房屋作抵押担保该房屋买卖合同目的实现申请

的抵押权登记，登记机构可否受理/…112

第79问　以购买未经所有权登记的竣工房屋的买卖合同为主合同申请的抵押权登记，登记机构可否办理/…113

第80问　抵押权登记中，基于保理合同建立的债权有哪些/…114

第81问　因欠税担保申请的房屋抵押权登记，登记机构可否办理/…116

第82问　购房人用其购买的房屋为该房屋购房款的欠款作抵押担保申请的抵押权登记，登记机构可否办理/…120

第83问　同一个债权人可否成为同一房屋的顺位抵押权人/…122

第84问　一人有限责任公司的房地产抵押给其法定代表人产生的抵押权登记，登记机构可否办理/…122

第85问　按份共有人以其份额作抵押申请抵押权登记时，是否应当提交其他共有人同意的证明/…124

第86问　行政诉讼中的第三人在诉讼期间申请抵押涉案房地产产生的抵押权登记，登记机构可否办理/…125

第87问　预购商品房可否作反担保抵押的标的/…126

第88问　营利性机构因抵押教育设施、医疗卫生设施申请的抵押权登记，登记机构可否办理/…128

第89问　登记机构办理抵押权登记时，是否还要审查超值抵押问题/…129

第90问　未履行年度报告公示义务的企业申请的抵押权登记，登记机构可否办理/…129

第91问　当事人因债务人变动申请的抵押权变更登记，登记机构可否办理/…131

第92问　其他共同抵押人不配合的情形下，登记机构可否为当事人办理因抵押物减少产生的抵押权变更登记/…133

第93问　因债权发生期间变更产生的抵押权变更登记，登记机构可否办理/…134

第 94 问　一个抵押权分割为若干个抵押权产生的抵押权变更登记，登记机构可否办理/…135

第 95 问　查封期间，登记机构可否办理因主债权数额减少产生的抵押权变更登记/…137

第 96 问　当事人在房屋被征收后拆除前申请的抵押权变更登记，登记机构可否办理/…138

第 97 问　当事人在抵押房屋被查封后申请的因抵押担保方式变更产生的抵押权变更登记，登记机构可否办理/…140

第 98 问　随债权转让而转让的抵押权是否必须申请抵押权转移登记/…141

第 99 问　登记机构可否凭载明房地产上的抵押权消灭的协助执行通知书办理抵押权注销登记/…142

第 100 问　一个主债权可否同时被一个最高额抵押权和一个一般抵押权担保/…143

第 101 问　最高额抵押权登记之后，登记机构可否再为当事人办理顺位抵押权登记/…145

第 102 问　当事人在登记簿上记载的债权确定期间届满后申请因债权确定期间变更产生的最高额抵押权变更登记，登记机构可否办理/…146

第 103 问　当事人在抵押不动产被查封后申请的最高额抵押权变更登记，登记机构可否办理/…147

第 104 问　商品房预售许可证是否限制在建建筑物抵押权登记的办理/…148

第 105 问　当事人在作为在建建筑物抵押权标的物的房屋竣工并办理了首次登记后申请的在建建筑物抵押权变更登记，登记机构可否办理/…149

第 106 问　当事人用规划用途为物业管理用房的在建建筑物作抵押申请的在建建筑物抵押权登记，登记机构可否办理/…150

第 107 问　当事人用规划用途为配套幼儿园的部分作抵押申请的在

目 录

建建筑物抵押权登记，登记机构可否办理/...151

第 108 问　有抵押权预告登记存在的情形下，当事人申请的担保其他债权的抵押权首次登记，登记机构可否办理/...152

第六部分　更正登记

第 109 问　因登记机构的原因产生的登记错误是否适用更正登记/...154

第 110 问　借他人姓名登记的房屋恢复登记到真实的权利人名下，适用什么登记/...155

第 111 问　申请人申请将已被拆除房屋的所有权更正回其名下产生的登记，登记机构可否办理/...157

第 112 问　基于撤销不动产登记的行政复议决定书产生的是更正登记，还是注销登记/...158

第 113 问　已被征收的房屋因面积错误申请的更正登记，登记机构可否办理/...160

第 114 问　人民法院生效的判决书确认不动产登记违法的，登记机构该怎样处理/...161

第七部分　预告登记

第 115 问　因出让取得的国有建设用地使用权在未缴清土地出让金的情形下，可否申请国有建设用地使用权预告登记/...165

第 116 问　以两间门市作为共同抵押物申请的一件预购商品房抵押预告登记，登记机构可否办理/...166

第 117 问　当事人单方申请撤回预购商品房预告登记申请的，登记机构可否受理/...167

第 118 问　当事人持人民法院确认房屋所有权归属的执行裁定书申请的预购商品房预告登记转移登记，登记机构可否受理/...169

第 119 问　当事人单方持生效的确认商品房预售合同无效的民事判决书申请的预购商品房预告登记注销登记，登记机构可否办理/...170

第 120 问　预购商品房合同备案被撤销后，登记机构可否撤销基于此备案的预购商品房合同办理的预购商品房预告登记/…171

第 121 问　申请人在房屋竣工后持商品房预售合同申请的预购商品房预告登记，登记机构可否办理/…173

第 122 问　未注销的预购商品房预告登记，是否限制他人对该商品房申请的转移登记的办理/…174

第 123 问　当事人申请的预购商品房抵押预告登记顺位登记，登记机构可否办理/…175

第 124 问　权利人因放弃权利办理预购商品房抵押预告登记注销登记后再申请预购商品房抵押预告登记的，登记机构可否办理/…176

第 125 问　预购商品房预告登记和预购商品房抵押预告登记，是否限制之前设立的土地抵押权因债务履行期间延长产生的抵押权变更登记的办理/…178

第 126 问　购房人还款后，可否凭还款证明一并申请预购商品房抵押预告登记注销登记和预购商品房预告登记注销登记/…179

第 127 问　房屋所有权转移预告登记的权利人再转让该房屋申请的预告登记转移登记，登记机构可否办理/…180

第八部分　协助执行

第 128 问　自然资源局嘱托的不动产登记，登记机构可否办理/…183

第 129 问　人民法院的查封登记可否对抗公安局的协助执行/…184

第 130 问　生效的继承不动产的民事调解书可否由异地的人民法院执行/…185

第 131 问　登记机构协助人民法院办理查封登记时，是否要判定不动产可否被查封/…186

第 132 问　被收回的土地办理注销登记前，登记机构可否为人民法院办理查封登记/…188

第 133 问　基于拍卖成交裁定书取得的房地产在完成转移登记前又

被其他人民法院查封产生的查封登记,登记机构可否办理/...190

第 134 问　执行中,区人民法院可否直接解除省高级人民法院对房屋的查封/...192

第 135 问　登记簿上记载的轮候查封登记转为查封登记后,已经依法办理的查封登记注销登记可否再恢复/...194

第 136 问　凭要求查封土地的执行文书办理该地上房屋的查封登记后,登记机构可否对房屋上的查封登记予以更正登记/...195

第 137 问　登记机构可否凭执行优先债权的非查封法院送达的执行文书办理转移登记/...196

第 138 问　查封法院因轮候查封案件处分被查封的不动产产生的登记,登记机构可否办理/...198

第 139 问　轮候查封的人民法院因实现抵押权处分被查封的不动产产生的转移登记,登记机构可否办理/...200

第 140 问　人民法院处分共同抵押物中的一处不动产后,登记机构如何协助人民法院将该处不动产转移登记给买受人/...202

第 141 问　登记机构可否协助人民法院将用假的登记申请材料获取登记的房屋所有权转移登记给买受人/...203

第 142 问　有抵押权负担的房屋,登记机构可否按人民法院的协助执行通知书办理增加共有人产生的登记/...206

第 143 问　人民法院要求协助办理其处分有抵押权负担的不动产产生的转移登记,登记机构可否办理/...208

第 144 问　未收回的不动产权属证书是在协助执行事宜办理前公告作废,还是在办结后公告作废/...209

第 145 问　执行事项存在权属错误的协助执行通知书,登记机构可否据此办理不动产登记/...210

第九部分　其　他

第 146 问　对申请人通过邮政挂号信方式申请的不动产登记,登记

机构该如何处理/…213

第 147 问　非婚生未成年人的父母是否是其共同监护人/…214

第 148 问　监护人单独代其非婚生的未成年子女申请房产转移登记时，应当提交的监护关系证明是什么/…215

第 149 问　社区居民委员会为阿尔茨海默症病人指定监护人的证明，登记机构可否用作登记的证据材料/…217

第 150 问　登记人员受理不动产登记申请时，如何判断成年人是否是无民事行为能力人/…218

第 151 问　权利人委托他人代为领证又亲自到登记机构请求领证的，登记机构该怎样处理/…220

第 152 问　建筑物的地下层可否参与相应的地表土地使用权分摊/…221

第 153 问　人民法院裁定房屋转移后，当事人申请该房屋占用范围内的土地权属证书补发的，登记机构可否办理/…222

第 154 问　登记机构可否将不动产登记在死者名下/…223

第 155 问　未办理继承转移登记的房屋所有权可否被继承/…226

第 156 问　当事人能否将其因注销登记丧失的不动产权利再申请登记到其名下/…228

第 157 问　遗失补证的申请人是否仅是原证书上记载的权利人/…229

第 158 问　登记机构是否查验用作登记申请材料的合同是否生效/…230

第 159 问　公证机构可否确认房屋权属/…234

第 160 问　居住权有些什么特性？当事人该怎样申请居住权登记/…235

主要参考书目/…236

第一部分　首次登记

第一部分　首次登记

第 1 问　国有建设用地使用权出让期限始期未到的土地出让合同，登记机构可否用作登记的证据材料

土地出让合同载明的国有建设用地使用权出让期限是 A1[①]年 3 月 13 日—A70 年 3 月 12 日。A1 年 1 月 16 日，受让人持土地出让合同等材料，向登记机构申请国有建设用地使用权首次登记。

对受让人申请的国有建设用地使用权首次登记，登记机构可否办理？

笔者认为，对受让人申请的国有建设用地使用权首次登记，登记机构应当不予办理。

按《民法典》第三百四十九条规定，设立建设用地使用权的，应当向登记机构申请建设用地使用权登记。建设用地使用权自登记时设立。《不动产登记暂行条例》第二十条规定，不动产登记机构应当自受理登记申请之日起 30 个工作日内办结不动产登记手续，法律另有规定的除外。在不动产登记实务中，《国土资源部关于启用不动产簿证样式（试行）的通知》（国土资发〔2015〕25 号）规定，有明确使用期限的，填写批准文件或者合同等确定的使用起止日期。如×××年××月××日起×××年××月××日止。宗地、宗海内有多用途、多种使用期限的，可以分用途填写使用期限。据此可知，以出让方式取得的国有建设用地使用权，自登记机构在法定时限内（自受理登记之日起 30 个工作日内）记载于登记簿上时起设立，且出让合同上载明的土地使用期限是登记簿

[①] 为了让读者阅读起来不感到老旧，也为了减少修订的频率或次数，书中的年份尽量用 A1 等模糊方式表述。

上记载的国有建设用地使用权的内容。申言之，国有建设用地使用权记载于登记簿上的时间不得早于土地出让合同载明的该国有建设用地使用权出让期限的始期。《城市房地产管理法》第八条规定，土地使用权出让，是指国家将国有土地使用权在一定年限内出让给土地使用者，由土地使用者向国家支付土地使用权出让金的行为。据此可知，本问中，土地出让合同载明的国有建设用地使用权出让期限是A1年3月13日—A70年3月12日，表明：受让人受让的是A1年3月13日—A70年3月12日的国有建设用地使用权，即受让人在国有建设用地使用权始期A1年3月13日前不能基于该土地出让合同取得国有建设用地使用权。申言之，登记机构在法定的登记时限的终期（A1年2月15日）前不能将当事人尚未依法享有的国有建设用地使用权记载在登记簿上。《不动产登记暂行条例》第十七条第一款第（三）项规定，不动产登记机构收到不动产登记申请材料时，申请材料不齐全或者不符合法定形式的，应当当场书面告知申请人不予受理并一次性告知需要补正的全部内容。据此可知，本问中，A1年1月16日，受让人申请登记时提交的土地使用权出让合同，不能使其基于该合同取得申请登记的国有建设用地使用权，即申请登记的国有建设用地使用权无有效的权属证明支撑，属于申请材料不齐全的情形，登记机构应当当场书面告知申请人不予受理，待土地使用权出让期限的始期届至时再申请。因此，对受让人申请的国有建设用地使用权首次登记，登记机构应当不予办理。

第2问　土地出让金缴纳凭证上的金额与土地出让合同上的金额不对应的，登记机构可否为当事人办理国有建设用地使用权首次登记

按土地出让合同约定，某企业应当缴纳土地出让金1900万元，但申请国有建设用地使用权首次登记时提交的土地出让金缴纳凭证上载明的金额是900万元，同时提交的市政府会议纪要要求登记机构先行为企业办理国有建设用地使用权首次登记，剩余的土地出让金今后补交。

第一部分　首次登记

登记机构可否为该企业办理国有建设用地使用权首次登记？

笔者认为，登记机构不能为该企业办理国有建设用地使用权首次登记。

《民法典》第三百四十九条规定，设立建设用地使用权的，应当向登记机构申请建设用地使用权登记。建设用地使用权自登记时设立。登记机构应当向建设用地使用权人发放权属证书。该法第三百五十一条规定，建设用地使用权人应当依照法律规定以及合同约定支付出让金等费用。《城镇国有土地使用权出让和转让暂行条例》第十六条规定，土地使用者在支付全部土地使用权出让金后，应当依照规定办理登记，领取土地使用证，取得土地使用权。在不动产登记实务中，按《不动产登记暂行条例实施细则》第三十四条第一款第（三）项规定，申请人申请基于出让产生的国有建设用地使用权首次登记时应当提交"土地出让价款缴纳凭证"。据此可知，当事人依照《民法典》和《城镇国有土地使用权出让和转让暂行条例》的规定，按出让合同约定缴清土地使用权出让金是其申请国有建设用地使用权登记并领取建设用地使用权证书的前提。当事人申请国有建设用地使用权首次登记时，应当向登记机构提交与土地出让合同上载明的土地出让金金额相对应的土地出让金缴纳凭证，此情形下，申请人申请的基于出让产生的国有建设用地使用权首次登记，登记机构才可以办理。本问中，市政府会议纪要要求登记机构先行为企业办理国有建设用地使用权首次登记，剩余的土地出让金今后补交，违反前述《民法典》和《城镇国有土地使用权出让和转让暂行条例》的规定，应当无效。《不动产登记暂行条例》第十七条第一款第（三）项规定，不动产登记机构收到不动产登记申请材料时，申请材料不齐全或者不符合法定形式的，应当当场书面告知申请人不予受理并一次性告知需要补正的全部内容。因此，对该企业申请的国有建设用地使用权首次登记，登记机构应当以登记申请材料不齐全或不符合法定形式为由，作不予受理处理，同时，告知申请人，缴清土地使用权出让金后，再凭土地使用权出让金缴清凭证等材料申请登记。

第 3 问 公司注销前取得的土地，可否首次登记在重新设立的同名公司名下

甲公司（股东为乙、丙两人）A5 年以出让方式取得一宗国有建设用地，但一直未办理首次登记。A7 年公司注销，清算报告中未涉及该宗国有建设用地的处置。A9 年，乙、丙两人再次注册成立了甲公司。现甲公司持 A9 年颁发的营业执照、A5 年签订的土地出让合同等材料向登记机构申请首次登记。

登记机构可否为现时的甲公司办理该宗国有建设用地使用权首次登记？

笔者认为，登记机构不得为现时的甲公司办理该宗国有建设用地使用权首次登记。

《民法典》第五十九条规定，法人的民事权利能力和民事行为能力，从法人成立时产生，到法人终止时消灭。按《公司法》第三条第一款规定，公司是企业法人，有独立的法人财产，享有法人财产权。该法第七条第一款规定，依法设立的公司，由公司登记机关发给公司营业执照。公司营业执照签发日期为公司成立日期。该法第一百八十八条规定，公司清算结束后，清算组应当制作清算报告，报股东会、股东大会或者人民法院确认，并报送公司登记机关，申请注销公司登记，公告公司终止。据此可知，作为法人的公司，自登记并持有营业执照时起，具有民事权利能力，可以享有民事权利，履行民事义务。但是，自其完成注销登记时起不具有民事权利能力，不能享有民事权利，也不能履行民事义务。本问中，曾经的甲公司于 A7 年注销而丧失民事权利能力，其于存续期间取得的国有建设用地使用权不能再登记到其名下。现时的甲公司则是于 A9 年重新登记成立的，虽然曾经的甲公司与现时的甲公司同名、同股东，但在法律意义上，此甲公司非彼甲公司，即此甲公司与彼甲公司是两个不同的企业法人，属于彼甲公司的国有建设用地使用权，不能直接登记到此甲公司名下。那么，彼甲公司的国有建设用地使用权怎样才能登记到此甲公司名下呢？

按《民法典》第七十条第一款、第二款规定，法人解散的，除合并或者分立的情形外，清算义务人应当及时组成清算组进行清算。法人的董事、理事等执行机构或者决策机构的成员为清算义务人。法律、行政法规另有规定的，依照其规定。《公司法》第一百八十八条规定，公司清算结束后，清算组应当制作清算报告，报股东会、股东大会或者人民法院确认，并报送公司登记机关，申请注销公司登记，公告公司终止。据此可知，公司进行清算的，其董事、理事等执行机构或者决策机构的成员为清算义务人。公司须由其清算义务人清算结束后，才可以办理注销登记。本问中，曾经的甲公司的股东是乙、丙，该公司进行清算时，乙、丙是当然的清算义务人，也对该公司进行了清算，但清算中对公司存续期间取得的该宗国有建设用地使用权没有作处置，即该宗国有建设用地使用权属于曾经的甲公司注销后的剩余财产。公司解散，股东享有公司的剩余财产分配权[①]，即从公司法原理上讲，公司是属于股东的，那么公司注销后的剩余财产也是属于股东的，因此，乙、丙应当先行申请将该宗国有建设用地使用权首次登记在其名下后，再与现时的甲公司申请以国有建设用地使用权作价入股或转让、赠与产生的转移登记，将该宗国有建设用地使用权登记到现时的甲公司名下。

第4问　总公司持以分公司名义办理的用地、规划和竣工验收等材料申请的房屋首次登记，登记机构可否办理

分公司已经注销，总公司持以分公司名义办理的载明国有建设用地使用权的不动产权属证书、建设工程规划许可证、房屋验收备案手续等材料申请房屋首次登记。

对总公司申请的房屋首次登记，登记机构可否办理？

笔者认为，对总公司申请的房屋首次登记，登记机构应当办理。

---

① 赵旭东：《公司法》，中国政法大学出版社2013年版，第34页。

《公司法》第十四条第一款规定，公司可以设立分公司。设立分公司，应当向公司登记机关申请登记，领取营业执照。分公司不具有法人资格，其民事责任由公司承担。笔者据此认为：第一，分公司是参加与其营业执照核准范围内的经营活动直接相关的法律关系的民事主体。分公司是经企业登记机关登记并颁发营业执照后成立的公司法人的分支机构，属于民事主体中的其他组织，可以依法参与民事法律关系，但其参与的民事法律关系不得突破营业执照核准的经营范围，即分公司参与的民事法律关系只能与其经营活动直接相关。概言之，分公司只是公司法人设立的经营性分支机构。第二，分公司是不具有民事责任能力的民事主体。民事责任，是指民事主体违反民事义务时应当承担的法律后果。民事责任以财产责任为主，但不限于财产责任[①]。据此可知，民事主体以其依法享有权利的财产作为承担民事责任的主要方式。民事主体没有独立的财产权利，就没有承担民事责任的能力。按《公司法》第十四条第一款规定，分公司的民事责任由公司法人承担。据此可知，分公司可以参加与其营业执照核准范围内的经营活动直接相关的民事法律关系，但违反民事义务时，不具有承担民事责任的资格，即分公司不具有民事责任能力，申言之，分公司没有独立的用以承担民事责任的财产权利。概言之，分公司是不具有民事权利能力的民事主体。民事权利能力，是指民事主体依法享有权利、履行义务的资格。质言之，民事权利能力不是民事权利本身，是享有民事权利的前提[②]。如前所述，分公司在营业执照核准范围内参加与其经营活动直接相关的民事法律关系，是基于公司法人内部的组织关系，获得公司法人的授权所为[③]。换言之，是分公司代理公司法人（总公司）参与法律关系，由此产生的权利义务归公司法人（总公司）。申言之，分公司参与法律关系取得的财产权利也归公司法人（总

[①] 王利明：《民法学》，复旦大学出版社2004年版，第126页。
[②] 佟柔、周大伟：《佟柔中国民法讲稿》，北京大学出版社2008年版，第139页。
[③] 参见梁慧星：《民法总论》，法律出版社2001年版，第217页。

公司）。分公司没有独立的财产权利，即不享有民事权利中最基本的财产性权利，换言之，分公司不具有享有民事权利的资格，不符合民事主体具有民事权利能力的基本要求，故分公司不具有民事权利能力，不能作为登记簿上记载的不动产物权人。因此，本问中，对总公司申请的房屋首次登记，登记机构应当办理。

第5问　权利人取得房屋竣工验收手续后再非法加建一层的，登记机构可否为其办理竣工验收部分的房屋首次登记

张某合法建造的一处四层的房屋竣工，取得了综合竣工验收手续，但在申请该房屋首次登记前，擅自加建了一层（权籍调查时发现）。现张某持载明国有建设用地使用权的不动产权属证书、建设工程规划许可证、竣工验收备案表、第一至四层房屋的权籍调查成果报告等材料，向登记机构申请取得竣工验收手续的第一至四层房屋的首次登记。

登记机构可否为张某办理其取得竣工验收手续的第一至四层房屋的首次登记？

笔者认为，登记机构可以为张某办理其取得竣工验收手续的第一至四层房屋的首次登记。

《民法典》第二百三十一条规定，因合法建造、拆除房屋等事实行为设立或者消灭物权的，自事实行为成就时发生效力。据此可知，合法建造的房屋，自竣工时起，权利人无须登记，即依法、即时享有该房屋的所有权。反之，非法建造的房屋即使已经竣工，当事人也不能对其享有权利。在不动产登记实务中，按《不动产登记暂行条例实施细则》第三十三条第二款规定，依法利用国有建设用地建造房屋的，可以申请国有建设用地使用权及房屋所有权登记。本问中，张某合法建造的一处四层的房屋已经取得竣工验收手续，自该房屋竣工时起，张某无须登记，就已经依法享有该房屋第一至四层的所有权。张某将其已经依法享有的房屋所有权向登记机构申请首次登记，有法律上和行政规章上的依据。因此，登记机构可以为张某办理其取得竣工验收手续的第一至四层房屋的首次登记。

《城乡规划法》第六十四条规定，未取得建设工程规划许可证或者未按照建设工程规划许可证的规定进行建设的，由县级以上地方人民政府城乡规划主管部门责令停止建设；尚可采取改正措施消除对规划实施的影响的，限期改正，处建设工程造价百分之五以上百分之十以下的罚款；无法采取改正措施消除影响的，限期拆除，不能拆除的，没收实物或者违法收入，可以并处建设工程造价百分之十以下的罚款。据此可知，未取得建设工程规划许可证或者未按照建设工程规划许可证的规定进行建设的行为，是应当受到惩处的违法行为，因此建造的建筑物属于非法建筑物，当事人不能对其享有权利。本问中，张某在房屋竣工后擅自加建的一层，是在未取得建设工程规划许可证的情形下建造的，属于非法建筑物，张某不能对其享有权利，但擅自加建一层的违法行为与合法建造第一至四层的行为是两个不同的行为，且擅自加建一层的违法行为是在合法建造第一至四层的行为终结后，因此，擅自加建一层的违法行为对合法建造第一至四层的行为产生的房屋所有权无不利影响。当然，张某擅自加建一层的违法行为应当受到规划行政主管部门的惩处，但这属于别的法律关系，与张某现时申请的房屋首次登记无关。

第6问 房地产的合作开发人分别以各自名义办理用地、规划许可手续，登记机构可否将竣工房屋首次登记给其中的一个合作人

有一宗出让的国有建设用地使用权登记在自然人甲的名下，甲领取了不动产权属证书。甲与乙房地产开发企业签订合作开发协议后，该宗地的建设工程规划许可证办理在乙房地产开发企业名下。房屋竣工后，以乙房地产开发企业的名义取得了房屋竣工证明。现甲、乙房地产开发企业持登记申请书、载明国有建设用地使用权的不动产权属证书、建设工程规划许可证、合作开发协议等材料向登记机构申请房屋所有权首次

第一部分 首次登记

登记，登记申请书上申请登记的房屋所有权人是乙房地产开发企业，此举便于以后为购房业主办理转移登记。

登记机构可否将房屋所有权首次登记在乙房地产开发企业名下？

笔者认为，登记机构不可以将房屋所有权首次登记在乙房地产开发企业名下。

按《不动产登记暂行条例》第十七条第一款第（三）项规定，申请材料不齐全或者不符合法定形式的登记申请，登记机构应当当场书面告知申请人不予受理并一次性告知其需要补正的全部内容。在不动产登记实务中，《不动产登记暂行条例实施细则》第二条第二款规定，房屋等建筑物、构筑物和森林、林木等定着物应当与其所依附的土地、海域一并登记，保持权利主体一致。据此可知，当事人申请房地产登记时，登记申请材料上载明的土地及地上房屋的权利主体应当同一，否则，属于申请材料不齐全或者不符合法定形式的情形，登记机构应当当场书面告知申请人不予受理并一次性告知其需要补正的全部内容。本问中，申请首次登记的房屋，其占用范围内的国有建设用地使用权登记在合作人甲名下，但建造房屋的建设工程规划许可证、房屋竣工证明则办理在另一合作人乙房地产开发企业的名下，登记申请书上申请登记的房地产权利人为乙房地产开发企业。据此可知，登记申请材料中的国有建设用地使用权、建设工程规划许可证、房屋竣工证明、登记申请书上载明的房屋所有权的权利主体不同一，即申请人没有提交以乙房地产开发企业的名义办理的国有建设用地使用权证明，属于提交的登记申请材料不齐全的情形，因此，登记机构应当当场书面告知申请人甲、乙对其登记申请不予受理，并一次性告知其将载明国有建设用地使用权的不动产权属证书、建设工程规划许可证、房屋竣工证明上的主体补正为同一个主体后再申请登记，故登记机构不可以将该房屋首次登记在乙房地产开发企业名下。

笔者认为，合作开发建房的判定标准，应当是国有建设用地使用权证明、建设工程规划许可证、房屋竣工证明等材料均办理在全体合作人的名下。本问中，国有建设用地使用权登记在自然人甲的名下，该宗地的建设工程规划许可证办理在乙房地产开发企业名下，虽然甲与乙房地产开发企业签订了合作开发协议，但此是他们建立合作开发法律关系的前提，是据此共同办理国有建设用地使用权、建设工程规划许可证、房屋竣工证明等材料的基础。因此，在不动产登记实务中，登记机构不能将甲、乙作合作开发建设认定，更不能将房地产以合作开发为名登记在甲或乙的名下，也不能登记在甲和乙的名下。

第 7 问　未办理首次登记的合资建房，登记机构可否凭生效的确认权属的判决书直接为出资人办理相应的房地产首次登记

甲、乙共同出资以出让的方式取得一宗地的国有建设用地使用权后，又共同出资建造了一幢房屋，用地、规划、竣工等手续都是以甲、乙的名义办理的。房屋竣工后，在国有建设用地使用权及地上房屋所有权未办理首次登记的情形下，甲、乙因纠纷发生诉讼，人民法院生效的判决书判决该房屋的第一层及与之相对应的国有建设用地使用权归甲。现甲持人民法院生效的判决书、该房屋第一层的房地产权籍调查成果报告等材料申请国有建设用地使用权及地上房屋所有权首次登记。

登记机构可否为甲办理国有建设用地使用权及地上房屋所有权首次登记？

笔者认为，登记机构应当为甲办理国有建设用地使用权及地上房屋所有权首次登记。

《民法典》第二百二十九条规定，因人民法院、仲裁机构的法律文书或者人民政府的征收决定等，导致物权设立、变更、转让或者消灭的，自法律文书或者征收决定等生效时发生效力。在不动产登记实务中，按《不动产登记暂行条例实施细则》第十九条第一款规定，当事人可以持人民法院、仲裁委员会的生效法律文书或者人民政府的生效决定单方申请不动产登记。据此可知，基于人民法院生效的确认权属的法律文书取得的不动产

第一部分 首次登记

物权，自该法律文书生效时起，权利人无须登记即依法、即时享有该不动产的物权，该生效的法律文书是权利人享有不动产物权的权利凭证，而非权利来源的凭证，在表征不动产物权上与登记机构颁发的不动产权属证书具有同等效力。权利人可以持作为该不动产物权的权利凭证的生效的法律文书，单方向登记机构申请不动产登记。本问中，甲持人民法院生效的判决书、该房屋第一层的房地产权籍调查成果报告等材料申请国有建设用地使用权及地上房屋所有权首次登记于法于规有据，登记机构应当办理。

按《不动产登记暂行条例》第八条规定，不动产以不动产单元为基本单位进行登记。《不动产登记暂行条例实施细则》第五条第三款和第四款规定，有房屋等建筑物、构筑物以及森林、林木定着物的，以该房屋等建筑物、构筑物以及森林、林木定着物与土地、海域权属界线封闭的空间为不动产单元。前款所称房屋，包括独立成幢、权属界线封闭的空间，以及区分套、层、间等可以独立使用、权属界线封闭的空间。该实施细则第六条规定，不动产登记簿以宗地或者宗海为单位编成，一宗地或者一宗海范围内的全部不动产单元编入一个不动产登记簿。据此可知，不动产登记簿以宗地、宗海为单位编制，在登记簿上记载的不动产物权及相关事项，以不动产单元为基本单位进行登记，欲在登记簿上登记的房屋的不动产单元为幢、套、层、间等不动产单元须是可以独立使用、权属界线封闭的空间。本问中，甲申请的是一幢房屋中的第一层的房屋所有权及相应的国有建设用地使用权首次登记，就房屋部分而言，满足不动产单元的要求。就土地部分而言，"第一层及与之相对应的国有建设用地使用权"表明：不存在宗地分割，登记簿上记载的应当是第一层房屋分摊的土地使用权。因此，登记机构应当在自然资源主管部门的支持下，调取该房屋占用宗地的相关信息编制登记簿后，凭甲提交的人民法院生效的判决书、该房屋第一层的房地产权籍调查成果报告等材料为其办理国有建设用地使用权及地上房屋所有权首次登记。

由于本件登记是依人民法院生效的确认权属的判决书办理，登记机构无须要求甲提交相关部门同意分割的批文或证明。

第8问 登记机构可否凭确认权属的裁定书为申请人办理房屋首次登记

甲公司有一块土地，办理了国有建设用地使用权首次登记并持有不动产权属证书，之后，甲公司在该土地上建了一幢厂房，厂房竣工后一直未办理房屋所有权登记。后来，甲公司因欠债与乙产生诉讼，案件终审后进入执行程序，人民法院在执行中出具裁定书裁定：该土地的国有建设用地使用权及地上房屋属于乙。人民法院向登记机构送达的协助执行通知书上只载明协助将国有建设用地使用权登记到乙名下，登记机构为乙办理了国有建设用地使用权转移登记。现乙持上述裁定书等材料申请将该宗地上的厂房首次登记到其名下。

对乙持确认房屋权属的裁定书等材料申请的厂房首次登记，登记机构可否办理？

笔者认为，对乙持确认房屋权属的裁定书等材料申请的厂房首次登记，登记机构应当办理。

《民法典》第三百五十六条规定，建设用地使用权转让、互换、出资或者赠与的，附着于该土地上的建筑物、构筑物及其附属设施一并处分。该法第三百五十七条规定，建筑物、构筑物及其附属设施转让、互换、出资或者赠与的，该建筑物、构筑物及其附属设施占用范围内的建设用地使用权一并处分。质言之，房屋与其占用范围内的国有建设用地使用权一并处分，是法定的原则，简称房地一并处分原则。申言之，房屋与其占用范围内的国有建设用地使用权一并登记也是不动产登记的原则，简称房地一并登记原则。笔者认为，对房屋与其占用范围内的国有建设用地使用权一并登记的原则，人民法院在执行房地产登记案件时也应当遵守。本问中，甲公司因欠债与乙产生诉讼，人民法院在执行中出具裁定书裁定：土地的国有建设用地使用权及地上房屋属于乙。人民法院向

第一部分 首次登记

登记机构送达的协助执行通知书上只载明协助将国有建设用地使用权登记到乙名下，表明：人民法院在执行案件中遵守了房地一并处分原则，但在嘱托登记机构办理涉案房地产登记时没有遵守房地一并登记原则。这种情形在不动产登记中时有出现。

《民法典》第二百二十九条规定，因人民法院、仲裁机构的法律文书或者人民政府的征收决定等，导致物权设立、变更、转让或者消灭的，自法律文书或者征收决定等生效时发生效力。据此可知，自确认不动产物权权属的法律文书生效时起，权利人无须登记即依法、即时享有该不动产的物权。生效的确认不动产物权归属的法律文书是权利人享有不动产物权的权利凭证，而非权利来源的凭证，该法律文书在表征物权上与登记簿的记载具有同等的法律效力。本问中，人民法院在执行中出具裁定书裁定：土地的国有建设用地使用权及地上房屋属于乙，表明：乙自裁定书生效时起，无须登记即依法、即时取得了地上厂房的房屋所有权，裁定书是乙享有厂房的房屋所有权的权利凭证。因此，乙持上述裁定书等材料申请的该宗地上的厂房登记，是申请登记机构将其已经依法享有的厂房的房屋所有权记载到登记簿上，为可能产生的转移登记、变更登记、抵押权登记等后续登记建立前提。由于该厂房自竣工后一直未办理房屋所有权登记，故登记机构应当为乙办理该厂房的所有权首次登记。本问中，由于人民法院在执行案件的过程中，已经对地上房屋建造的合法性和权利的归属进行了审查、认定，故乙凭确认权属的执行裁定书申请登记时，登记机构无须要求乙另行提交房屋建设符合规划的证明等材料。

第9问 权利人放弃权利产生的注销登记办结后，收归国有的房地产该如何申请登记

权利人放弃国有土地上的房地产权利产生的注销登记记载于登记簿后，原权利人的房地产权利消灭，但该房地产权利的归属并不当然归国家，而处于权利待定状态。

该房地产权利怎样才能收归国有？

《民事诉讼法》第一百九十一条规定，申请认定财产无主，由公民、法人或者其他组织向财产所在地基层人民法院提出。申请书应当写明财产的种类、数量以及要求认定财产无主的根据。该法第一百九十二条规定，人民法院受理申请后，经审查核实，应当发出财产认领公告。公告满一年无人认领的，判决认定财产无主，收归国家或者集体所有。据此可知，无主财产的认定，由相关国家机关或集体经济组织向财产所在地基层人民法院申请，人民法院以判决书的方式认定该财产无主并收归国家或集体经济组织。因此，本问中，如果要将权利人放弃权利并办结注销登记的房地产收归国有，一般情形下，由县级以上人民政府国有资产管理机关，凭载明该房地产权利注销登记事项的登记簿打印件、复制件等材料向房地产所在地基层人民法院申请认定该房地产为无主财产并归国有，取得人民法院确认该房地产为无主财产并收归国有的判决书后，该房地产才属于国有。由于申请确认无主财产适用的是民事诉讼特别程序，故判决书自作出时起生效。那么，国有资产管理机关取得人民法院确认该房地产为无主财产并收归国有的判决书后，该申请什么登记呢？

如前所述，权利人放弃权利产生的注销登记已经办结，没有申请转移登记的前提。按《民法典》第二百二十九条规定，基于人民法院确认权属的判决书取得物权的，自判决书生效时起，当事人无须登记即依法、即时取得该物权。因此，本问中，国家基于人民法院的判决书取得的房地产权利，自该判决书作出时起，无须登记即依法、即时享有该房地产权利，且该房地产权利是原始取得，也是干净的没有任何负担的权利。人民法院的判决书是国家享有该房地产权利的权利凭证，而非权源凭证，在表征房地产权利上，与不动产权属证书具有同等的效力。笔者认为，国家依法取得房地产权利后，也应当依法申请登记，为可能产生的变更登记、转移登记等后续登记建立前提，房地产权利记载到登记簿上后，

第一部分　首次登记

取得法定的、社会公认的表征房地产权利的不动产权属证书。如前所述，国家基于人民法院的判决书取得的房地产权利是原始取得，因此，国有资产管理机关应当凭判决书、权籍调查成果报告等材料申请房地产权利首次登记。

权利人放弃集体土地上的房地产权利产生的注销登记办结后，集体经济组织将该房地产收归集体并申请登记的原理与前述原理相同。

第 10 问　宅基地及地上房屋首次登记的权利主体是谁

《民法典》第三百六十三条规定，宅基地使用权的取得、行使和转让，适用土地管理的法律和国家有关规定。《土地管理法》第六十二条第一款规定，农村村民一户只能拥有一处宅基地，其宅基地的面积不得超过省、自治区、直辖市规定的标准。质言之，农村村民以户为单位享有宅基地使用权，换言之，农村村民家庭是享有宅基地使用权的基础单位。在不动产登记实务中，按《不动产登记暂行条例实施细则》第四十一条规定，申请人申请宅基地使用权及地上房屋所有权首次登记时，申请人的身份证明和户口簿是应当提交的材料。《国土资源部关于启用不动产登记簿证样式（试行）的通知》（国土资发〔2015〕25 号）附《不动产登记簿样式及使用填写说明》规定：宅基地使用权人可以填写户主姓名。按户取得的宅基地，按照姓名（性别、年龄、与户主关系）的格式逐个填写共有人。据此可知，登记簿上记载的宅基地使用权主体是享有宅基地使用权的农村村民家庭的户主及全体家庭成员，户主是登记簿上记载的宅基地使用权人，其他家庭成员是该宅基地使用权的共有人。法律的规定和不动产登记实务的操作要求似乎不一致。

登记簿上记载的宅基地使用权及地上房屋所有权的权利主体究竟是农村村民家庭（如张三全家），还是农村村民家庭的成员？

笔者认为，判定农村村民家庭可否作登记簿上记载的宅基地使用权及地上房屋所有权的权利主体的标准，是农村村民家庭是否是适格的民事主体。

按《民法典》第二条规定，民事主体有自然人、法人和非法人组织。农村村民家庭不是自然人、法人，自无可言，但是否是非法人组织呢？按《民法典》第五十八条和第一百零八条规定，一般情形下，非法人组织应当有自己的名称、组织机构、住所、财产或者经费。非法人组织成立的具体条件和程序，依照法律、行政法规的规定。设立非法人组织，法律、行政法规规定须经有关机关批准的，依照其规定。据此可知，设立非法人组织须具备一定的条件，且要履行一定的设立程序。

那么，农村村民家庭是否具备非法人组织的条件呢？

《民法典》第一千零四十三条规定，家庭应当树立优良家风，弘扬家庭美德，重视家庭文明建设。夫妻应当互相忠实，互相尊重，互相关爱；家庭成员应当敬老爱幼，互相帮助，维护平等、和睦、文明的婚姻家庭关系。该法第一千零五十条规定，登记结婚后，按照男女双方约定，女方可以成为男方家庭的成员，男方可以成为女方家庭的成员。据此可知，家庭是基于婚姻关系、血缘关系等亲属关系形成的一种社会生活单位，属于构成社会的细胞，国家的法律法规没有关于其设立程序的规定。换言之，农村村民家庭不具备非法人组织的条件，即农村村民家庭不是适格的民事主体，不能成为登记簿上记载的宅基地使用权及地上房屋所有权的权利主体。

《土地管理法》第六十二条第一款规定，农村村民一户只能拥有一处宅基地，其宅基地的面积不得超过省、自治区、直辖市规定的标准。《民法典》第三百零八条规定，共有人对共有的不动产或者动产没有约定为按份共有或者共同共有，或者约定不明确的，除共有人具有家庭关系等外，视为按份共有。笔者认为，如前所述，农村村民家庭不是适格的民事主体，故农村村民以其家庭名义依法取得宅基地使用权及在地上建成的房屋，全体家庭成员基于家庭关系对该宅基地及地上建成的房屋共同享有权利，即全体家庭成员是该宅基地使用权及地上房屋所有权的共有人。至于全体家

第一部分　首次登记

庭成员对该宅基地使用权及地上房屋所有权是按份共有还是共同共有,由全体家庭成员约定。在不动产登记实务中,《不动产登记操作规范(试行)》1.8.3.2 条规定,共有的不动产,申请人应当在不动产登记申请书中注明共有性质。按份共有不动产的,应明确相应具体份额,共有份额宜采取分数或百分数表示。该规范 2.1.3 条第一款规定,共有不动产的登记,应当由全体共有人共同申请。据此可知,如前所述,宅基地及地上建成的房屋属于农村村民全体家庭成员共有,应当由该家庭的全体家庭成员共同申请登记,登记机构应当将全体共有人记载在登记簿上,并依申请人的申请载明按份共有或共同共有。按份共有的,还应当载明各共有人享有的份额。此举能充分保障农村村民全体家庭成员的权益。

但是,农村家庭中未成年的被监护的家庭成员可否成为登记簿上记载的宅基地及地上建成的房屋的权利主体呢?

未成年的被监护的家庭成员与其他成年的家庭成员基于法律的规定成为宅基地使用权的共有人,自无可言,作为地上建成房屋的共有人,不动产登记实务界存在争议。

有观点认为,未成年的被监护的家庭成员对地上建成的房屋无贡献,基于"谁投资谁所有"的民法基本原则,未成年的被监护的家庭成员不能对地上建成的房屋享有权利,即未成年的被监护的家庭成员不是地上建成的房屋所有权的共有人。笔者不支持此观点。

《不动产登记暂行条例实施细则》第二条第二款规定,房屋等建筑物、构筑物和森林、林木等定着物应当与其所依附的土地、海域一并登记,保持权利主体一致。质言之,房屋所有权与该房屋占用范围内的土地使用权权利主体同一是不动产登记的原则。据此可知,若未成年的被监护的家庭成员不是地上建成的房屋所有权的共有人,却是该房屋占用范围内的宅基地使用权的共有人,则其他家庭成员申请宅基地使用权及地上房屋所有权登记时,不符合房屋所有权与该房屋占用范围内的土地使用权权利主体同一的不动产登记原则,由此申请的登记,不会得到登记机构的支持。笔者认为，如果申请人将未成年的被监护的家庭成员作为房屋的共有人一并申请登记的，登记机构应当支持，视为其他家庭成员赠与该未成年的被监护的家庭成员建房资金或建房材料而完成了房屋的建造，至于是否如此，属于申请人的家庭问题，登记机构无须过问。若如此，则全部家庭成员共同申请的宅基地使用权及地上房屋所有权首次登记，符合房屋所有权与该房屋占用范围内的土地使用权权利主体同一的不动产登记原则，由此申请的首次登记才会得到登记机构的支持。

在曾经的不动产登记实务中，《国土资源部印发〈关于加强农村宅基地管理的意见〉的通知》（国土资发〔2004〕234号）第二条第（八）项规定，市、县国土资源管理部门要加快农村宅基地土地登记发证工作，做到宅基地土地登记发证到户，内容规范清楚，切实维护农民的合法权益。据此可知，在曾经的不动产登记实务中，登记簿上记载的宅基地使用权的权利主体是农村村民家庭。但是，如前所述，现时的《不动产登记暂行条例实施细则》和《国土资源部关于启用不动产簿证样式（试行）的通知》（国土资发〔2015〕25号）的规定放弃了这种做法。因此，农村村民家庭的全体成员才是登记簿上记载的宅基地使用权及地上房屋所有权的权利主体。

第11问　因水工建筑用地上营造的林木申请的林木所有权首次登记，登记机构可否办理

作为全民事业单位的某水管站持国有建设用地使用权划拨文件、该水管站营造林木的证明等材料，向登记机构申请国有建设用地使用权及地上林木所有权首次登记，但国有建设用地使用权的性质为水工建筑用地。

对申请人申请的国有建设用地使用权及地上林木所有权首次登记，登记机构可否办理？

笔者认为，对申请人申请的国有建设用地使用权及地上林木所有权首次登记，登记机构应当办理。

《森林法》第二十条规定，国有企业事业单位、机关、团体、部队营造的林木，由营造单位管护并按照国家规定支配林木收益。农村居民在房前屋后、自留地、自留山种植的林木，归个人所有。城镇居民在自有房屋的庭院内种植的林木，归个人所有。集体或者个人承包国家所有和集体所有的宜林荒山荒地荒滩营造的林木，归承包的集体或者个人所有；合同另有约定的从其约定。其他组织或者个人营造的林木，依法由营造者所有并享有林木收益；合同另有约定的从其约定。据此可知，一般情形下，林木所有权归营造人所有。按《土地利用现状分类》（GB/T 21010—2017）编码 1109 规定，水工建筑用地，指人工修建的闸、坝、堤路林、水电厂房、扬水站等常水位岸线以上的建筑（构）筑物用地。据此可知，水工建筑用地上是可以营造林木的。本问中，水管站提交的登记申请材料中有"该水管站营造林木的证明"，且水管站在该宗地上营造林木，符合国家标准的规定，因此该水管站对其营造的林木享有所有权。当然，水管站提交的登记申请材料中有"国有建设用地使用权划拨文件"，表明水管站对林木占用的土地享有国有建设用地使用权。

《不动产登记暂行条例》第二十二条规定："登记申请有下列情形之一的，不动产登记机构应当不予登记，并书面告知申请人：（一）违反法律、行政法规规定的；（二）存在尚未解决的权属争议的；（三）申请登记的不动产权利超过规定期限的；（四）法律、行政法规规定不予登记的其他情形。"在不动产登记实务中，《不动产登记暂行条例实施细则》第二条第二款规定，房屋等建筑物、构筑物和森林、林木等定着物应当与其所依附的土地、海域一并登记，保持权利主体一致。据此可知，本问中，如前所述，申请人申请登记的国有建设用地使用权及地上林木所有权均属于申请人，满足一并申请登记的规定，也不存在行政法规规定的不予登记的情形。因此，对申请人申请的国有建设用地使用权及地上林木所有权首次登记，登记机构应当办理。

第 12 问 因在河堤堤坝上植树申请的土地承包经营权及地上林木所有权首次登记，登记机构可否办理

A 年，甲与市水利局签订植树合同约定：在不影响某河河堤安全的前提下，甲可以利用河堤两岸各 8 公里范围内的堤坝植树，树的林权归甲。

5年后，甲持植树合同、购买树苗合同和付款发票、林权测绘成果报告等材料向登记机构申请土地承包经营权及地上林木所有权首次登记。

对甲申请的土地承包经营权及地上林木所有权首次登记，登记机构可否办理？

笔者认为，对甲申请的土地承包经营权及地上林木所有权首次登记，登记机构不能办理。

《农村土地承包法》第二条规定，本法所称农村土地，是指农民集体所有和国家所有依法由农民集体使用的耕地、林地、草地，以及其他依法用于农业的土地。该法第三条第一款规定，国家实行农村土地承包经营制度。该法第九条规定，承包方承包土地后，享有土地承包经营权，可以自己经营，也可以保留土地承包权，流转其承包地的土地经营权，由他人经营。据此可知，农民集体所有的和国家所有的依法用于农业的农村土地，才属于可以承包经营并取得土地承包经营权的土地。按《防洪法》第十六条和第三十七条规定，河堤（堤防）属于防洪工程，其用地属于专门的防洪用地。据此可知，河堤堤坝用地不是可以承包并取得土地承包经营权的农村土地。因此，本问中，甲不能基于其与市水利局签订的植树合同取得林木占用范围内的土地的承包经营权。但是，甲可否只申请林木所有权登记呢？

在不动产登记实务中，《不动产登记暂行条例实施细则》第二条第二款规定，房屋等建筑物、构筑物和森林、林木等定着物应当与其所依附的土地、海域一并登记，保持权利主体一致。据此可知，林木所有权与其占用范围内的土地使用权一并登记是不动产登记的原则。本问中，在甲不能享有林木占用范围内的土地承包经营权的情形下，只申请林木所有权登记，违反林木所有权与其占用范围内的土地使用权一并登记的不动产登记原则。因此，甲不能只申请林木所有权登记。概言之，对甲申请的土地承包经营权及地上林木所有权首次登记，登记机构不能办理。甲对其种植的林木所有权的主张，由其与市水利局按其签订的植树合同约定执行。

第二部分　变更登记

第 13 问　因自动续期取得的住宅建设用地使用权,当事人应当申请什么登记

《民法典》第三百五十九条第一款规定,住宅建设用地使用权期限届满的,自动续期。续期费用的缴纳或者减免,依照法律、行政法规的规定办理。

因自动续期取得的住宅建设用地使用权该怎么登记呢?

一、住宅建设用地使用权期限届满但未办理因自动续期产生的登记的,处于效力待定状态

按《民法典》第三百四十九条、第二百一十五条、第三百四十八条规定,以及《城镇国有土地使用权出让和转让暂行条例》第八条规定,建设用地使用权出让是指国家以土地出让人的身份,通过与受让人签订出让合同将一定年限内的建设用地使用权让与受让人使用的行为。建设用地使用权出让合同是受让人取得建设用地使用权的原因,一般情形下,该合同自成立时起生效,但受让人享有的建设用地使用权自记载于登记簿上时起生效。申言之,住宅建设用地使用权期限届满后自动续期,因续期产生的建设用地使用权没有记载在登记簿上前,登记簿上记载的原权利人还不享有因续期产生的建设用地使用权。法律、行政法规没有关于住宅建设用地使用权因期限届满而消灭的规定。因此,笔者认为,住宅建设用地使用权期限届满但未办理因自动续期产生的登记的,该住宅建设用地使用权处于效力待定状态。

二、对续期的住宅建设用地使用权,权利人应当申请变更登记

如前所述,住宅建设用地使用权出让是指国家以土地出让人的身份,通过与受让人签订出让合同将一定年限内的住宅建设用地使用权让与受让人使用的行为。笔者据此认为,住宅建设用地使用权期限届满后自动续期,实质上是权利人取得续期期间的住宅建设用地使用权。但按《民法典》第三百五十九条第一款规定和《城镇国有土地使用权出让和转让暂行条例》第四十一条、第十六条规定,权利人取得续期期间的住宅建设用地使用权,需要重新签订出让合同、缴纳出让金,且土地使用者在支付全部土地使用权出让金后,才可以依照规定办理登记,取得土地使用权。在不动产登记实务中,按《不动产登记暂行条例实施细则》第二十六条规定,不动产权利期限发生变化,属于当事人申请变更登记的情形。据此可知,权利人取得续期期间的住宅建设用地使用权,属于登记簿上记载的住宅建设用地使用权权利期限发生变化的情形,权利人应当持重新签订的出让合同、出让金缴纳凭证等材料向登记机构申请变更登记,自变更登记记载于登记簿上时起,权利人才享有续期期间的住宅建设用地使用权。

第 14 问　当事人分割有抵押权负担的宗地产生的变更登记,登记机构可否办理

甲用一宗出让取得的国有建设用地使用权作借款抵押,办理了一般抵押权登记后,甲持自然资源局同意宗地分割的批文,向登记机构申请因宗地分割产生的变更登记。

对甲申请的分割有抵押权负担的宗地产生的变更登记,登记机构可否办理?

笔者认为,对甲申请的分割有抵押权负担的宗地产生的变更登记,登记机构可以办理。

笔者用担保物权的不可区分性原理来解释此问题。

被担保的债权在未受全部清偿前，担保物权人得就担保标的物的全部行使其权利，称为担保物权的不可分性①。担保物权的不可分性有两种情形：一是担保物的各个部分均对整个债权有担保责任；二是债权是否被分割或部分履行，均不对担保物权的存在产生影响。据此可知，本问中，甲对有抵押权负担的国有建设用地宗地进行分割，即将一宗有抵押权负担的国有建设用地分割成二宗或二宗以上的国有建设用地，分割后形成的二宗或二宗以上的国有建设用地仍然是担保原债权实现的抵押物，既有的抵押权在分割后形成的二宗或二宗以上的国有建设用地上持续存在，换言之，宗地分割不影响该宗地上既有的抵押权的效力。因此，对甲申请的分割有抵押权负担的国有建设用地产生的变更登记，登记机构可以办理。

第 15 问　两套毗邻的成套住房组合设定为一个不动产单元申请的变更登记，登记机构可否办理

张某有两套毗邻的商品住房，按套登记在其名下，持有两本不动产权属证书。张某想把该两套住房合并在一起登记，领取一本不动产权属证书，现向登记机构申请因合并房屋产生的变更登记。

对张某申请的因合并房屋产生的变更登记，登记机构可否办理？

有观点认为，《不动产单元设定与代码编制规则》6.1.1 条之（4）规定，成套住宅（包括不单独核发不动产权证书与房屋配套的车库、车位、储藏室等）应以套为单位划分定着物单元；当同一权利人拥有多套（层、间等）权属界线固定且具有独立使用价值的成套房屋，每套（层、间等）房屋宜各自独立划分定着物单元。据此可知，成套住房只能以套为不动产单元，否则，属于不符合不动产单元设定的情形。按《不动产登记操作规范（试行）》4.8.2 条之 3 规定，申请登记的不动产不符合不动产单元设定条件的，登记机构应当作不予登记处理。因此，对张某申请的因

---

① 陈华彬：《物权法》，法律出版社 2004 年版，第 467 页。

合并房屋产生的变更登记，登记机构不能办理。笔者不支持此观点。

按《不动产登记暂行条例》第八条第一款规定，不动产以不动产单元为基本单位进行登记。在不动产登记实务中，按《不动产登记暂行条例实施细则》第二十六条第（四）项规定，同一权利人分割或者合并不动产的，可以向登记机构申请变更登记。按《不动产登记操作规范（试行）》9.2.1 条之 4 规定，登记在同一权利人名下的房屋分割或者合并的，权利人可以申请变更登记。据此可知，登记在同一权利人名下的一个房屋不动产单元，分割成两个或两个以上的房屋不动产单元的，权利人可以向登记机构申请因房屋分割产生的变更登记。登记在同一权利人名下的两个或两个以上的房屋不动产单元，合并成一个房屋不动产单元的，权利人可以向登记机构申请因房屋合并产生的变更登记。因此，本问中，张某申请的因合并房屋产生的变更登记，登记机构可以办理。

在不动产登记实务中，《不动产单元设定与代码编制规则》6.1.1 条之（4）规定，成套住宅（包括不单独核发不动产权证书与房屋配套的车库、车位、储藏室等）应以套为单位划分定着物单元；当同一权利人拥有多套（层、间等）权属界线固定且具有独立使用价值的成套房屋，每套（层、间等）房屋宜各自独立划分定着物单元。据此可知：

第一，第一句"成套住宅（包括不单独核发不动产权证书与房屋配套的车库、车位、储藏室等）应以套为单位划分定着物单元"，基于其中的措词"应"，本句属于强制性规定。第二句"当同一权利人拥有多套（层、间等）权属界线固定且具有独立使用价值的成套房屋，每套（层、间等）房屋宜各自独立划分定着物单元"，基于其中的措词"宜"，本句属于选择性规定。

第二，从《不动产单元设定与代码编制规则》6.1.1 条之（4）规定的结构上看，如果把第一句"成套住宅（包括不单独核发不动产权证书与房屋配套的车库、车位、储藏室等）应以套为单位划分定着物单元"理解为"凡成套住房都应当以套为不动产单元"，那么，同一权利人拥有多套成套住房的，也必须以套为不动产单元，若如此，第二句"当同一权利人拥有多套（层、间等）权属界线固定且具有独立使用价值的成套房屋，每套（层、间等）房屋宜各自独立划分定着物单元"则没有存在的必要。因此，不能把第一句理解为"凡成套住房都应当以套为不动产单元"。在第二句存在的情形下，第一句"成套住宅（包括不单独核发不动产权证书与房屋配套的车库、车位、储藏室等）应以套为单位划分定着物单元"应当理解为：一是一套住房，不能以该套住房内的客厅、寝室、阳台、厨房、卫生间等某个部位为不动产单元，只能以套为不动产单元；二是与成套住房连接在一起的车库、车位、储藏室等，不能按住房、车库、车位、储藏室等部位分别设定不动产单元，只能以套为不动产单元。

第三，第二句"当同一权利人拥有多套（层、间等）权属界线固定且具有独立使用价值的成套房屋，每套（层、间等）房屋宜各自独立划分定着物单元"应当理解为：一般情形下，当同一权利人拥有多套成套住房时，最适合的是以每套住房设定一个不动产单元，但两套或两套以上的住房组合后其权属界线封闭的，设定为一个不动产单元也是可以的。因此，本问中，张某申请的因合并房屋产生的变更登记，登记机构可以办理。

结论：两套毗邻的成套住房可以组合设定为一个不动产单元，当事人因此申请的不动产登记，登记机构可以办理。

第 16 问　权利人因局部放弃宗地权利、局部保留宗地权利申请的国有建设用地使用权变更登记，登记机构可否办理

有一宗 5000 平方米的国有建设用地使用权登记在 A 公司名下，现 A 公司向登记机构申请因面积减少产生的变更登记：国有建设用地使用权面积由 5000 平方米减少为 3000 平方米，减少原因是 A 公司自愿放弃 2000 平方米的国有建设用地使用权面积。A 公司只提交了营业执照、放弃权利声明书、土地面积变更后的权籍调查成果报告、不动产权属证书。

对 A 公司申请的因面积减少产生的变更登记，登记机构可否办理？

笔者认为，对 A 公司申请的因面积减少产生的变更登记，登记机构不得办理。

一、对 A 公司申请的因面积减少产生的变更登记，登记机构不得办理

按《不动产登记暂行条例》第八条第一款规定，不动产以不动产单元为基本单位进行登记。《不动产登记暂行条例实施细则》第五条第二款规定，没有房屋等建筑物、构筑物以及森林、林木定着物的，以土地、海域权属界线封闭的空间为不动产单元。据此可知，不动产以不动产单元为基本单位进行登记，净地的不动产单元是宗地。简言之，净地以宗地为不动产单元进行登记。本问中，一宗面积为 5000 平方米的国有建设用地使用权中，A 公司自愿放弃其中的 2000 平方米，保留其中的 3000 平方米，表明：A 公司对一宗国有建设用地使用权局部放弃权利、局部保留权利。笔者认为，该宗地面积因权利人局部放弃权利、局部保留权利而减少势必导致宗地界址、边界变更。《土地管理法》第二十六条第二款规定，县级以上人民政府自然资源主管部门会同同级有关部门进行土地调查。《地籍调查规程》（TD/T 1001—2012）3.2 条规定，地籍调查，针对每宗地的权属、界址、位置、面积、用途等进行的土地调查。该规程 3.4 条规定，日常地籍调查，因宗地设立、灭失、界址调整及其他地籍信息的变更而开展的地籍调查。据此可知，地籍调查属于土地调查，由县级以上人民政府自然资源主管部门负责。宗地的界址调整，属于地籍调查的范围，也属于土地调查的范围，简言之，宗地界址变更应当取得县级以上人民政府自然资源主管部门同意。本问中，A 公司申请因面积减少产生的变更登记时，没有提交县级以上人民政府自然资源主管部门同意的证明。因此，对 A 公司申请的因面积减少产生的变更登记，登

记机构不得办理。

二、本问的实务处理

如前所述，A 公司对该宗地局部放弃权利、局部保留权利，笔者认为，登记机构应当告知 A 公司取得县级以上人民政府自然资源主管部门同意宗地分割的批文后，向登记机构申请因宗地分割产生的变更登记，变更登记完成后，登记在 A 公司名下的是一宗 3000 平方米的土地和另一宗 2000 平方米的土地。A 公司可以凭营业执照、放弃权利声明书、土地面积变更后的权籍调查成果报告、载明 2000 平方米国有建设用地使用权的不动产权属证书等材料申请注销登记，达到放弃 2000 平方米国有建设用地使用权和保留 3000 平方米国有建设用地使用权的目的。

第三部分 转移登记

第17问 权利人因将50年土地使用权期限中的前30年转让给他人申请的转移登记，登记机构可否办理

甲公司因出让取得一宗工业用地的国有建设用地使用权，使用期限50年，领取了不动产权属证书。甲公司与乙公司签订土地使用权转让合同，将前30年的国有建设用地使用权转让给乙公司。甲、乙持土地使用权转让合同、不动产权属证书等材料申请国有建设用地使用权转移登记。

对甲、乙申请的国有建设用地使用权转移登记，登记机构可否办理？

有观点认为，甲公司对属于自己的国有建设用地使用权，可以依自己的意思表示作处分，即甲公司可以将前30年的国有建设用地使用权转让给乙公司，甲、乙据此申请的国有建设用地使用权转移登记，登记机构应当办理。笔者不支持此观点。

《城市房地产管理法》第八条规定，土地使用权出让，是指国家将国有土地使用权在一定年限内出让给土地使用者，由土地使用者向国家支付土地使用权出让金的行为。在不动产登记实务中，按《国土资源部关于启用不动产登记簿证样式（试行）的通知》（国土资发〔2015〕25号）附《不动产登记簿样式及使用填写说明》规定，出让取得的国有建设用地使用权，其使用期限是不动产登记簿应当记载的内容。据此可知，使用期限是登记簿上记载的出让取得的国有建设用地使用权的内容。《城镇国有土地使用权出让和转让暂行条例》第十九条第一款规定，土地使用权转让是指土地使用者将土地使用权再转移的行为，包括出售、交换和赠与。该暂行条例第二十二条规定，土地使用者通过转让方式取得的土

地使用权，其使用年限为土地使用权出让合同规定的使用年限减去原土地使用者已使用年限后的剩余年限。据此可知，出让取得的国有建设用地使用权转让，是指出让取得的国有建设用地使用权的权利人，将自己基于土地使用权出让合同规定的使用年限减去其已使用年限后的剩余年限的国有建设用地使用权再转移给他人的行为。换言之，出让取得的国有建设用地使用权的权利人，使用年限作为权利内容记载在登记簿上后，只可以将自己记载在登记簿上的使用年限减去其已使用年限后的剩余年限的国有建设用地使用权整体转让给他人，不能将其中的部分年限内的国有建设用地使用权进行分割转让。本问中，甲公司将其出让取得的50年使用期限的国有建设用权的前30年转让给乙公司，属于分割转让部分年限内的国有建设用地使用权的情形，此情形违反《城镇国有土地使用权出让和转让暂行条例》第二十二条规定。按《不动产登记暂行条例》第二十二条第（一）项规定，违反法律、行政法规规定的登记申请，登记机构应当作不予登记处理。据此可知，申请不动产登记的内容应当符合法律、行政法规的规定。本问中，如前所述，甲公司将其出让取得的50年使用期限的国有建设用地使用权的前30年转让给乙公司违反《城镇国有土地使用权出让和转让暂行条例》第二十二条规定，因此，对甲、乙申请的国有建设用地使用权转移登记，登记机构不得办理。

第18问　对有边界争议的土地使用权申请的转移登记，登记机构可否作不予登记处理

丙将出让取得的一宗国有建设用地转让给甲，甲、丙共同向登记机构申请转让转移登记。登记机构受理后，在复审环节，邻宗地的权利人乙以丙的该宗地的边界有问题触犯了其利益为由，向人民法院起诉丙，人民法院已立案。现乙持人民法院的立案通知书请求登记机构暂停办理甲、丙申请的转让转移登记。

登记机构可否暂停办理甲、丙申请的转让转移登记？

笔者认为，对甲、丙申请的转让转移登记，登记机构应当作不予登记处理。

《不动产登记暂行条例》第二十二条第（二）项规定，申请登记的不动产存在尚未解决的权属争议的，登记机构应当作不予登记处理。在不动产登记实务中，《不动产登记操作规范（试行）》4.8.2 条之 6 规定，不动产存在权属争议的，不动产登记机构应当不予登记并书面通知申请人。据此可知，本问中，邻宗地的权利人乙以丙的该宗地的边界有问题且触犯了其利益为由，向人民法院起诉丙，人民法院已立案，表明：甲、丙申请转让转移登记的不动产存在权属争议且现时尚未解决，故对甲、丙申请的转让转移登记，登记机构应当作不予登记处理，并将不予登记决定书面送达申请人。

第 19 问　当事公司因分割登记在牵头公司名下的国有建设用地使用权申请的转移登记，登记机构可否办理

A、B、C、D、E 五家公司联合竞拍一宗国有建设用地，事前，该五家公司签订联合竞拍协议约定：由 D 公司代表 A、B、C、E 参与竞拍并在拍卖成交后以 D 公司的名义与市自然资源局签订土地出让合同，国有建设用地使用权登记在 D 公司名下。此协议经过公证机构公证。国有建设用地使用权登记在 D 公司名下并领取不动产权属证书后，市自然资源局出具了准予宗地分割的批文。现 A、B、C、D、E 五家公司共同向登记机构申请因分割产生的转移登记，欲将相应的国有建设用地使用权登记在各公司名下。

对 A、B、C、D、E 五家公司共同申请的因分割产生的转移登记，登记机构可否办理？

笔者认为，对 A、B、C、D、E 五家公司共同申请的因分割产生的转移登记，登记机构不能直接办理。

第三部分　转移登记

事前，A、B、C、D、E 五家公司签订联合竞拍协议约定：由 D 公司代表 A、B、C、E 参与竞拍并在拍卖成交后以 D 公司的名义与市自然资源局签订土地出让合同，国有建设用地使用权登记在 D 公司名下。表明：现时登记簿上记载的权利人及不动产权属证书上记载的权利人 D 公司，是受其他四家公司委托，代为参与拍卖，签订土地出让合同后将国有建设用地使用权登记在其名下并持有表征该国有建设用地使用权的不动产权属证书。但实质上，该宗地的国有建设用地使用权应当为 A、B、C、D、E 五家公司共有，即该宗地的国有建设用地使用权应当登记在 A、B、C、D、E 五家公司名下，现时却只登记在其中的牵头公司 D 公司名下，与实际的权利人状况不一致，这也是一种登记簿的记载错误，当然，这种错误不是登记机构的原因造成的。《民法典》第二百二十条第一款规定，权利人、利害关系人认为不动产登记簿记载的事项错误的，可以申请更正登记。不动产登记簿记载的权利人书面同意更正或者有证据证明登记确有错误的，登记机构应当予以更正。在不动产登记实务中，《不动产登记暂行条例实施细则》第七十九条规定："权利人、利害关系人认为不动产登记簿记载的事项有错误，可以申请更正登记。权利人申请更正登记的，应当提交下列材料：（一）不动产权属证书；（二）证实登记确有错误的材料；（三）其他必要材料。利害关系人申请更正登记的，应当提交利害关系材料、证实不动产登记簿记载错误的材料以及其他必要材料。"据此可知，登记簿记载的事项错误的，当事人可以持登记簿记载事项错误的证明等相关材料向登记机构申请更正登记。本问中，A、B、C、D、E 五家公司签订的经过公证的联合竞拍协议是登记簿记载事项错误的证明，五家公司应当先行凭该竞拍协议等材料向登记机构申请更正登记，将该宗地的国有建设用地使用权人由 D 公司更正登记为 A、B、C、D、E 五家公司后，再凭市自然资源局出具的分割宗地的批文、五家公司的分割协议等材料申请因分割产生的转移登记，将分割后产生的相应的宗地分别转移登记到 A、B、C、D、E 公司各自的名下。此分割转移登记属于共有人分割共有财产产生的转移登记，不是交易原因产生的转移登记，不涉税。当然，更正登记和分割产生的转移登记可以合并受理后依次序登记。

第20问　被执行人未登记在其名下的基于生效法律文书取得的国有建设用地使用权又被人民法院裁定抵债产生的转移登记，登记机构可否办理

登记在A公司名下的一宗国有建设用地使用权被甲人民法院裁定属于B公司，B公司未办理过户转移登记。现甲人民法院因执行B公司与C公司间的债务纠纷，又把B公司未登记到其名下的该宗国有建设用地使用权裁定抵债给C公司。现C公司持执行裁定书等材料向登记机构申请转移登记，欲将该宗国有建设用地使用权从A公司名下直接转移登记到C公司名下。

登记机构可否依照执行裁定书将该宗地从A公司名下直接转移登记到C公司名下？

笔者认为，登记机构应当依照执行裁定书将该宗国有建设用地使用权从A公司名下直接转移登记到C公司名下。

《民法典》第二百二十九条规定，因人民法院、仲裁机构的法律文书或者人民政府的征收决定等，导致物权设立、变更、转让或者消灭的，自法律文书或者征收决定等生效时发生效力。在司法实务中，《最高人民法院、国土资源部、建设部关于依法规范人民法院执行和国土资源房地产管理部门协助执行若干问题的通知》（法发〔2004〕5号）第二十七条规定，人民法院制作的土地使用权、房屋所有权转移裁定送达权利受让人时即发生法律效力，人民法院应当明确告知权利受让人及时到国土资源、房地产管理部门申请土地、房屋权属变更、转移登记。据此可知，人民法院出具的以不动产抵债的执行裁定书，也是法律文书，自权利取得人签收该裁定书时起，无须登记，权利取得人即依法、即时享有抵债的不动产的物权。本问中，C 公司自签收抵债的执行裁定书时起，无须登记，即依法、即时取得抵债的宗地的国有建设用地使用权。在不动产登记实务中，《不动产登记操作规范（试行）》1.10.1 条第二款规定，已办理首次登记的不动产，申请人因继承、受遗赠，或者人民法院、仲裁委员会的生效法律文书取得该不动产但尚未办理转移登记，又因继承、受遗赠，或者人民法院、仲裁委员会的生效法律文书导致不动产权利转移的，不动产登记机构办理后续登记时，应当将之前转移登记的事实在不动产登记簿的附记栏中记载。据此可知，本问中，涉案的宗地的国有建设用地使用权现时登记在 A 公司名下，B 公司因甲人民法院的裁定书取得该宗地的国有建设用地使用权，在 B 公司尚未将该宗地的国有建设用地使用权从 A 公司名下转移登记到其名下前，C 公司又基于甲人民法院的抵债的执行裁定书取得该宗地的国有建设用地使用权，登记机构可以将 C 公司无须登记，即依法、即时因抵债取得的该宗地的国有建设用地使用权，从 A 公司名下直接转移登记到 C 公司名下，同时，在登记簿附记栏加注"B 基于生效裁定书从 A 公司取得该宗地的国有建设用地使用权和 C 公司基于生效裁定书从 B 公司取得该宗地的国有建设用地使用权"。

第 21 问　国有土地使用权证上载明了使用期限的土地使用权性质是否是出让

张三将房屋转让给李四，共同凭房屋所有权证、国有土地使用权证、买卖合同等材料申请转让转移登记，其中，2005 年颁发的国有土地使用权证载明"住宅用地 70 年"，使用权类型栏是空白（即没有填写任何信息）。经查询该宗国有土地使用权的登记档案，档案中没有土地使用权出让合同。询问申请人，申请人说"当初办理土地证时提交了土地出让合同，现在手里没有了"。

登记机构可否在登记簿上将李四取得的土地使用权性质填写为"出让"？

笔者认为，登记机构应当在登记簿上将李四取得的土地使用权性质填写为"出让"。

按《土地管理法》（1998年颁布实施）第五十四条规定，国有土地使用权的取得方式有出让和划拨。《城市房地产管理法》（1994年颁布实施）第三条规定，一般情形下，国家依法实行国有土地有偿、有限期使用制度。《土地管理法实施条例》第二十九条规定："国有土地有偿使用的方式包括：（一）国有土地使用权出让；（二）国有土地租赁；（三）国有土地使用权作价出资或者入股。"据此可知，当时，国有土地使用权的取得有两种情形：一是以出让、租赁、作价出资或者入股等有偿方式取得的具有使用期限的国有土地使用权；二是以划拨方式无偿取得的无使用期限的国有土地使用权。本问中，申请人提交的国有土地使用权证载明"住宅用地70年"，表明该土地系住宅用地，故土地的权利性质应当为出让或租赁。那么，究竟是出让，还是租赁？

《合同法》（1999年颁布实施）第二百一十四条规定，租赁期限不得超过二十年。超过二十年的，超过部分无效（现时的《民法典》第七百零五条做了同样的规定）。按《城镇国有土地使用权出让和转让暂行条例》第十二条规定，出让取得的国有住宅用地的最高使用年限为70年。据此可知，本问中，申请人提交的国有土地使用权证，是土地登记机构于不动产登记簿制度建立前的2005年颁发的，颁发的依据是原《土地登记规则》（国土〔法〕字第184号），该规则第六十五条规定，土地证书是土地登记卡部分内容的副本，是土地使用者、所有者和土地他项权利者持有的法律凭证。因此，申请人提交的国有土地使用权证是卖方现时享有国有土地使用权的法律凭证，证书上载明的内容是合法、有效的，即证书上载明的"70年"的土地使用期限也是合法、有效的，虽然不符合当时的《合同法》第二百一十四条的规定，但与《城镇国有土地使用权出让和转让暂行条例》第十二条规定相符合。因此，该国有土地使用权证载明的土地使用权不是租赁取得，而是出让取得，故登记机构应当在登记簿上将李四取得的土地使用权性质填写为"出让"。

第 22 问 登记机构办理因出让取得的国有农用地使用权转移登记时，是否收取或查验契税缴纳凭证

登记机构办理因出让取得的国有农用地使用权转移登记时，是否收取或查验契税缴纳凭证？另外，国有农用地上建造的房屋可否登记？

笔者认为，登记机构办理因出让取得的国有农用地使用权转移登记时，应当收取或查验契税缴纳凭证。国有农用地上依约依规建造的非连片的服务于农业生产的房屋可以登记。

第一，登记机构办理因出让取得的国有农用地使用权转移登记时，应当收取或查验契税缴纳凭证。

按《关于扩大国有土地有偿使用范围的意见》（国土资规〔2016〕20号）第三条第（二）项规定，国有农用地的有偿使用，严格限定在农垦改革的范围内。农垦企业改革改制中涉及的国有农用地，国家以划拨方式处置的，使用权人可以承包租赁；国家以出让、作价出资或者入股、授权经营方式处置的，考虑农业生产经营特点，合理确定使用年限，最高使用年限不得超过50年，在使用期限内，使用权人可以承包租赁、转让、出租、抵押。据此可知，出让是国有农用地使用权的取得方式之一，在使用期限内，权利人可以转让其取得的国有农用地使用权。按《契税暂行条例》第一条和第二条第一款第（二）项规定，国有土地使用权转让中，受让人应当缴纳契税。该暂行条例第十一条规定，纳税人应当持契税完税凭证和其他规定的文件材料，依法向土地管理部门、房产管理部门办理有关土地、房屋的权属变更登记手续。纳税人未出具契税完税凭证的，土地管理部门、房产管理部门不予办理有关土地、房屋的权属变更登记手续（按将于2021年9月1日起实施的《契税法》第一条和第二条第一款第（二）项规定，国有土地使用权转让中，受让人应当缴纳契税。该法第十一条规定，纳税人办理纳税事宜后，税务机关应当开具契税完税凭证。纳税人办理土地、房屋权属登记，不动产登记机构应当查验契税完税、减免税凭证或者有关信息。未按照规定缴纳契税的，不

动产登记机构不予办理土地、房屋权属登记)。据此可知,契税缴纳凭证是当事人申请因转让产生的国有土地使用权登记时,登记机构应当收取或查验的材料。本问中,转让的国有农用地使用权也属于国有土地使用权,受让人应当缴纳契税,登记机构办理因出让取得的国有农用地使用权转移登记时,也应当收取或查验契税缴纳凭证。

第二,国有农用地上依约依规建造的非连片的服务于农业的房屋,才可以申请登记。

按《土地管理法》第四条规定,国家实行土地用途管制制度。国家编制土地利用总体规划,规定土地用途,将土地分为农用地、建设用地和未利用地。农用地是指直接用于农业生产的土地,包括耕地、林地、草地、农田水利用地、养殖水面等。据此可知,国有农用地是指直接用于耕地、林地、草地、农田水利用地、养殖水面等农业生产的国有土地,不是用于建造建筑物、构筑物的建设用地。但是,笔者认为,城镇、城乡规划区范围内的国有农用地上,如果经过规划许可建造并竣工的服务于农业生产的非连片的工具房、看护房等房屋,并不改变直接服务于农业生产的土地用途,权利人可以申请登记。城镇、城乡规划区范围外的国有农用地上,如果当事人按照出让合同约定建造并竣工的服务于农业生产的非连片的工具房、看护房等房屋,权利人也可以申请登记。

第23问 基于房屋买卖合同产生的转移登记中,登记机构可否将房屋直接登记在买卖合同当事人以外的人名下

甲、乙签订买卖合同,甲购得登记在乙名下的房屋。甲、乙持买卖合同等材料向登记机构申请买卖房屋产生的转移登记,但甲要求将房屋登记在合同当事人以外的丙名下。

登记机构可否应甲、乙的申请将房屋直接登记在买卖合同当事人以外的丙名下?

笔者认为,登记机构不能应甲、乙的申请将房屋直接登记在买卖合

同当事人以外的丙名下。

《民法典》第一百一十九条规定，依法成立的合同，对当事人具有法律约束力。该法第二百一十五条规定，当事人之间订立有关设立、变更、转让和消灭不动产物权的合同，除法律另有规定或者当事人另有约定外，自合同成立时生效；未办理物权登记的，不影响合同效力。据此可知，一般情形下，当事人间签订的有关设立、变更、转让和消灭不动产物权的合同，只证明当事人间建立了有关设立、变更、转让和消灭不动产物权的合同债权，设立、变更、转让和消灭不动产物权的合同债权的目的经过相关的不动产登记实现后，产生的设立、变更、转让和消灭不动产物权的法律后果由合同的当事人承受。在不动产登记实务中，按《不动产登记操作规范（试行）》4.8.2条之4规定，申请登记的事项与权属来源材料或者登记原因文件不一致的，登记机构应当作不予登记处理。据此可知，本问中，甲、乙申请将房屋所有权登记在房屋买卖合同当事人以外的丙名下，但提交的作为转移登记原因证明的房屋买卖合同中的买方却是甲，属于申请登记的事项与登记原因文件不一致的情形，登记机构受理后也应当作不予登记处理。因此，甲、乙签订买卖合同，甲购得登记在乙名下的房屋，甲、乙申请因买卖房屋产生的转移登记时，甲购买的房屋只能登记在其名下。甲要求将房屋登记在房屋买卖合同当事人以外的丙名下，应当视为甲将该房屋转让或赠与丙。

《民法典》第二百一十六条第一款规定，不动产登记簿是物权归属和内容的根据。该法第二百四十条规定，所有权人对自己的不动产或者动产，依法享有占有、使用、收益和处分的权利。据此可知，登记簿上记载的所有权人才可以处分其不动产。因此，本问中，如前所述，甲没有因买卖转移登记将房屋登记在其名下之前，登记簿上记载的房屋权利人仍然是乙，甲无权将该房屋以转让或赠与的方式处分给丙。换言之，甲在通过买卖转移登记将该房屋登记在其名下后，才可以将该房屋以转让或赠与的方式处分给丙，因此申请转移登记时，登记机构才可以将房屋登记在丙名下。

结论：本问中，登记机构不能应甲、乙的申请将房屋直接登记在合同当事人以外的丙名下。

第 24 问　当事人依房屋买卖合同中关于单方申请转移登记的约定申请的转移登记，登记机构可否办理

A 年 2 月 14 日，自然人甲、乙就商业门市买卖签订房屋买卖合同约定：（1）甲、乙双方共同向登记机构申请房屋所有权转移预告登记；（2）A 年 5 月 13 日（不包含 13 日）后，买方乙可以持甲的身份证复印件及其他相关材料单方申请房屋所有权转移登记；（3）甲、乙双方于本合同生效之日起三日内共同申请房屋所有权转移预告登记。尔后，甲、乙在登记机构办理了房屋所有权转移预告登记。A 年 5 月 20 日，买方乙持相关申请材料单方向登记机构申请房屋所有权转移登记。

对乙单方申请的房屋所有权转移登记，登记机构可否办理？

有观点认为，按《不动产登记暂行条例》第十四条第一款规定，因房屋买卖产生的转移登记，应当由买卖双方共同申请。本问中，因房屋买卖产生的转移登记由买方乙单方申请，不符合《不动产登记暂行条例》第十四条第一款规定，登记机构应当不予办理。笔者不支持此观点。

第一，按《民法典》第一编第一章规定，当事人从事民事活动，应当遵守法律、行政法规，尊重社会公德，不得扰乱社会经济秩序，损害社会公共利益。据此可知，当事人订立、履行合同，属于从事民事活动，只要不违反法律、行政法规的规定，不违反社会公德，不扰乱社会经济秩序，不损害社会公共利益，就应当受到法律的保护。本问中，房屋买卖合同中关于 A 年 5 月 13 日（不包含 13 日）后由乙单方申请转移登记的约定，是基于卖方甲与买方乙真实意思的表示，此意思表示不违反法律、行政法规的规定。《民法典》第四百六十五条规定，依法成立的合同，受法律保护。依法成立的合同，仅对当事人具有法律约束力，但是法律另有规定的除外。据此可知，本问中，乙履行房屋买卖合同书中关于自己单方申请房屋转让转移登记的约定，不属于违反社会公德、扰乱社会经济秩序、损害社会公共利益的情形，应当受到法律的保护。

第二，在不动产登记实务中，按《不动产登记暂行条例实施细则》第十二条第一款和第三款规定，当事人可以委托他人代为申请不动产登记。自然人处分不动产，委托代理人申请登记的，应当与代理人共同到不动产登记机构现场签订授权委托书，但授权委托书经公证的除外。据此可知，受托人可以凭作为处分人的自然人在登记机构办理的委托手续，代处分人申请因处分不动产产生的登记。本问中，"（1）甲、乙双方共同向登记机构申请房屋所有权转移预告登记；（2）A 年 5 月 13 日（不包含 13 日）后，买方乙可以持甲的身份证复印件及其他相关材料单方申请房屋所有权转移登记；（3）甲、乙双方于本合同生效之日起三日内共同申请房屋所有权转移预告登记。尔后，甲、乙在登记机构办理了房屋所有权转移预告登记"，表明：房屋买卖合同书中关于"A 年 5 月 13 日（不包含 13 日）后，买方乙可以持甲的身份证复印件及其他相关材料单方申请房屋所有权转移登记"，可以视为卖方甲委托买方乙在 A 年 5 月 13 日（不包含 13 日）后代其申请买卖房屋产生的转移登记。此买卖合同作为甲、乙共同申请的房屋所有权转移预告登记申请材料已经被登记机构收取存档，应当视为甲委托乙代其申请买卖房屋产生的转移登记的委托手续系在登记机构办理了的，因此，对乙单方申请的房屋所有权转移登记，登记机构应当办理。

第 25 问　占份额三分之二以上的共有人处分共有的不动产后申请的转移登记，登记机构可否办理

甲、乙、丙按份共有一处房地产，甲占 40%份额，乙、丙各占 30%份额。三人协商转让该房地产，但丙不同意。甲、乙转让该房地产后向登记机构申请转让转移登记。

对甲、乙申请的转让转移登记，登记机构可否办理？

笔者认为，对甲、乙申请的转让转移登记，登记机构应当办理。

《民法典》第三百零一条规定，处分共有的不动产或者动产以及对共有的不动产或者动产作重大修缮、变更性质或者用途的，应当经占份额三分之二以上的按份共有人或者全体共同共有人同意，但是共有人之间另有约定的除外。据此可知，占份额三分之二以上的按份共有人可以处分共有财产。《城市房地产管理法》第三十八条规定，共有的房地产未经其他共有人书面同意的，不得转让。据此可知，全体共有人同意后才可以转让共有的房地产。因此，《民法典》和《城市房地产管理法》关于共有人处分按份共有的房地产的规定是不一致的。但是，《民法典》是第十三届全国人民代表大会第三次会议通过后发布实施的法律，《城市房地产管理法》是第十三届全国人民代表大会常务委员会第十二次会议通过该法第三次修正案后发布实施的法律。据此可知，《民法典》的阶位高于《城市房地产管理法》，应当以《民法典》的规定为准。在不动产登记实务中，按《不动产登记操作规范（试行）》2.1.3 第三款之 1 规定，处分按份共有的不动产产生的登记，可以由占份额三分之二以上的按份共有人共同申请。据此可知，本问中，甲、乙可以转让该房地产后申请转让转移登记，对该转移登记，登记机构应当办理。

第 26 问　按份共有人转让其不动产份额时，其他共有人或其委托人是否应当参与转移登记申请

甲、乙按份共有一处房屋，甲向共有人以外的丙出卖自己享有的份额，乙保留自己享有的份额，向登记机构申请出卖房屋产生的转移登记时，乙无法到场。

无法到场的乙，是否必须书面委托别人到登记窗口代其申请转移登记？

笔者认为，无法到场的乙，无须书面委托别人到登记窗口代其申请转移登记。

《民法典》第三百零一条规定，处分共有的不动产或者动产以及对共有的不动产或者动产作重大修缮、变更性质或者用途的，应当经占份额三分之二以上的按份共有人或者全体共同共有人同意，但是共有人之间另有约定的除外。《不动产登记操作规范（试行）》2.1.3 条第三款之 1 规定，处分按份共有的不动产，可以由占份额三分之二以上的按份共有人共同申请，但不动产登记簿记载共有人另有约定的除外。据此可知，一般情形下，占份额三分之二以上的按份共有人协商一致后可以整体处分共有的不动产，共有的不动产被整体处分后，可以由处分该不动产的占份额三分之二以上的按份共有人共同申请转移登记，并非必须由全体共有人共同申请转移登记。本问中，是甲出卖自己享有的份额，不是甲、乙共同整体出卖其按份共有的房屋，因此，更无须甲、乙共同到登记机构申请转移登记。

按《不动产登记操作规范（试行）》2.1.3 条第二款规定，按份共有人转让、抵押其享有的不动产份额产生的登记，应当与受让人或者抵押权人共同申请。受让人是共有人以外的人的，还应当提交其他共有人同意的书面材料。据此可知，按份共有人转让其享有的不动产份额时，转让转移登记的申请人是转让份额的共有人与受让人。如果受让人是共有人以外的人的，应当同时提交其他共有人同意转让的书面材料。本问中，是甲出卖自己享有的份额，买方是共有人以外的丙，由甲、丙共同向登记机构申请出卖份额产生的转移登记即可，无须乙到登记机构的窗口申请转移登记，更无须乙书面委托他人到登记窗口代其申请转移登记。但是，甲、丙申请转移登记时，应当提交乙同意转让的书面材料。

第 27 问　转让人通知其他按份共有人的证明是否是转让转移登记申请材料

《民法典》第三百零六条规定，按份共有人转让其享有的共有的不动产或者动产份额的，应当将转让条件及时通知其他共有人。其他共有人应当在合理期限内行使优先购买权。有登记人员据此认为，按份共有人对外转让其享有的份额时通知其他共有人的书面证明，是当事人申请转让转移登记时应当提交的登记申请材料，以确保转让行为的合法性，保护其他共有人的利益，保障登记质量。笔者不支持此观点。

在不动产登记实务中，按《不动产登记操作规范（试行）》2.1.3条第二款规定，按份共有人转让、抵押其享有的不动产份额产生的登记，应当与受让人或者抵押权人共同申请。受让人是共有人以外的人的，还应当提交其他共有人同意的书面材料。据此可知，按份共有人对外转让其享有的份额申请转移登记时，其他共有人同意转让的书面材料是应当提交的登记申请材料。按份共有人对外转让其享有的份额时通知其他共有人，是为了让其抉择是否行使优先购买权。其他共有人出具了同意转让的书面材料，表明其已经知晓转让人对外转让其享有的份额的事实且其放弃了对该份额的优先购买权，申言之，作为登记申请材料，其他共有人出具的同意转让的书面材料，其效力覆盖了转让人通知其他按份共有人的证明的效力。概言之，《民法典》实施后，共有人申请转让其份额产生的转移登记时，转让人通知其他按份共有人的证明不是其应当提交的登记申请材料。

第28问　对权属有争议的不动产转移登记申请，登记机构可否作中止登记处理

A6年6月，甲购买乙的房屋后，甲、乙共同申请并完成了因买卖产生的转移登记。A9年11月，甲将该房屋转让给丙，甲、丙共同向登记机构申请转让转移登记，登记机构受理后，将房屋转移登记在丙名下前，乙以欺诈为由起诉甲，请求人民法院判决撤销其与甲签订的房屋买卖合同，乙向登记机构提交人民法院的立案证明后，登记机构中止了转移登记的办理。之后，一审人民法院判决驳回乙的诉讼请求，乙提起上诉，二审人民法院终审判决维持一审人民法院的判决。

登记机构可否继续办理甲、丙申请的转移登记？

第三部分 转移登记

笔者认为，登记机构应当继续办理甲、丙申请的转移登记。

本问中，甲、丙申请转让转移登记的房屋上没有查封登记、预告登记等限制甲处分该房屋的登记存在，登记机构却中止已经受理的转移登记申请的办理，此举没有法律、行政法规和行政规章上的依据，因此，登记机构应当继续办理甲、丙申请的转移登记。

笔者认为，本问的规范处理方式为：按《不动产登记暂行条例》第二十二条第（二）项规定，存在尚未解决的权属争议的不动产登记申请，登记机构应当作不予登记处理并书面告知申请人。据此可知，对已经受理但尚未完成的不动产登记申请，如果有人举证证明该申请登记的不动产存在权属争议且现时尚未解决的，对此不动产登记申请，登记机构应当作不予登记处理，并将不予登记的理由和依据书面通知申请人。本问中，乙以欺诈为由起诉甲，请求人民法院判决撤销其与甲签订的房屋买卖合同，乙向登记机构提交了人民法院的立案证明。表明：乙对甲转让给丙的房屋的权属存在争议且尚未解决，登记机构应当据此对甲、丙申请的转让转移登记作不予登记处理，并书面告知甲、丙不予登记的理由和依据，而不应当作中止登记处理。同时，向甲、丙退还其提交的转移登记申请材料。一审人民法院判决驳回乙的诉讼请求后，乙提起上诉，二审人民法院终审判决维持一审人民法院的判决。表明：乙对甲转让给丙的房屋的权属的争议已经解决。甲、丙可凭原转移登记申请材料和一审、二审人民法院的判决书再申请转让转移登记。

第29问 当事人持无不动产登记资料支撑的房屋所有权证申请的房地产转让转移登记，登记机构该怎样处理

甲将房屋转让给乙。甲、乙持2001年颁发的房屋所有权证、房地产转让合同等材料申请转让转移登记。登记机构受理后，经查阅原房屋登记机构移交的档案和颁证记录簿，没有该房屋所有权证的档案资料，颁证记录簿上也没有该房屋所有权证的颁发记录。原房屋登记机构因并入其他机构，公章已经缴销。

对已经受理的甲、乙申请的房屋转让转移登记，登记机构该怎样处理？

笔者认为，若作为登记申请材料的房屋所有权证是真实的，登记机构应当为甲、乙办理房屋转让转移登记。否则，应当作不予登记处理。

本问中，登记机构受理的甲、乙申请的房屋转让转移登记申请材料中的房屋所有权证无档案资料作支撑证明其真实性，也无颁证记录印证其真实性，登记机构应当从其保管的房屋登记档案中，调取与该房屋所有权证上的房屋登记机构公章相同的同时期的档案资料作检验材料，委托有资质的司法鉴定机构鉴定该房屋所有权证上的公章是否真实。如果真实，表明该房屋所有权证是真实的，登记机构应当为甲、乙办理房屋转让转移登记。至于该房屋所有权证既无档案资料支撑，也无颁证记录，笔者认为，这是登记机构的工作失误，当事人不应当承担由此产生的后果。

按《城市房地产管理法》第三十八条第（六）项规定，未经权属登记并领取权属证书的房屋不得转让。按《不动产登记暂行条例》第二十二条第（一）项规定，对违反法律、行政法规规定的不动产登记申请，登记机构应当作不予登记处理。据此可知，当事人转让未经登记并领取权属证书的房屋，违反《城市房地产管理法》第三十八条第（六）项规定，由此提出的房屋转让转移登记申请，登记机构应当作不予登记处理，并将作不予登记处理的理由和依据书面告知申请人。本问中，如果有资质的司法鉴定机构鉴定该房屋所有权证上的公章不真实，则该房屋所有权证不真实，甲向乙转让的房屋应当视为未经登记并领取权属证书的情形，据此申请的房屋转让转移登记，登记机构应当作不予登记处理，并将作不予登记处理的理由和依据书面告知甲、乙。

第30问　房地产转让转移登记完成后，买卖双方可否以未提交土地增值税缴纳凭证为由申请撤回该转让转移登记申请

甲将其住用了一年的商品房转让给乙，甲、乙持不动产权属证书、转让合同、契税缴纳凭证等材料申请转让转移登记，登记机构经审查后，将转移登记记载在登记簿上,但在向乙颁发不动产权属证书前,甲、乙以未提交土地增值税缴纳凭证、转移登记程序不合法为由申请撤回登记申请。登记机构经核查,甲、乙提交的转移登记申请材料中确实没有土地增值税缴纳凭证。

登记机构可否应甲、乙的申请,准予其撤回登记申请?

笔者认为,登记机构不能应甲、乙的申请,准予其撤回登记申请。

《民法典》第二百一十四条规定,不动产物权的设立、变更、转让和消灭,依照法律规定应当登记的,自记载于不动产登记簿时发生效力。《不动产登记暂行条例》第十五条第二款规定,不动产登记机构将申请登记事项记载于不动产登记簿前,申请人可以撤回登记申请。在不动产登记实务中,《不动产登记暂行条例实施细则》第二十条第一款规定,不动产登记机构应当根据不动产登记簿,填写并核发不动产权属证书或者不动产登记证明。据此可知,一般情形下,当事人申请的不动产登记自记载于登记簿上时起,产生物权效力,即记载于登记簿是不动产登记程序的终结环节,向申请人颁发不动产权属证书是不动产登记程序终结后的后续工作,因此,申请人撤回登记申请的时间节点必须是登记机构将当事人申请的登记记载在登记簿上之前。本问中,甲、乙是在登记机构将转移登记记载在登记簿上后,向乙颁发不动产权属证书前申请撤回转移登记申请,即甲、乙提出撤回转让转移登记申请的时间节点在该转让转移登记程序终结后,故登记机构不能应甲、乙的申请,准予其撤回登记申请。

按《土地增值税暂行条例》第二条和第十二条规定,国有土地上的房地产承让人未缴纳土地增值税的,不动产登记机构不得为当事人办理因转让产生的房地产权属变更登记。质言之,土地增值税缴纳凭证是登记机构办理国有土地上的房地产转让转移登记时应当收取的材料。本问中,甲、乙申请房地产转让转移登记时,未向登记机构提交土地增值税缴纳凭证,登记机构却将该转让转移登记记载在登记簿上,表明登记机构办理的转让转移登记错误（违法）。《民法典》第二百二十条第一款规定，权利人、利害关系人认为不动产登记簿记载的事项错误的，可以申请更正登记。不动产登记簿记载的权利人书面同意更正或者有证据证明登记确有错误的，登记机构应当予以更正。质言之，登记簿上的记载出现错误时，当事人可以通过申请更正登记的方式予以纠正。本问中，登记机构可以告知甲、乙申请更正登记，将房地产更正登记回甲名下。登记机构也可以按《不动产登记暂行条例实施细则》第八十一条规定依职权启动更正登记，将房地产更正登记回甲名下。

第 31 问　申请人申请转移登记时，买方据以签订商品房预售合同的身份证明已被注销的，登记机构该如何处理

甲在本省不同地区有两个户口，持有两个不同的身份证。甲先用房屋所在地的身份证与房地产开发企业签订了商品房预售合同，再用该身份证缴纳了契税。现甲与房地产开发企业共同申请转移登记时，提交房屋所在地公安机关出具的该地户口和身份证注销证明，上面写明因"重登误登"注销本地户口和身份证，要求凭房屋所在地之外的身份证上的信息办理房屋转移登记。

登记机构该如何处理？

有观点认为，买方甲据以签订商品房预售合同时的身份证已被注销，表明该身份证不合法或不真实，甲系以欺诈手段与房地产开发企业签订的商品房预售合同，因此，该商品房预售合同应当无效，登记机构应当告知申请人，重新签订商品房买卖合同后再申请转移登记。笔者不支持此观点中关于商品房预售合同无效的认为及理由。

《民法典》第一百四十六条第一款规定，行为人与相对人以虚假的意思表示实施的民事法律行为无效。据此可知，本问中，甲与房地产开发企业签订了商品房预售合同后，共同持此预售合同申请转移登记，表明：甲和房地产开发企业签订商品房预售合同的意思表示真实。甲和房地产开发企业签订商品房预售合同属于实施民事法律行为，该民事法律行为不具备前述无效条件。

《民法典》第一百四十八条规定，一方以欺诈手段，使对方在违背真实意思的情况下实施的民事法律行为，受欺诈方有权请求人民法院或者仲裁机构予以撤销。据此可知，一方以欺诈手段订立合同，损害对方当事人利益的，对方当事人有权请求人民法院或者仲裁机构予以撤销。所谓合同的撤销，是指已经生效的合同，在被撤销的事由产生的情形下，人民法院或者仲裁机构应当事人的请求剥夺其效力的行为。本问中，即使甲系以欺诈手段与房地产开发企业签订的商品房预售合同，但此合同损害的应当是对方当事人的利益，属于合同可以被撤销的情形。但是，甲与房地产开发企业共同申请转移登记时，提交房屋所在地公安机关出具的该地户口和身份证注销证明，上面写明因"重登误登"注销本地户口和身份证，要求凭房屋所在地之外的身份证上的信息登记办理房屋转移登记，表明：作为对方当事人的房地产开发企业，已经知晓买方甲凭无效的身份证与其签订了商品房预售合同，但该房地产开发企业没有行使合同撤销权，而是以与甲共同申请基于此合同产生的房屋转移登记的方式认可该合同的有效。因此，该商品房预售合同是有效的合同。

买方的姓名和身份证号码是住房和城乡建设部制定的《商品房买卖合同（预售）示范文本（GF—2014—×××）》中指出应当载明的内容，本问中，甲在本省不同地区有两个户口，持有两个完全不同的身份证。甲先用房屋所在地的身份证与房地产开发企业签订了商品房预售合同，表明：甲与房地产开发企业签订的商品房预售合同上载明的甲的姓名和身份证号码，与现时提交的房屋所在地之外的身份证上的姓名和身份证号码完全不同，登记机构可以告知申请人，签订以载明买方甲的姓名和身份证号码变更为主要内容的商品房预售合同变更协议后，再申请转移登记。

第 32 问　企业注销前处分的不动产在企业注销后申请的转移登记，登记机构该怎样处理

在不动产登记实务中，买受人持其与注销前的企业签订的买卖合同等材料，单方向登记机构申请不动产买卖转移登记的情形时有出现。

此情形下，登记机构可否为买受人办理转让转移登记？

《不动产登记暂行条例》第十四条第一款规定，因买卖、设定抵押权等申请不动产登记的，应当由当事人双方共同申请。据此可知，因买卖不动产产生的转移登记，应当由买卖双方共同向登记机构申请。因此，本问中，对买受人单方申请的买卖转移登记，登记机构不能办理。

但是，本问中，作为卖方的企业已经注销，无法与买受人共同向登记机构申请买卖转移登记，怎么办？主流做法是登记机构告知买受人向人民法院起诉，凭人民法院生效的确认权属的判决书申请登记。买受人再问登记机构：以谁为被告起诉？这个问题难住了不少的登记机构。笔者认为，买受人起诉的被告应当区分以下情形确定。

一、企业履行完清算程序后注销的情形

《民法典》第七十条第一款规定，法人解散的，除合并或者分立的情形外，清算义务人应当及时组成清算组进行清算。该法第七十一条规定，法人的清算程序和清算组职权，依照有关法律的规定；没有规定的，参照适用公司法律的有关规定。《公司法》第一百八十四条第（五）项规定，清理债权、债务是清算组的职责。据此可知，企业法人或企业性质的非法人组织，解散前须组织清算组织进行清算，且清理企业法人或企业性质的非法人组织的债权、债务是其职责。按《民法典》第七十条第三款规定，清算义务人未及时履行清算义务，造成损害的，应当承担民事责任。据此可知，清算义务人未及时履行清算义务，给当事人造成损害的，尚且应当承担民事责任，那么，清算组织在清算过程中不履行清算义务或不充分履行清算义务，给当事人造成损害的，更应当承担民事责任。

因此，如果企业是履行完清算程序后注销的，对该企业清算前与他人签订买卖合同处分的不动产，如果清算报告中关于该不动产的归属、过户转移手续的办理有记载的，按记载执行；如果清算报告中关于该不动产的归属、过户转移手续的办理没有记载的，由于企业基于买卖合同须履行协助买受人办理过户转移登记的债务，则此清算组没有充分履行通知、协助买受人办理转移登记的清算职责，导致买受人不能将不动产转移登记到其名下而致其利益受到损害，故此情形下，清算义务人应当承担责任。申言之，企业在履行完清算程序注销的情形下，买受人持有的是其与清算前的企业签订的买卖合同的，应当以企业的清算义务人作为被告向法院起诉。那么，企业的清算义务人是谁？

《民法典》第七十条第二款规定，法人的董事、理事等执行机构或者决策机构的成员为清算义务人。法律、行政法规另有规定的，依照其规定。在司法实务中，《北京市高级人民法院关于企业下落不明、歇业、撤销、被吊销营业执照、注销后诉讼主体及民事责任承担若干问题的处理意见（试行）》第二十七条规定："清算主体应依歇业、被撤销、被吊销营业执照、注销登记企业的不同性质分别确定：（1）国有企业以企业的上级主管部门为清算主体；（2）集体企业以企业的开办单位、部门，或投资人为清算主体；（3）联营企业以各投资主体为清算主体；（4）子公司以母公司为清算主体；（5）有限责任公司以全体股东为清算主体；（6）股份有限公司以公司章程规定负有清算责任的股东、或股东大会选定的股东为清算主体；股东大会不能选定清算组的，派员担任董事会成员的股东为清算主体；（7）外商投资企业应依据《外商投资企业清算办法》进行清算，成立清算组（清算委员会）。未成立清算组的，清算主体为各方股东。中外合资、合作企业外方已不存在的，中方股东应通过申请特别清算程序对企业进行特别清算，成立特别清算委员会。未成立特别清算委员会的，中方股东为清算主体。"笔者据此认为，北京市高级人民法院的司法文件中确定的清算主体，即为本问中买受人起诉的被告。

二、企业未经清算注销的情形

（1）按《最高人民法院关于适用〈中华人民共和国民事诉讼法〉的解释》第六十四条规定，未依法清算即被注销的，以该企业法人的股东、发起人或者出资人为当事人。据此可知，企业在未经依法清算就被注销的情形下，买受人持其与企业签订的买卖合同向人民法院提起确权之诉时，被告为该企业的股东、发起人或者出资人。该企业的股东、发起人或者出资人的详细情况参见前述《北京市高级人民法院关于企业下落不明、歇业、撤销、被吊销营业执照、注销后诉讼主体及民事责任承担若干问题的处理意见（试行）》第二十七条规定。

（2）《最高人民法院关于适用〈中华人民共和国公司法〉若干问题的规定（二）》第二十条第二款规定，公司未经依法清算即办理注销登记，股东或者第三人在公司登记机关办理注销登记时承诺对公司债务承担责任，债权人主张其对公司债务承担相应民事责任的，人民法院应依法予以支持。据此可知，公司在未经依法清算就被注销的情形下，若公司股东或第三人向公司登记机关书面承诺其承担该公司债务的，债权人通过诉讼方式主张权利时，以该股东或第三人为被告。申言之，公司在未经依法清算的情形下被注销的，买受人持其与公司签订的买卖合同向人民法院提起确权之诉讼时，被告为向公司登记机关书面承诺其承担该公司债务的股东或第三人。

笔者认为，登记机构告知申请人向人民法院起诉，凭人民法院生效的确认权属的判决书申请登记，固然是一种解决问题的办法，但诉讼的终极目标，是让作为被告的企业的清算义务人、书面承诺其承担被注销公司债务的股东或第三人承担已经被注销的公司应当承担的责任，即将企业于清算前或注销前出卖的不动产登记到买受人名下。如果企业的清算义务人、书面承诺其承担被注销公司债务的股东或第三人积极配合，自愿承担已经被注销的公司应当承担的责任，与买受人共同向登记机构申请买卖转移登记，登记机构也应当支持。若如此，省时、省力，也符合《不动产登记暂行条例》第一条关于"方便群众申请登记"的规定。

第三部分 转移登记

第 33 问 房地产开发公司被吊销营业执照后清算组成立前与购房人签订的商品房买卖合同，登记机构可否用作办理转移登记的证据材料

清算组代房地产开发公司申请买卖房屋产生的转移登记时，提交的申请材料中，有些商品房买卖合同是该公司被吊销了营业执照后清算组成立前与购房人签订的。

房地产开发公司被吊销营业执照后清算组成立前与购房人签订的商品房买卖合同，登记机构可否用作办理转移登记的证据材料？

笔者认为，房地产开发公司被吊销营业执照后清算组成立前与购房人签订的商品房买卖合同，登记机构可以用作办理转移登记的证据材料。

《民法典》第二百一十六条第一款规定，不动产登记簿是物权归属和内容的根据。据此可知，登记簿上记载的内容具有公信力。但公信力的支撑是登记簿记载的内容必须合法、真实、有效，登记簿记载的内容来自申请人提交的不动产登记申请材料、登记机构询问申请人和实地查看不动产现场获取的信息，因此，不动产登记申请材料应当合法、真实、有效。那么，房地产开发公司被吊销营业执照后清算组成立前与购房人签订的商品房买卖合同有效吗？

按《民法典》第七十二条第一款和第三款规定，清算期间法人存续，但是不得从事与清算无关的活动。清算结束并完成法人注销登记时，法人终止；依法不需要办理法人登记的，清算结束时，法人终止。据此可知，清算期间，法人并不消灭，仍然具有民事权利能力和民事行为能力。但在清算期间，法人只能进行与清算有关的活动。经登记成立的法人，在清算程序终结并自法人登记机关办理注销登记时起消灭。不经登记成立的法人自清算程序终结时起消灭。其中，法人的民事权利能力体现为具有行使或履行与清算活动相关的权利、义务的资格，不具有行使或履行与清算活动无关的权利、义务的资格。清算期间，由清算组织以法人的名义行使权利、履行义务。笔者据此认为，本问中，房地产开发公司被吊销营业执照后清算组成立前与购房人签订的商品房买卖合同是否生效存疑,其清算组据此申请转移登记的行为对其予以了追认,即自清算组代为申请转移登记时起该合同的有效性毋庸置疑。因此,房地产开发公司被吊销营业执照后清算组成立前与购房人签订的商品房买卖合同,登记机构可以用作办理转移登记的证据材料。

第34问　公司营业执照被吊销后可否以该公司名义与买方共同申请转让转移登记

甲公司将登记在其名下的房地产转让给自然人乙,签订了转让合同,之后,甲公司的营业执照被吊销。现甲公司、乙共同向登记机构申请转让转移登记。

对甲公司、乙共同申请的转让转移登记,登记机构可否办理?

笔者认为,对甲公司、乙共同申请的转让转移登记,登记机构不能办理。

按《民法典》第六十九条第(四)项规定,法人依法被吊销营业执照属于法人解散的情形。该法第七十条第一款规定,法人解散的,除合并或者分立的情形外,清算义务人应当及时组成清算组进行清算。该法第七十二条第一款规定,清算期间法人存续,但是不得从事与清算无关的活动。据此可知,法人的营业执照被依法吊销后,应当组织清算组进行清算,清算期间,企业法人的民事主体资格仍然存续,但只能由清算组代其从事与清算相关的活动。《公司法》第一百八十四条规定:"清算组在清算期间行使下列职权:(一)清理公司财产,分别编制资产负债表和财产清单;(二)通知、公告债权人;(三)处理与清算有关的公司未了结的业务;(四)清缴所欠税款以及清算过程中产生的税款;(五)清理债权、债务;(六)处理公司清偿债务后的剩余财产;(七)代表公司参与民事诉讼活动。"据此可知,公司清算组的职权主要是终结现存的法律关系、处理其剩余财产。本问中,甲公司与乙签订转让合同,将登记在其名下的房地产转让给乙,但该房地产还没有转移登记给乙,属于现时还存在的没有终结的法律关系。甲公司协助乙申请该房地产转让转移登记，属于终结转让合同法律关系的行为，但甲公司的营业执照已经被吊销，故甲公司应当组织清算组，由清算组代甲公司协助乙申请转让转移登记，转移登记申请书上的转让方仍然是甲公司，但转让方的签章应当是甲公司清算组的公章。

第 35 问　登记在无民事行为能力的父母名下的房屋卖给非监护人的儿子产生的转移登记，登记机构可否办理

法院在确认父母均为无民事行为能力人的判决书中指定女儿为其监护人，女儿为给父母筹集医疗费，把登记在父母名下的房屋卖给儿子。现女儿、儿子共同向登记机构申请因出卖无民事行为能力的父母名下的房屋产生的转移登记。

对女儿、儿子共同申请的转移登记，登记机构可否办理。

笔者认为，对女儿、儿子共同申请的转移登记，登记机构应当不予办理。

法理上，从监护的角度看，监护人不得与被监护人为法律行为，也不得代理被监护人与自己的近亲属为法律行为[①]。因此，监护人可以代被监护人与一般的第三人为法律行为，不得代被监护人与自己或自己的近亲属为法律行为。法律规范上，《民法典》第二十六条第二款规定，成年子女对父母负有赡养、扶助和保护的义务。该法第三十五条第一款规定，监护人应当按照最有利于被监护人的原则履行监护职责。监护人除为维护被监护人利益外，不得处分被监护人的财产。据此可知，成年子女对父母负有赡养、扶助和保护的义务，但子女在竭尽能力的情形下，不能履行或不能充分履行其对父母的赡养、扶助和保护的义务时，为了作为被监护人的父母的利益，才可以处分父母的财产。但是，《民法典》第八条规定，民事主体从事民事活动，不得违反法律，不得违背公序良

---

① 佟柔、周大新：《佟柔中国民法讲稿》，北京大学出版社2008年版，第151~152页。

俗。据此可知，公序良俗是民事主体从事民事活动、实施民事行为时应当遵守的基本原则。本问中，儿子虽然不是无民事行为能力人的父母的监护人，但仍然对父母负有赡养、扶助和保护的义务，按一般的社会认知标准认为，儿子有能力购买父母名下的房屋，就应当具有对父母履行赡养、扶助和保护义务的能力。在筹集父母医疗费用出现困难时，不竭力为之，反而购买父母名下的房屋，有悖公序良俗的民法基本原则。《不动产登记暂行条例》第二十二条第（一）项规定，登记申请违反法律、行政法规规定的，登记机构应当作不予登记处理。据此可知，申请人申请登记的内容应当符合法律、行政法规的规定。因此，本问中，对女儿、儿子共同向登记机构申请因出卖无民事行为能力的父母名下的房屋产生的转移登记，因该申请违反《民法典》第八条规定，故登记机构应当不予办理。

第36问　监护人申请的将其与被监护人共同购买的房屋转移登记为其单独所有产生的登记，登记机构可否办理

人民法院生效的判决书确认甲为无民事行为能力人，在该判决书中指定甲的配偶乙为其监护人。甲、乙共同签订商品房买卖合同购买的房屋申请转移登记时，监护人乙欲将该商品房登记为其单独所有。

登记机构可否将以甲、乙名义共同签订商品房买卖合同购买的房屋登记为乙单独所有？

笔者认为，登记机构不能将以甲、乙名义共同签订商品房买卖合同购买的房屋登记为乙单独所有。

《民法典》第二百一十二条规定："登记机构应当履行下列职责：（一）查验申请人提供的权属证明和其他必要材料；（二）就有关登记事项询问申请人；（三）如实、及时登记有关事项；（四）法律、行政法规规定的其他职责。申请登记的不动产的有关情况需要进一步证明的，登记机构可以要求申请人补充材料，必要时可以实地查看。"据此可知，登记机构在登记簿上记载的信息，来源于登记申请材料载明的信息和登机构询问申请人、查看现场等履职行为核实、提取的信息。该法第二百一十五条规定，当事人之间订立有关设立、变更、转让和消灭不动产物权的合同，除法律另有规定或者当事人另有约定外，自合同成立时生效；未办理物权登记的，不影响合同效力。据此可知，我国《民法典》的规定采用债权与物权区分原则。以取得不动产物权为目的的合同债权，即以取得不动产物权为目的的原因，自合同成立时起生效，但未被记载于不动产登记簿的，不动产物权不生效。因此，本问中，一般情形下，登记机构在办理甲、乙共同签订商品房买卖合同购买的商品房产生的转移登记时，应当将已经生效的商品房买卖合同上的甲、乙记载为登记簿上的房屋所有权人。《民法典》第三十四条规定，监护人的职责是代理被监护人实施民事法律行为，保护被监护人的人身权利、财产权利以及其他合法权益等。据此可知，保护被监护人的财产权利是监护人的职责之一。按《不动产登记暂行条例》第二十二条第（一）项规定，登记申请违反法律、行政法规规定的，登记机构应当作不予登记处理。据此可知，当事人申请登记的内容不符合法律、行政法规规定的，登记机构应当作不予登记处理。一般情形下，不动产物权的权利人以登记簿上的记载为准。本问中，如前所述，甲、乙应当是登记簿上记载的房屋所有权人，但甲的监护人乙欲把被监护人甲应当享有的商品房所有权登记到其名下，属于损害被监护人甲的利益的违法行为，由此申请的登记，登记机构应当不予办理。当然，如果监护人乙申请转移登记时，申请将该商品房登记为甲、乙共同共有，自无可言。如果申请登记为甲、乙按份共有，则被监护人甲享有的份额不应当少于监护人乙。

第37问　受托人持以转让房屋坐落明确的代理事项的委托书申请的转移登记，登记机构可否受理

张三在外务工，委托好友李四代其转让老家的房屋，但委托书中载明委托李四代其转让坐落在×镇×街×号的房屋并申请转让房屋产生的过户登记，没有载明转让房屋的不动产权属证书号码和房屋的不动产单元代码。现李四与受让人持委托书、转让合同等材料向登记机构申请转让房屋产生的转移登记。

对李四与受让人申请的转让转移登记，登记机构可否受理？

笔者认为，对李四与受让人申请的转让转移登记，登记机构在确认代理事项明确、具体的情形下才可以受理。

《民法典》第一百六十五条规定，委托代理授权采用书面形式的，授权委托书应当载明代理人的姓名或者名称、代理事项、权限和期限，并由被代理人签名或者盖章。据此可知，委托书应当具备的内容有：代理人的姓名或者名称、代理事项、代理权限和期限、被代理人的签名或者盖章。本问中，张三向李四出具的委托书中载明委托李四代其转让坐落在×镇×街×号的房屋并申请转让房屋产生的过户登记，没有载明转让房屋的不动产权属证书号码和房屋的不动产单元代码。表明：张三委托李四的代理事项是代其转让坐落在×镇×街×号的房屋并申请转让该房屋产生的过户登记。在不动产登记实务中，登记机构在具体经办该转移登记时，应当通过不动产登记系统查询张三在该坐落点是否只有一处或一套房屋，如果只有一处或一套房屋的，则委托书中的代理事项明确、具体，对李四与受让人申请的转让转移登记，登记机构可以受理。如果张三在该坐落点有两处或两套以上的房屋的，则委托书中的代理事项不明确，登记机构应当告知李四和受让人，明确代理事项后再申请登记。

第38问 受托的房地产开发公司指定其员工代委托人申请的房屋转移登记，登记机构可否受理

购房人张三购买商品住房一套，与房地产开发公司签订商品房买卖合同后，又单独向该房地产开发公司出具委托书，委托该房地产开发公司代为办理所购商品住房的转移登记手续，但该委托书没有经过公证，也没有受托人可以转委托的内容。房地产开发公司在该委托书上直接载

明指定员工李四到不动产登记机构代张三办理住房转移登记事宜，并加盖了该房地产开发公司公章。现李四与房地产开发公司的另一个员工持相关材料向登记机构申请转移登记。

李四代购房人张三申请的转移登记，登记机构可否受理？

有观点认为，张三委托卖方房地产开发公司代其申请所购商品住房的转移登记，房地产开发公司却委托其员工李四到登记机构代张三申请住房转移登记，属于转委托，张三给房地产开发公司出具的委托书中没有该房地产开发公司可以转委托的内容。因此，李四到登记机构代张三申请的住房转移登记，登记机构不可以受理。笔者不支持此观点。

《民法典》第一百六十九条第一款规定，代理人需要转委托第三人代理的，应当取得被代理人的同意或者追认。据此可知，转委托，是指受托人为处理其代理范围内的事务，以自己的名义再委托他人代为处理该事务的委托，转委托应当取得委托人（被代理人）的同意或者追认。本问中，受托人房地产开发公司指定其员工李四到登记机构代张三申请住房转移登记，不是以其名义委托其他自然人、法人、非法人组织到登记机构代张三申请住房转移登记，因此，受托人房地产开发公司指定其员工李四到登记机构代张三申请住房转移登记，不属于转委托，相反，是李四以该房地产开发公司的名义履行受托义务，实现将住房转移登记到张三名下以达到受托目的的行为。因此，李四到登记机构代张三申请的住房转移登记，登记机构应当受理。

第39问　抵押当事人在债务履行期间申请的以抵押房屋抵债产生的转移登记，登记机构可否办理

A1年7月8日，王五为获取借款，用登记为自己单独所有的房屋作抵押担保。借款合同约定债务履行期间终期为A3年7月9日，借款合同也约定按月付息。A2年4月3日，因王五一直未按月付息，抵押权人、抵押人（债务人）王五签订房屋抵债合同后，共同向登机机构申请转移

登记时，也申请因房屋抵债产生的抵押权注销登记，登记机构因此而知晓抵债合同签订于债务履行期间届满前。

对抵押权人、抵押人（债务人）共同申请的转移登记，登记机构可否办理？

笔者认为，对抵押权人、抵押人（债务人）在债务履行期间共同申请的以抵押房屋抵债产生的转移登记，登记机构不能办理。

《民法典》第四百一十条第一款规定，债务人不履行到期债务或者发生当事人约定的实现抵押权的情形，抵押权人可以与抵押人协议以抵押财产折价或者以拍卖、变卖该抵押财产所得的价款优先受偿。协议损害其他债权人利益的，其他债权人可以请求人民法院撤销该协议。据此可知，抵押当事人只有在约定的债务履行期限届满或当事人约定的实现抵押权的情形出现时、债务清偿的，才可以约定以抵押物折价抵债给抵押权人。本问中，因抵押人一直未按月付息，但未按月付息不是当事人约定的实现抵押权的情形，抵押权人、抵押人（债务人）王五却于债务履行期间届满前的 A2 年 4 月 3 日签订房屋抵债合同，将抵押房屋抵债给抵押权人，违反前述《民法典》的规定。按《不动产登记暂行条例》第二十二条第（一）项规定，登记申请违反法律、行政法规规定的，登记机构应当作不予登记处理。因此，本问中，抵押权人、抵押人（债务人）在债务履行期间申请的以抵押房屋抵债产生的转移登记，登记机构不能办理。

第 40 问　抵押人转让抵押不动产申请的转移登记，登记机构可否办理

曾经的《物权法》第一百九十一条规定，抵押期间，抵押人未经抵押权人同意，不得转让抵押财产，但受让人代为清偿债务消灭抵押权的除外。据此可知，一般情形下，抵押人不得处分被抵押的不动产。自 2021 年 1 月 1 日起实施的《民法典》第四百零六条第一款规定，抵押期间，抵押人可以转让抵押财产。当事人另有约定的，按照其约定。抵押财产转让的，抵押权不受影响。据此可知，在抵押期间，抵押人可以转让抵押财产，但该财产上的抵押权不受影响，该抵押财产上的抵押权负担由受让人承接。申言之，在抵押期间，抵押人转让抵押不动产有法律上的依据，那么，抵押人、受让人申请的转让抵押不动产产生的转移登记，登记机构也应当办理，转移登记的完成，不影响既有的抵押权在登记簿上的存在。换言之，申请人申请处分有抵押权负担的不动产产生的转移登记，登记机构也可以办理，该不动产上的抵押权负担由受让人承受。

在不动产登记实务中，《自然资源部关于做好不动产抵押权登记工作的通知》（自然资发〔2021〕54号）第三条"保障抵押不动产依法转让"规定，当事人申请办理不动产抵押权首次登记或抵押预告登记的，不动产登记机构应当根据申请在不动产登记簿"是否存在禁止或限制转让抵押不动产的约定"栏记载转让抵押不动产的约定情况。有约定的填写"是"，抵押期间依法转让的，应当由受让人、抵押人（转让人）和抵押权人共同申请转移登记；没有约定的填写"否"，抵押期间依法转让的，应当由受让人、抵押人（转让人）共同申请转移登记。约定情况发生变化的，不动产登记机构应当根据申请办理变更登记。《民法典》施行前已经办理抵押登记的不动产，抵押期间转让的，未经抵押权人同意，不予办理转移登记。据此可知，抵押人在抵押期间转让抵押不动产申请转移登记时，登记簿上记载有"禁止或限制转让抵押不动产的约定"的，转移登记由抵押人（转让人）、受让人、抵押权人共同申请；否则，由抵押人（转让人）、受让人申请。但是，法不溯及既往，《民法典》施行前已经办理抵押登记的不动产，抵押期间转让的，抵押人（转让人）、受让人申请转移登记时，未提交抵押权人同意转让的证明的，登记机构不得为其办理转移登记。

抵押人将被抵押的不动产赠与他人、与他人互换产生的转移登记，与前述原理相同。

第 41 问 被没收的房屋未转移登记到国家机关名下又转让给他人申请的转移登记，登记机构可否受理

A 年 3 月，张三购买了一处商品房并登记在自己名下。A2 年 11 月，张三被检察院提起公诉，人民法院生效的判决书判决该房屋收归国有。A3 年 1 月，县国资局拍卖该房屋，李四购得该房屋。现李四持人民法院将房屋收归国有的判决书、载明委托拍卖人为县国资局的拍卖成交确认书等材料，申请将该房屋从张三名下转移登记到李四名下。

对李四将房屋从张三名下转移登记到其名下的申请，登记机构可否受理？

笔者认为，对李四将房屋从张三名下转移登记到其名下的申请，登记机构不应当受理。

（1）从实体上看。《民法典》第二百二十九条规定，因人民法院、仲裁机构的法律文书或者人民政府的征收决定等，导致物权设立、变更、转让或者消灭的，自法律文书或者征收决定等生效时发生效力。按该法第二百三十二条规定，处分依照本节规定享有的不动产物权，依照法律规定需要办理登记的，未经登记，不发生物权效力。《民法典》第二百二十九条、第二百三十二条均为该法第二章第三节"其他规定"的条文。据此可知，因人民法院的判决导致不动产物权转移的，自该判决书生效时起，不动产物权发生转移，权利人无须登记即依法、即时取得该不动产物权。但权利人欲再处分该不动产物权的，须先行向登记机构申请将该不动产物权登记到其名下后，处分该不动产才发生物权效力。因此，本问中，县国资局应当先行持人民法院将房屋收归国有的生效的判决书等材料，向登记机构申请将房屋从张三名下转移登记到其名下后，再转让该房屋才能产生使房屋所有权转移的效力。换言之，县国资局应当先行持人民法院将房屋收归国有的生效的判决书等材料，向登记机构申请将房屋从张三名下转移登记到其名下后，再转让该房屋产生的转移登记

才没有障碍。

（2）从程序上看。按《不动产登记暂行条例》第十四条第一款规定，因买卖、设定抵押权等申请不动产登记的，应当由当事人双方共同申请。据此可知，因买卖不动产产生的登记，应当由买方与卖方共同申请登记，此处的卖方，是指登记簿上记载的不动产权利人。本问中，李四持人民法院将房屋收归国有的判决书、载明委托拍卖人为县国资局的拍卖成交确认书等材料，单方申请将该房屋从张三名下转移登记到李四名下，不符合《不动产登记暂行条例》第十四条第一款规定。即使县国资局与李四共同申请将该房屋从张三名下转移登记到李四名下，县国资局虽然是卖方，但不是登记簿上记载的权利人，也不符合《不动产登记暂行条例》第十四条第一款规定。

因此，对李四将房屋从张三名下转移登记到其名下的申请，登记机构不应当受理。

第42问　人民法院生效的判决书变更了商品房预售合同的买方，登记机构可否直接为变更后的买方办理商品房转移登记

甲向乙出具委托书，委托乙代为购买一套商品房，乙却以自己的名字与房地产开发公司签订商品房预售合同购买了住房一套，并办理了商品房预售合同备案手续。甲以乙为被告诉至人民法院，人民法院生效的判决书判决确认该商品房预售合同的买方为甲。现在，房地产开发公司、甲持人民法院生效的判决书、买方为乙的商品房预售合同等材料，申请将房屋从房地产开发公司名下直接转移登记到甲名下。

登记机构可否凭人民法院生效的判决书和原商品房预售合同等材料直接为甲办理商品房转移登记？

笔者认为，登记机构可以凭人民法院生效的判决书和原商品房预售合同等材料直接为甲办理商品房转移登记。

《民法典》第二百一十一条规定，当事人申请登记，应当根据不同登记事项提供权属证明和不动产界址、面积等必要材料。该法第二百一十二条规定："登记机构应当履行下列职责：（一）查验申请人提供的权属证明和其他必要材料；（二）就有关登记事项询问申请人；（三）如实、及时登记有关事项；（四）法律、行政法规规定的其他职责。申请登记的不动产的有关情况需要进一步证明的，登记机构可以要求申请人补充材料，必要时可以实地查看。"《不动产登记暂行条例》第十四条第一款规定："因买卖、设定抵押权等申请不动产登记的，应当由当事人双方共同申请。" 据此可知，申请人申请不动产登记时，应当根据申请的登记类型，提交相应的登记申请材料。对登记申请材料进行查验、核实，并根据查验核实的情况如实、及时地在登记簿上作记载，则是登记机构的职责。因买卖产生的不动产登记，由买卖双方共同申请登记，买方是登记簿上记载的不动产权利人。本问中，人民法院生效的判决书判决确认甲是该商品房预售合同的买方，表明：甲取代乙成为商品房预售合同的买方，承接乙在该商品房预售合同中的权利义务，即原商品房预售合同与人民法院生效的确认甲是该商品房预售合同的买方的判决书组合后，形成甲享有此预售商品房权利的原因证明，登记机构可以根据房地产开发公司和甲的申请办理商品房转移登记，将该商品房直接转移登记到甲名下。

第43问　人民法院裁定归属的预售商品房可否直接转移登记给权利取得人

甲一次性付款购买了一套商品房，房地产开发企业完成了首次登记，但还没有转移登记给甲。现人民法院裁定该房屋归乙，并向登记机构送达裁定书和协助执行通知书，要求将该房屋过户给乙。

登记机构是否先行将房屋从房地产开发企业名下转移登记给甲后，再转移登记给乙？

第三部分 转移登记

笔者认为，登记机构应当将房屋从房地产开发企业名下直接转移登记给乙。

《最高人民法院、国土资源部、建设部关于依法规范人民法院执行和国土资源房地产管理部门协助执行若干问题的通知》（法发〔2004〕5号）第二十七条规定，人民法院制作的土地使用权、房屋所有权转移裁定送达权利受让人时即发生法律效力，人民法院应当明确告知权利受让人及时到国土资源、房地产管理部门申请土地、房屋权属变更、转移登记。国土资源、房地产管理部门依据生效法律文书进行权属登记时，当事人的土地、房屋权利应当追溯到相关法律文书生效之时。据此可知，执行中，自权利人签收人民法院作出的转移房地产权属的裁定书时起，无须登记，权利人即依法、即时享有该土地、房屋的权利。换言之，人民法院的执行裁定书是权利人享有该土地、房屋权利的权利凭证，而非权源凭证。本问中，人民法院已经裁定该房屋归乙，乙凭裁定书已经依法享有甲预购的商品房的所有权，甲对此房屋享有的所有权消灭，登记机构不能再将该房屋的所有权登记给甲，只能将该房屋从房地产开发企业名下直接转移登记给乙。

《民事诉讼法》第二百五十一条规定，在执行中，需要办理有关财产权证照转移手续的，人民法院可以向有关单位发出协助执行通知书，有关单位必须办理。据此可知，人民法院向协助执行单位送达的协助执行通知书具有强制性。因此，本问中，登记机构按人民法院送达的协助执行通知书将房屋登记给乙是履行法定义务，即登记机构应当按协助执行通知书要求，将房屋从房地产开发企业名下直接转移登记给乙。在不动产登记实务中，《不动产登记暂行条例实施细则》第十九条第二款第（一）项规定，人民法院持生效法律文书和协助执行通知书要求不动产登记机构办理登记的，登记机构应当直接办理相关不动产登记。笔者认为，其中的"直接办理"，即登记机构直接凭人民法院送达的执行文书办理相关登记，无须添加其他中间环节。若将房屋先登记给甲后，再从甲转移登记给乙，属于添加中间环节的行为，与《不动产登记暂行条例实施细则》第十九条第二款第（一）项规定相悖。

另外，《国家税务总局关于人民法院强制执行被执行人财产有关税收问题的复函》（国税函〔2005〕869号）规定："鉴于人民法院实际控制纳税人因强制执行活动而被拍卖、变卖财产的收入根据《中华人民共和国税收征收管理法》第五条的规定，人民法院应当协助税务机关依法优先从该收入中征收税款。"据此可知，实施执行措施的人民法院有协助税务机关征收税款的义务，但该人民法院是否履行协助税务机关征收税款的义务，登记机构无须过问。因此，登记机构在签收要求办理转让、抵债等交易原因产生的转移登记的执行文书时，在人民法院的送过回证上加注"未送达当事人的完税凭证"，表明登记机构尽到了合理审慎的注意义务。

第44问　查封期限届满后当事人持轮候查封法院在其他法院查封期间出具的拍卖成交裁定书申请的不动产转移登记，登记机构可否办理

A人民法院于甲1年8月9日查封了登记在张三名下的房地产，期限为甲1年8月9日—甲4年8月8日，在登记机构办理了查封登记。B人民法院于甲1年8月11日轮候查封该房地产，在登记机构办理了轮候查封登记。但B人民法院于甲2年8月28日拍卖该房地产并出具了拍卖成交裁定书。甲4年9月7日，买受人持B人民法院出具的拍卖成交裁定书等材料向登记机构申请该房地产的转移登记。登记人员查询登记簿：A法院的查封期限届满后未再办理续查封登记。

对买受人申请的转移登记，登记机构可否办理？

笔者认为，对买受人申请的转移登记，登记机构可以办理。

《最高人民法院关于人民法院民事执行中拍卖、变卖财产的规定》（法释〔2004〕16号）第二十九条第二款规定，不动产、有登记的特定动产或者其他财产权拍卖成交或者抵债后，该不动产、特定动产的所有

第三部分 转移登记

权、其他财产权自拍卖成交或者抵债裁定送达买受人或者承受人时起转移。据此可知，当事人基于人民法院拍卖取得的不动产，自收到人民法院送达的拍卖成交裁定书时起，无须登记即依法、即时享有该不动产的物权。《最高人民法院、国土资源部、建设部关于依法规范人民法院执行和国土资源房地产管理部门协助执行若干问题的通知》（法发〔2004〕5号）第十一条第二款规定，查封期限届满，人民法院未办理继续查封手续的，查封的效力消灭。据此可知，当事人申请转移登记的不动产上虽然有人民法院的查封登记记载，但该查封登记因查封期限届满且未再办理续查封登记而失效，对当事人申请的转移登记没有限制效力。因此，本问中，甲4年9月7日是A人民法院查封期限届满后且未再办理续查封登记的时间节点，买受人申请自己基于B人民法院的拍卖成交裁定书享有的房地产权利的转移登记，不受A人民法院失效的查封登记的限制，登记机构可以办理。

有观点认为，按《民事诉讼法司法解释》第四百八十六条规定，对被执行的财产，人民法院非经查封、扣押、冻结不得处分。据此可知，被执行的财产未经查封的，执行法院不得处分。轮候查封法院不是查封法院，对其他人民法院查封期间的财产作处分产生的拍卖成交裁定书效力存疑，不能用作办理不动产登记的证据材料。笔者认为，对轮候查封人民法院处分不动产的拍卖成交裁定书的效力，登记机构无权认定，登记机构只需关注当事人持此类拍卖成交裁定书申请转移登记时，该不动产上是否有有效的查封登记存在。

另外，本问中，如果A人民法院在其查封期间已对该房地产作处分的，A人民法院没有及时要求登记机构协助办理因处分产生的相关登记，权利取得人也没有及时申请因处分产生的相关登记，属于不履行其职责、怠于行使其权利的行为，由此产生的后果自行承担，换言之，登记机构为基于B人民法院的拍卖成交裁定书取得权利的买受人办理了转移登记，也不会承担不利后果。

第 45 问　有查封登记存在的情形下，登记机构可否为申请人办理因查封法院生效的判决书产生的房地产权属变更登记

一处房地产上有查封登记和轮候查封登记存在，查封法院生效的判决书判决该房地产归王某，在查封登记和轮候查封登记均未注销的情形下，王某持生效的判决书等材料向登记机构申请房地产转移登记。

对王某持生效的判决书等材料申请的房地产转移登记，登记机构可否办理？

笔者认为，对王某持生效的判决书等材料申请的房地产转移登记，登记机构应当办理。

在司法实务中，按《民事诉讼法司法解释》第四百八十六条规定，对被执行的财产，人民法院非经查封、扣押、冻结不得处分。按《最高人民法院、国土资源部、建设部关于依法规范人民法院执行和国土资源房地产管理部门协助执行若干问题的通知》（法发〔2004〕5号）第二十条规定，查封法院对查封的土地使用权、房屋全部处理的，排列在后的轮候查封自动失效。据此可知，查封法院可以处分被查封的房地产，且被查封的房地产被查封法院全部处分的，该房地产上的轮候查封自动失效。本问中，查封法院生效的判决书判决该房地产归王某，表明：该房地产被查封法院全部判决归王某，该房地产上的轮候查封登记自动失效。在不动产登记实务中，《不动产登记暂行条例实施细则》第十九条第一款规定，当事人可以持人民法院、仲裁委员会的生效法律文书或者人民政府的生效决定单方申请不动产登记。据此可知，本问中，王某持生效的判决书等材料向登记机构申请的房地产转移登记，符合《不动产登记暂行条例实施细则》第十九条第一款规定。因此，对王某持生效的判决书等材料申请的房地产转移登记，登记机构应当办理。

第 46 问　未成年人购买宅基地上房屋申请的转移登记，登记机构可否受理

甲将登记在其名下的房屋所有权及房屋占用范围内的宅基地使用权

转让给本村民小组的乙。丙是乙的配偶。乙全家在本村民小组内没有宅基地和房屋。乙以其7岁儿子丁的名义与甲签订房屋转让合同。现乙、丙代丁与甲共同向登记机构申请转让转移登记。

乙、丙代丁与甲共同申请的转让转移登记,登记机构可否受理?

笔者认为,对乙、丙代丁与甲共同申请的转让转移登记,登记机构应当受理。

《民法典》第三百六十三条规定,宅基地使用权的取得、行使和转让,适用土地管理的法律和国家有关规定。《土地管理法》第六十二条第一款规定,农村村民一户只能拥有一处宅基地,其宅基地的面积不得超过省、自治区、直辖市规定的标准。农村村民出卖、出租住房后,再申请宅基地的,不予批准。质言之,农村村民以户为单位享有宅基地使用权,换言之,农村村民家庭是享有宅基地使用权的基础单位,且村民转让房屋时该房屋占用范围内的宅基地一并转让。本问中,乙虽然以其7岁儿子丁的名义与甲签订房屋转让合同受让甲的房屋及房屋占用范围内的宅基地使用权,但也应当视为乙的家庭受让取得甲的房屋及房屋占用范围内的宅基地使用权,丁是代表其家庭与甲签订房屋转让合同。因此,对乙、丙代丁与甲共同申请的转让转移登记,登记机构应当受理。

在不动产登记实务中,《国土资源部关于启用不动产登记簿证样式(试行)的通知》(国土资发〔2015〕25号)附《不动产登记簿样式及使用填写说明》规定:宅基地使用权人可以填写户主姓名。按户取得的宅基地,按照姓名(性别、年龄、与户主关系)的格式逐个填写共有人。据此可知,农村宅基地使用权及地上房屋所有权,应当直接登记到各共有人名下,即直接登记到村民的家庭成员名下。因此,本问中,登记机构受理乙、丙代丁与甲共同申请的转让转移登记后,满足登记要求的,应当告知乙、丙,申请登记为乙、丙、丁共有,鉴于未成年人的利益保护,可以登记为共同共有,也可以申请登记为等额按份共有。

第 47 问　婚前购买的商品房尚未登记到购房人名下,离婚时又赠与或卖给配偶产生的登记该如何申请

张三婚前购买了一套商品房,后来,张三与李四登记结婚,之后,张三、李四又登记离婚,离婚时该房屋尚未办理权属登记,但离婚协议中载明该房屋归李四所有。目前,该房屋已经首次登记在房地产开发公司名下。

当事人该如何申请房屋登记？

笔者认为,《民法典》第一千零八十七条第一款规定,离婚时,夫妻的共同财产由双方协议处理；协议不成的,由人民法院根据财产的具体情况,按照照顾子女、女方和无过错方权益的原则判决。质言之,离婚时,夫妻分割的只能是其共同财产。换言之,不是夫妻共同财产,离婚时,原夫妻就不能作分割。据此可知,本问中,离婚协议中载明归李四所有的房屋,是张三于婚前购买取得的,属于张三个人单独享有的权利,没有证据证明是张三、李四的夫妻共同财产,因此,不能作为张三、李四夫妻共同财产进行分割,李四不能基于离婚协议申请因离婚分割夫妻共同财产产生的转移登记。但是,离婚协议中载明房屋归李四所有,是张三、李四真实意思表示的体现,应当得到尊重,应当视为张三将其婚前取得的房屋赠与或卖给李四,李四表示接受赠与或买受。那么,李四可否申请因赠与或买卖产生的转移登记呢？

《城市房地产管理法》第三十七条规定,房地产转让,是指房地产权利人通过买卖、赠与或者其他合法方式将其房地产转移给他人的行为。该法第三十八条第（六）项规定,未依法登记领取权属证书的房地产不得转让。按《不动产登记暂行条例》第十七条第一款第（三）项规定,申请材料不齐全或者不符合法定形式的,登记机构应当当场书面告知申请人不予受理并一次性告知需要补正的全部内容。在不动产登记实务中,按《不动产登记暂行条例实施细则》第三十八条规定,赠与人或卖方名下的不动产权属证书,是当事人申请赠与或买卖国有建设用地使用权及地上房屋所有权产生的转移登记时应当提交的材料。据此可知，未经登记并领取权属证书的房地产不得赠与或买卖，即使发生了赠与或买卖，当事人申请转移登记时，因不能提交赠与人或卖方名下的不动产权属证书，登记机构也将作不予受理处理。因此，本问中，李四不能申请赠与或买卖产生的转移登记。那么，怎样才能将房屋登记到李四名下呢？

应当由张三与房地产开发公司共同凭买卖合同等材料申请买卖产生的转移登记，将房屋登记在张三名下后，张三与李四共同凭离婚协议等材料申请赠与或买卖产生的转移登记，将房屋转移登记到李四名下。

第48问 基于离婚协议分割取得的房屋直接冲抵未成年子女抚养费产生的转移登记，登记机构可否办理

2017年1月5日，甲、乙的离婚民事调解书中关于夫妻共同财产分割的内容有：夫妻共同共有的一间商业门市中，乙享有50%份额，但该50%份额抵给甲作3岁儿子的全部扶养费。现甲持该离婚民事调解书单方申请转移登记，欲将房屋由甲、乙共同共有登记为甲单独所有。

对甲持离婚民事调解书单方申请的转移登记，登记机构可否办理？

笔者认为，对甲持离婚民事调解书单方申请的转移登记，登记机构不能办理。

本问中，乙用基于离婚民事调解书分割取得的房屋份额向甲冲抵3岁儿子的全部扶养费中，有两个行为：一是甲、乙分割原夫妻共有房屋的行为；二是乙用分割取得的房屋折价冲抵3岁儿子的全部扶养费的行为。

《民事诉讼法》第九十七条第一款规定，调解达成协议，人民法院应当制作调解书。调解书应当写明诉讼请求、案件的事实和调解结果。质言之，民事调解书属于协议，即民事调解书属于法律行为。在司法实务中，按原《物权法司法解释（一）》第七条规定，人民法院在分割共有不动产等案件中作出并依法生效的改变原有物权关系的民事调解书，应当

认定为物权法第二十八条所称导致物权设立、变更、转让或者消灭的人民法院的法律文书。该解释第二十二条规定，本解释自 2016 年 3 月 1 日起施行。本解释施行后人民法院新受理的一审案件，适用本解释。本解释施行前人民法院已经受理、施行后尚未审结的一审、二审案件，以及本解释施行前已经终审、施行后当事人申请再审或者按照审判监督程序决定再审的案件，不适用本解释。《民法典物权编司法解释（一）》第七条规定，人民法院、仲裁机构在分割共有不动产或者动产等案件中作出并依法生效的改变原有物权关系的判决书、裁决书、调解书，以及人民法院在执行程序中作出的拍卖成交裁定书、变卖成交裁定书、以物抵债裁定书，应当认定为民法典第二百二十九条所称导致物权设立、变更、转让或者消灭的人民法院、仲裁机构的法律文书。据此可知，最高人民法院根据法律赋予的权力对原《物权法》第二十八条规定和现时的《民法典》第二百二十九条规定做了扩张解释，即自 2016 年 3 月 1 日起立案的，人民法院在分割共有不动产等案件中作出并依法生效的改变原有物权关系的民事调解书与相应的判决、裁定具有同等效力，换言之，自 2016 年 3 月 1 日起立案的，人民法院在分割共有不动产等案件中作出并依法生效的改变原有物权关系的民事调解书，自该民事调解书生效时起，权利人无须登记，即依法、即时取得不动产的物权。本问中，甲、乙虽然于 2017 年 1 月 5 日经人民法院调解离婚，但乙用其基于离婚民事调解书分割原夫妻共同共有的一间商业门市的 50%份额抵给甲冲抵 3 岁儿子的全部扶养费，不属于分割共有不动产并改变原有物权关系的行为，即甲不能基于离婚民事调解书直接取得该商业门市 50%的份额，更不能凭离婚民事调解书单方申请取得该 50%份额产生的转移登记。

《民法典》第一千零八十七条第一款规定，离婚时，夫妻的共同财产由双方协议处理；协议不成的，由人民法院根据财产的具体情况，按照照顾子女、女方和无过错方权益的原则判决。据此可知，夫妻在婚姻关系存续期间共同取得并登记为共有的不动产，在离婚时，可以由夫妻以离婚协议的方式予以分割。本问中，前已述及，离婚民事调解书本质上是协议，甲、乙基于离婚民事调解书分割原夫妻共同共有的一间商业门市，乙分得其中的50%份额于法有据。至于乙可否用其分得的门市的50%份额冲抵3岁儿子的全部扶养费属于别的法律关系，登记机构无须过问。但是，在不动产登记实务中，按《不动产登记操作规范（试行）》9.3.1条规定，已经登记的国有建设用地使用权及地上房屋所有权，当事人才可以申请办理转移登记。据此可知，欲转移的房地产已经记载在登记簿上，是当事人申请转移登记的前提。因此，本问中，乙基于离婚民事调解书分割原夫妻共同共有的一间商业门市的50%份额后，须将该50%份额转移登记到其名下后，才可以与甲共同申请冲抵3岁儿子的全部扶养费产生的转移登记。

结论：本问中，对甲持离婚民事调解书单方申请的转移登记，登记机构不能直接办理。

第49问 离婚协议约定预购商品房归属的，办理转移登记时是否需要对方配偶在登记申请书上签名

甲、乙夫妻二人共同购买了一套商品房，签订了商品房预售合同。后来，甲、乙离婚，离婚协议约定该套商品房归甲，现房地产开发企业、甲持商品房预售合同、离婚协议等材料申请转移登记，欲将房屋从房地产开发企业名下转移登记为甲单独所有。

登记机构可否将房屋从房地产开发企业名下转移登记为甲单独所有，是否需要乙在转移登记申请书上签名？

笔者认为，登记机构可以将房屋从房地产开发企业名下转移登记为甲单独所有，且不需要乙在转移登记申请书上签名。

《民法典》第一千零八十七条第一款规定，离婚时，夫妻的共同财产由双方协议处理；协议不成的，由人民法院根据财产的具体情况，按照照顾子女、女方和无过错方权益的原则判决。据此可知，一般情形下，夫妻的共同财产，离婚时，可以由夫妻以协议的方式进行处理。本问中，甲、乙夫妻二人共同签订了商品房预售合同，建立了以取得预购商品房所有权为目的的合同债权，该合同债权属于夫妻二人共同的财产性权利，可以由其以离婚协议的方式处理。因此，离婚协议约定该套商品房归甲于法有据，且在房地产开发企业同意或配合的情形下，乙基于商品房预售合同的全部义务转移给甲而退出该合同关系，换言之，甲、乙夫妻二人共同签订的商品房预售合同与离婚协议组合，形成甲单独享有该套预购商品房所有权的原因凭证。《不动产登记暂行条例》第十四条第一款规定，因买卖、设定抵押权等申请不动产登记的，应当由当事人双方共同申请。据此可知，因买卖、设定抵押权等申请不动产登记的，应当由买卖关系、抵押关系的当事人双方共同申请。本问中，将房屋登记为甲单独所有的转移登记是由房地产开发企业与甲共同申请的，表明：房地产开发企业同意乙基于离婚协议的约定将其在商品房预售合同中的义务转移给甲，乙则因其商品房预售合同中的权利义务转移给甲而退出该合同关系，即乙不再是商品房预售关系中的当事人，无须参与基于此商品房预售合同产生的转移登记申请。因此，登记机构可以将房屋从房地产开发企业名下转移登记为甲单独所有，且不需要乙在转移登记申请书上签名。

第 50 问　生效的离婚民事调解书载明原夫妻共有的不动产归未成年儿子的，原权利人可否再处分该不动产

2015 年 10 月 25 日，甲、乙向人民法院起诉离婚，之后，甲、乙在人民法院的调解下，以民事调解书的方式离婚，民事调解书载明原夫妻共有的房屋归其未成年的儿子所有，但未转移登记在儿子名下。现甲、乙将房屋转让给丙后，甲、乙、丙共同向登记机构申请转让转移登记。

对甲、乙、丙共同申请的转让转移登记，登记机构可否办理？

笔者认为，对甲、乙、丙共同申请的转让转移登记，登记机构可以办理。

第三部分　转移登记

原《物权法》第二十八条规定，因人民法院、仲裁机构的法律文书或者人民政府的征收决定等，导致物权设立、变更、转让或者消灭的，自法律文书或者征收决定等生效时发生效力。现时的《民法典》第二百二十九条做了同样的规定。在司法实务中，按原《物权法司法解释（一）》第七条规定，人民法院在分割共有不动产等案件中作出并依法生效的改变原有物权关系的民事调解书，应当认定为物权法第二十八条所称导致物权设立、变更、转让或者消灭的人民法院的法律文书。该解释第二十二条规定，本解释自 2016 年 3 月 1 日起施行。本解释施行后人民法院新受理的一审案件，适用本解释。本解释施行前人民法院已经受理、施行后尚未审结的一审、二审案件，以及本解释施行前已经终审、施行后当事人申请再审或者按照审判监督程序决定再审的案件，不适用本解释。《民法典物权编司法解释（一）》第七条规定，人民法院、仲裁机构在分割共有不动产或者动产等案件中作出并依法生效的改变原有物权关系的判决书、裁决书、调解书，以及人民法院在执行程序中作出的拍卖成交裁定书、变卖成交裁定书、以物抵债裁定书，应当认定为民法典第二百二十九条所称导致物权设立、变更、转让或者消灭的人民法院、仲裁机构的法律文书。据此可知，最高人民法院根据法律赋予的权力对原《物权法》第二十八条规定和现时的《民法典》第二百二十九条规定做了扩张解释，即自 2016 年 3 月 1 日起立案的，人民法院在分割共有不动产等案件中作出并依法生效的改变原有物权关系的民事调解书与相应的判决、裁定具有同等效力，换言之，自 2016 年 3 月 1 日起立案的，人民法院在分割共有不动产等案件中作出并依法生效的改变原有物权关系的民事调解书，自该民事调解书生效时起，权利人无须登记，即依法、即时取得不动产的物权。本问中，甲、乙的离婚民事调解书产生于 2015 年 10 月 25 日，且该离婚民事调解书载明房屋归其未成年的儿子，表明该房屋不是在共有人甲、乙间进行分割，应当视为甲、乙将其共有的房屋赠与他们未成年的儿子，但该民事调解书不是其未成年儿子享有房屋所有权的权利凭证,而是权源凭证。

《民事诉讼法》第九十七条第一款规定,调解达成协议,人民法院应当制作调解书。调解书应当写明诉讼请求、案件的事实和调解结果。质言之,民事调解书属于协议,即民事调解书属于法律行为。在司法实务中,人民法院在民事调解书尾部的确认意见,一般表述为"当事人达成的上述协议,并不违反法律规定,本院予以确认"。据此可知,人民法院对在其主持调解下达成的解决纠纷的协议内容予以确认。因此,一般情形下,即使载明物权归属的民事调解书,也有别于确认物权归属的判决书、裁定书。因此,属于协议的民事调解书本质上是法律行为。《民法典》第二百一十四条规定,不动产物权的设立、变更、转让和消灭,依照法律规定应当登记的,自记载于不动产登记簿时发生效力。质言之,基于法律行为设立的不动产物权,自记载于登记簿时起生效。因此,本问中,甲、乙虽然基于离婚民事调解书将其共有的房屋赠与他们未成年的儿子,但该房屋未转移登记到儿子名下前,甲、乙仍然是登记簿上记载的具有法律意义的房屋所有权人。

《民法典》第二百四十条规定,所有权人对自己的不动产或者动产,依法享有占有、使用、收益和处分的权利。据此可知,所有权人有权基于自己的意思表示处分其不动产。因此,本问中,如前所述,甲、乙既然是登记簿上记载的具有法律意义的房屋所有权人,以转让方式处分登记在其名下的房屋具有法律上的依据,故对甲、乙、丙共同申请的转让转移登记,登记机构可以办理。

第 51 问　当事人因变更离婚民事调解书中关于房屋归属的内容申请的转移登记,登记机构可否办理

有一套房屋登记为甲、乙夫妻共同共有。2018 年 1 月,甲、乙通过法院调解离婚,生效的离婚民事调解书载明:登记在甲、乙名下的房屋归甲。2018 年 3 月,甲、乙签订的共有财产分割协议约定:登记在甲、

第三部分　转移登记

乙名下的房屋不归甲，归乙所有。现甲、乙持离婚民事调解书、共有财产分割协议等材料向登记机构申请因离婚产生的转移登记，欲将房屋登记为乙单独所有。

对甲、乙申请的将房屋登记为乙单独所有的转移登记，登记机构可否办理？

笔者认为，对甲、乙申请的将房屋登记为乙单独所有的转移登记，登记机构不得办理。

原《物权法》第二十八条规定，因人民法院、仲裁机构的法律文书或者人民政府的征收决定等，导致物权设立、变更、转让或者消灭的，自法律文书或者征收决定等生效时发生效力。现时的《民法典》第二百二十九条做了同样的规定。在司法实务中，原《物权法司法解释（一）》第七条规定，人民法院、仲裁委员会在分割共有不动产或者动产等案件中作出并依法生效的改变原有物权关系的判决书、裁决书、调解书，以及人民法院在执行程序中作出的拍卖成交裁定书、以物抵债裁定书，应当认定为物权法第二十八条所称导致物权设立、变更、转让或者消灭的人民法院、仲裁委员会的法律文书。按该解释第二十二条规定，本解释自2016年3月1日起施行。现时的《民法典物权编司法解释（一）》第七条规定，人民法院、仲裁机构在分割共有不动产或者动产等案件中作出并依法生效的改变原有物权关系的判决书、裁决书、调解书，以及人民法院在执行程序中作出的拍卖成交裁定书、变卖成交裁定书、以物抵债裁定书，应当认定为民法典第二百二十九条所称导致物权设立、变更、转让或者消灭的人民法院、仲裁机构的法律文书。据此可知，基于生效的确认权属的人民法院的判决书取得的不动产物权，自判决书生效时起，权利人无须登记即依法、即时享有该不动产物权。人民法院自2016年3月1日起立案后产生的分割共有不动产并改变其原有物权关系的生效的民事调解书，与生效的确认权属的人民法院的判决书具有同等的效力。换言之，人民法院自2016年3月1日起立案后产生的分割共有不动产并改变其原有不动产物权关系的生效的民事调解书载明的权利人，自该民事调解书生效时起，无须登记，也依法、即时享有该不动产物权。本问中，甲、乙夫妻2018年1月离婚时，登记为夫妻共有的房屋经生效的离婚民事调解书载明归甲，甲自该离婚民事调解书生效时起，无须登记，即依法、即时享有该房屋所有权，原由甲、乙享有的房屋所有权已经归甲，甲、乙不能再以共有财产分割协议的方式对该房屋作分割，故对甲、乙申请的将房屋登记为乙单独所有的转移登记，登记机构不得办理。

但是，人民法院在2016年3月1日前立案产生的离婚民事调解书中关于房屋归属的内容可以变更吗？

《民事诉讼法》第九十七条第一款规定，调解达成协议，人民法院应当制作调解书。调解书应当写明诉讼请求、案件的事实和调解结果。质言之，一般情形下，民事调解书属于协议，即民事调解书属于法律行为。在司法实务中，人民法院在民事调解书尾部的确认意见，一般表述为"当事人达成的上述协议，并不违反法律规定，本院予以确认。"据此可知，人民法院对在其主持调解下达成的解决纠纷的协议内容予以确认。因此，一般情形下，即使载明物权归属的民事调解书，也有别于确认物权归属的判决书、裁定书。概言之，人民法院在2016年3月1日前立案产生的离婚民事调解书本质上是法律行为。《民法典》第一百三十六条第二款规定，行为人非依法律规定或者未经对方同意，不得擅自变更或者解除民事法律行为。据此可知，当事人协商一致后，可以变更法律行为。因此，人民法院在2016年3月1日前立案产生的离婚民事调解书中关于房屋归属的内容，当事人协商一致后可以变更。但是，如前所述，人民法院自2016年3月1日起立案后产生的离婚民事调解书中关于房屋归属的内容，由于最高人民法院以司法解释规定的方式，赋予其与生效的确认权属的人民法院的判决书具有同等的效力，故当事人不可以协商变更。

第 52 问　对申请人申请的权属有争议的房屋，登记机构应当怎样处理

甲、乙是夫妻，某年 3 月，甲、乙共同出资购买了一套商品房，以甲的名义签订了商品房买卖合同。同年 5 月，乙去世。乙生前没有与甲对该商品房权属作约定。同年 9 月，甲与丙登记结婚。第二年 1 月，甲、丙经人民法院调解离婚，离婚民事调解书上载明 2017 年签订的商品房买卖合同系甲婚前财产属甲。第二年 3 月，卖方与甲凭商品房买卖合同、离婚民事调解书等材料共同向登记机构申请转移登记，欲将房屋登记为甲单独所有。登记机构受理后，未记载于登记簿上前，乙的母亲丁持其与乙的母女关系证明、甲和乙的婚姻关系证明等材料，请求登记机构暂缓为甲办理商品房转移登记。

对丁提出的暂缓为甲办理商品房转移登记的请求，登记机构应当如何处理？

笔者认为，基于丁提出的暂缓为甲办理商品房转移登记的请求，登记机构应当对该转移登记作不予登记处理。

按《民法典》第一千零六十一条、第一千零六十二条规定，一般情形下，夫妻在婚姻关系存续期间取得的财产为夫妻共同财产。据此可知，夫妻在婚姻关系存续期间取得的财产，法律没有规定归属或夫妻没有约定其归属的，均为夫妻共同财产。本问中，甲、乙在婚姻关系存续期间共同出资购买但以甲的名义签订的商品房买卖合同，建立的是以取得商品房所有权为目的的合同债权，此合同债权属于甲、乙夫妻共有的财产性权利。《民法典》第一千一百二十一条第一款规定，继承从被继承人死亡时开始。该法第一千一百五十三条第一款规定，夫妻共同所有的财产，除有约定的外，遗产分割时，应当先将共同所有的财产的一半分出为配偶所有，其余的为被继承人的遗产。据此可知，自被继承人死亡时起，配偶和其他继承人可以对被继承人的夫妻共有财产进行分割，但分割范围仅限于该共有财产的一半。本问中，如前所述，以甲的名义签订的商品房买卖合同建立的债权属于甲、乙共有，乙死亡后，甲单独享有该债权的一半，丁作为乙的继承人，有权参与另一半的分割。因此，乙的母亲丁持其与乙的母女关系证明、甲和乙的婚姻关系证明等材料，请求登记机构暂缓为甲办理商品房转移登记，表明：乙申请转移登记的房屋存在权属争议。在不动产登记实务中，《不动产登记操作规范（试行）》4.8.2条之6规定，不动产存在权属争议的，登记机构应当作不予登记处理。本问中，登记机构虽然受理了卖方与乙申请的转移登记，但尚未记载于登记簿，且有证据证明申请转移登记的房屋存在权属争议，登记机构应当对此转移登记作不予登记处理，且将作不予登记处理的决定、理由和依据书面告知转移登记申请人，同时抄送丁。

延伸思考：如果登记机构已将房屋登记在甲名下，丁才持其与乙的母女关系证明，请求登记机构暂缓为甲办理商品房转移登记。对丁的请求，登记机构该怎样处理？

《民法典》第二百一十四条规定，不动产物权的设立、变更、转让和消灭，依照法律规定应当登记的，自记载于不动产登记簿时发生效力。该法第二百二十条规定，权利人、利害关系人认为不动产登记簿记载的事项错误的，可以申请更正登记。不动产登记簿记载的权利人书面同意更正或者有证据证明登记确有错误的，登记机构应当予以更正。不动产登记簿记载的权利人不同意更正的，利害关系人可以申请异议登记。登记机构予以异议登记，申请人自异议登记之日起十五日内不提起诉讼的，异议登记失效。异议登记不当，造成权利人损害的，权利人可以向申请人请求损害赔偿。据此可知，本问中，登记机构应当告知丁，房屋已经登记到甲名下，登记程序结束，其不能请求暂缓为甲办理商品房转移登记。丁应当向甲请求将其应当享有的部分权利更正登记到其名下。若甲同意并配合，登记机构为丁办理更正登记自无可言。若甲不同意，丁可以向登记机构申请异议登记，异议登记后，丁须在十五日内将甲作为被告起诉，请求人民法院保护其权益，再凭人民法院生效的法律文书申请登记。

第三部分　转移登记

第 53 问　登记在自然人名下的集体建设用地使用权及地上房屋所有权可否办理因离婚产生的转移登记

当事人在婚姻关系存续期间取得，但登记在配偶一方名下且没有载明为该配偶单独享有的集体建设用地使用权及地上房屋所有权。

登记机构可否为其办理因离婚产生的转移登记？

有观点认为，《不动产登记暂行条例实施细则》第四十六条和《不动产登记操作规范（试行）》11.3.1 条规定的当事人可以申请集体建设用地使用权及地上房屋所有权转移登记的情形中没有"离婚、析产"，基于"法无授权不可为"的原则，登记机构不得为当事人办理因离婚产生的集体建设用地使用权及地上房屋所有权转移登记。笔者不支持此观点。

《民法典》第二百一十六条第一款规定，不动产登记簿是物权归属和内容的根据。按《民法典》第一千零六十二条、第一千零六十三条规定，一般情形下，夫妻在婚姻关系存续期间取得的财产为夫妻共同财产。按《民法典》第一千零八十七条规定，离婚时，夫妻的共同财产由双方协议处理。据此可知，夫妻在婚姻关系存续期间取得的不动产，虽然登记在夫或妻一方名下但没有载明为夫或妻单独所有的，仍然是夫妻共同财产，离婚时可以由夫妻协议处理。申言之，离婚时，夫妻以协议方式处理其共同享有的集体建设用地使用权及地上房屋所有权有法律上的依据。在不动产登记实务中，《不动产登记暂行条例实施细则》第四十六条第一款规定："申请集体建设用地使用权及建筑物、构筑物所有权变更登记、转移登记、注销登记的，申请人应当根据不同情况，提交下列材料：（一）不动产权属证书；（二）集体建设用地使用权及建筑物、构筑物所有权变更、转移、消灭的材料；（三）其他必要材料"。如前所述，依法产生的处理夫妻共同享有的集体建设用地使用权及地上房屋所有权的协议就是其中的"集体建设用地使用权及建筑物、构筑物所有权转移的材料"，因此，当事人可以凭不动产权属证书、处理夫妻共同享有的集体建设用地使用权及地上房屋所有权的协议等材料申请因离婚产生的集体建设用地使用权及地上房屋所有权转移登记，对申请人申请的该转移登记，登记机构应当办理。

第54问 被继承的房屋可否登记给继承人的监护人

父亲甲立下公证遗嘱：登记为甲单独所有的房屋由有智障的小儿子乙继承。甲死亡后，甲的大儿子丙，持人民法院确认乙为无民事行为能力人的判决书、乙所在社区居民委员会指定丙为乙的监护人的证明、乙继承房屋的公证遗嘱，以为了给乙治病时转让、抵押房屋方便为由，欲将房屋登记在其名下。

登记机构可否将被继承的房屋登记在继承人乙的监护人丙名下？

有观点认为，将被继承的房屋登记在继承人乙的监护人丙名下，可以视为继承人乙借监护人丙的名义登记房屋，房屋登记到监护人丙名下，是为了被监护人乙的利益需要转让、抵押房屋时方便、快捷，因此，登记机构可以将被继承的房屋登记在继承人乙的监护人丙名下。笔者不支持此观点。

关于借名登记房屋，据笔者查阅，现时有效的法律、法规、规章和政策对此没有作规定。在司法实务中，最高人民法院在审理"谭某兴、雷某志、深圳市某旅业有限公司房屋确权纠纷案"中的裁判要旨是"双方存在'借名买房'协议，且有充分的证据证明诉争房产首期房款、按揭款以及其他相关款项等实际由借名人支付的，则可认定登记在出名人名下的房屋属于代持有性质，房屋所有权不归出名人所有，而应归借名人所有"[1]。申言之，所谓借他人名义登记房屋，是指房屋的权利人事前与他人协商，就借用该他人的名义登记房屋事宜达成一致后，以该他人的名义建立取得房屋所有权的原因，并申请将房屋所有权登记到该他人名下的情形。本问中，因继承享有房屋所有权的乙是无民事行为能力

---

[1] 最高人民法院："谭某兴、雷某志、深圳市某旅业有限公司房屋确权纠纷案"，hhttps://ouse.focus.cn，访问日期：2021年3月20日。

的智障人，属于被丙监护的对象，无法与丙协商借其名登记房屋事宜，视为继承人借监护人的名义登记房屋的理由不成立。因此，不能将被继承的房屋登记在继承人乙的监护人丙名下。

在不动产登记实务中，按《不动产登记操作规范（试行）》4.8.2 条之 4 规定，申请登记的事项与权属来源材料或者登记原因文件不一致属于不予登记的情形。本问中，如果监护人丙申请将被继承房屋登记在其名下，但提交的登记原因材料却是被监护人乙继承房屋的公证遗嘱，则申请登记的内容与登记原因材料不一致，登记机构也应当作不予登记处理。概言之，登记机构不得将被继承的房屋登记在继承人乙的监护人丙名下。

第 55 问　已被他人抱养的子女可否继承其生父母的遗产

甲、乙是丙的两个儿子。丙死亡后，其继承人只有儿子，现甲、乙持遗产分割协议等材料向登记机构申请继承丙遗留的房屋产生的转移登记，甲、乙各继承二分之一。据查：甲在二十五年前被丁收养，依法办理了收养手续。甲被丁收养后，乙因意外致残，甲对丙尽了主要赡养义务。

登记机构可否为甲办理继承转移登记？

笔者认为，登记机构不可以为甲办理继承转移登记。

《民法典》第一千一百一十一条规定，自收养关系成立之日起，养父母与养子女间的权利义务关系，适用本法关于父母子女关系的规定；养子女与养父母的近亲属间的权利义务关系，适用本法关于子女与父母的近亲属关系的规定。养子女与生父母及其他近亲属间的权利义务关系，因收养关系的成立而消除。据此可知，自收养关系依法成立时起，被收养人与养父母的权利义务关系建立，被收养人与生父母的权利义务关系终止。申言之，被收养人与生父母间不存在继承与被继承的权利义务关系。因此，本问中，甲对丙遗留的不动产不享有继承权，对甲申请的继承丙遗留的房屋产生的转移登记，登记机构不得办理。

按《民法典》第一千一百三十一条规定，对继承人以外的依靠被继承人扶养的缺乏劳动能力又没有生活来源的人，或者继承人以外的对被继承人扶养较多的人，可以分给他们适当的遗产。在司法实务中，《民法典继承编司法解释（一）》第十条规定，被收养人对养父母尽了赡养义务，同时又对生父母扶养较多的，除可以依照民法典第一千一百二十七条的规定继承养父母的遗产外，还可以依照民法典第一千一百三十一条的规定分得生父母适当的遗产。据此可知，对生父母尽了较多赡养义务的被收养人，可以适当分得生父母的遗产，不是可以继承生父母的遗产。本问中，由于甲对生父丙尽了主要的赡养义务，可以依法分得丙遗留的房屋份额，但不可以以继承人的身份继承丙遗留的房屋份额，因此，甲应当申请的是"依法取得被赡养人遗留房屋"产生的转移登记，而非继承房屋产生的转移登记。甲若申请"依法取得被赡养人遗留房屋"产生的转移登记，此转移登记不是基于转让、赠与等交易原因，故不涉税。

第56问 第二顺序继承人的晚辈直系血亲是否可以申请继承转移登记

曾经的《继承法》第十一条规定，被继承人的子女先于被继承人死亡的，由被继承人的子女的晚辈直系血亲代位继承。代位继承人一般只能继承他的父亲或者母亲有权继承的遗产份额。现时的《民法典》第一千一百二十八条规定，被继承人的子女先于被继承人死亡的，由被继承人的子女的直系晚辈血亲代位继承。被继承人的兄弟姐妹先于被继承人死亡的，由被继承人的兄弟姐妹的子女代位继承。代位继承人一般只能继承被代位继承人有权继承的遗产份额。据此可知，曾经的《继承法》规定的代位继承人，只能是被继承人的子女的晚辈直系血亲。现时的《民法典》规定的代位继承人，包括被继承人的子女的晚辈直系血亲和被继承人的兄弟姐妹的晚辈直系血亲。《民法典》的规定可以最大可能地避免自然人的遗产无人继承的情形出现，以充分保护公民的私有财产。

但是，按《民法典》第一千一百二十七条规定，被继承人的子女属于第一顺序继承人，被继承人的兄弟姐妹属于第二顺序继承人，继承开始后，由第一顺序继承人继承，第二顺序继承人不继承；没有第一顺序继承人继承的，由第二顺序继承人继承。笔者据此认为，在代位继承中，也应当遵守这个规定，即被继承人的子女先于被继承人死亡后，没有晚辈直系血亲，且被继承人的兄弟姐妹也先于被继承人死亡，兄弟姐妹的晚辈直系血亲才可以代位继承。

因此，第二顺序继承人的晚辈直系血亲也可以申请继承转移登记，申请登记时，提交的登记申请材料不是公证继承材料的，应当提交被继承人的子女先于被继承人死亡且没有晚辈直系血亲的证明，其他材料与普通继承转移登记申请材料一致。

第57问　遗嘱可否直接作为登记机构办理继承转移登记的原因材料

申请人向登记机构申请继承房屋产生的转移登记，提交的材料有登记申请书、身份证明、被继承人名下的不动产权属证书、遗嘱等。

申请人提交的材料中，只有遗嘱载明了房屋的归属，单纯的遗嘱可否作为登记机构办理继承转移登记的原因材料？

笔者认为，遗嘱应当与被继承人的死亡证明组合后，才可以作为登记机构办理继承转移登记的原因材料。

一、立遗嘱人的遗嘱附其死亡证明后才生效

《民法典》第一千一百二十一条第一款规定，继承从被继承人死亡时开始。质言之，被继承人不死亡，继承不开始。据此可知，死亡是继承是否开始的前提。换言之，单纯的遗嘱不是生效的继承材料。申言之，如果是遗嘱继承，则被继承人的死亡证明书是遗嘱是否生效的凭证。因此，遗嘱应当与立遗嘱人的死亡证明书组合才能构成继承人因遗嘱继承而享有不动产权利的原因材料，即遗嘱应当与立遗嘱人的死亡证明组合

后，登记机构才可以用作办理继承转移登记的原因材料。

二、除本遗嘱之外是否还有其他遗嘱或遗赠扶养协议存在不应当由申请人举证证明

《民法典》第一千一百二十三条规定，继承开始后，按照法定继承办理；有遗嘱的，按照遗嘱继承或者遗赠办理；有遗赠扶养协议的，按照协议办理。在不动产登记实务中，《不动产登记操作规范》1.8.6.2 条规定，被继承人生前有无遗嘱或者遗赠扶养协议等属于登记机构重点查验的内容，且要求申请人签署继承不动产登记具结书。据此可知，由于遗赠扶养协议优于遗嘱，故登记机构办理遗嘱继承产生的继承转移登记时，要查验除本遗嘱之外是否还有其他遗嘱或遗赠扶养协议存在的情形。但笔者认为，这是登记机构办理继承转移登记时应当遵守的程序，或者说这是登记机构办理继承转移登记时应当履行的职责，由此产生的询问笔录、申请人签署的具结书等材料，虽然对申请继承转移登记的不动产权属有证明作用，但这些材料不属于应当由申请人提交的登记申请材料，而是登记机构履行查验职责的证明材料，由登记机构自行装入登记材料卷宗。

三、因遗嘱产生的继承转移登记完成后，出现其他遗嘱或遗赠扶养协议的处理

继承转移登记完成后，如果立遗嘱人立下的其他遗嘱，或与他人签订的遗赠扶养协议出现，且这些继承人、受遗赠人主张继承权、受遗赠权利的，属于继承纠纷或遗赠纠纷，应当由当事人通过协商、申请仲裁、诉讼等途径解决。如果相关当事人能提供用作登记材料的遗嘱已经被立遗嘱人，或人民法院等有权机关撤销的证据的，则继承转移登记错误，可以由利害关系人申请更正登记，登记机构也可以依职权办理更正登记，将登记簿上记载的错误的转移登记更正回继承转移登记前的状态或正确的登记状态。登记机构办理的因遗嘱继承产生转移登记的程序如果齐全

充分，并不因该转移登记错误而担责，否则不然。

第 58 问　打印遗嘱作为办理继承转移登记的证据材料时，登记人员应当注意什么

按原《继承法》第十七条规定，可以用作登记申请材料的遗嘱有公证遗嘱、自书遗嘱、代书遗嘱。按现时的《民法典》第六编第三章"遗嘱继承和遗赠"规定，可以用作登记申请材料的遗嘱有公证遗嘱、自书遗嘱、代书遗嘱和打印遗嘱。

打印遗嘱作为办理继承转移登记的证据材料时，登记人员应当注意哪些事项呢？

《民法典》第一千一百三十六条规定，打印遗嘱应当有两个以上见证人在场见证。遗嘱人和见证人应当在遗嘱每一页签名，注明年、月、日。据此可知，打印遗嘱作为办理继承转移登记的证据材料时，登记人员应当注意的事项有：

（1）用作登记申请材料的打印遗嘱，每一页上须有立遗嘱人和两个以上的见证人的签名及其签名时的年、月、日。

（2）遗嘱人和见证人注明的签名时的年、月、日不同一的打印遗嘱，登记机构不得用作登记的证据材料。

（3）一般情形下，打印遗嘱应当没有改动痕迹。如果有改动的，改动处应当有改动人的签名和遗嘱人、见证人的签名。

第 59 问　代理人凭代为申请继承转移登记的委托书填写的份额约定书，登记机构可否用作登记的证据材料

有一处房屋登记为 A 单独所有，A 去世，A 的父母 C、D 健在，A 与妻子 B 有一未成年的孩子 E。现 A 妻子 B 与 A 母亲 D 放弃对该房产的继承权，该房产由 A 父亲 C 和 A 孩子 E 继承。C 和 E 的母亲 B 出具的委托书载明：委托 E 的姑姑 F 代为申请继承转移登记。F 代 C、E 申请转移登记时，在登记窗口以 C、E 的名义填写份额约定书约定：C 的份额为 80%，E 的份额为 20%。

F 以 C、E 的名义填写的份额约定书，登记机构可否用作登记的证据材料？

笔者认为，F 以 C、E 的名义填写的份额约定书，登记机构不能用作登记的证据材料。

在不动产登记实务中，《不动产登记暂行条例实施细则》第十二条第一款和第二款规定，当事人可以委托他人代为申请不动产登记。代理申请不动产登记的，代理人应当向不动产登记机构提供被代理人签字或者盖章的授权委托书。据此可知，不动产登记可以由代理人持授权委托书代当事人申请。本问中，F 持 C 和 E 的监护人 B 出具的授权委托书代 C、E 申请继承转移登记于法有据。但是，C 和 E 的监护人 B 向 F 出具的授权委托书只授权 F 代为申请继承转移登记。《民法典》第一百七十一条第一款规定，行为人没有代理权、超越代理权或者代理权终止后，仍然实施代理行为，未经被代理人追认的，对被代理人不发生效力。据此可知，代理人在没有代理权的情形下，以被代理人的名义实施的行为，属于效力待定的行为，即被代理人予以追认的，自追认时起生效；否则无效。本问中，C 和 E 的监护人 B 向 F 出具的授权委托书只授权 F 代为申请继承转移登记，没有授权 F 代为出具份额约定书。代为申请继承转移登记，是指 F 以 C、E 的名义作出的启动继承转移登记的程序行为；而代为出具份额约定书，则是指 F 以 C、E 的名义对其共有的房屋以百分比的方式予以量上的分配，属于民事实体行为。据此可知，代为申请继承转移登记与代为出具份额约定书属于两种不同的行为。F 以 C、E 的名义出具的份额约定书，在申请登记时，没有得到 C 和 E 的监护人 B 的追认，对 C 和 E 不产生法律效力。因此，F 以 C、E 的名义填写的份额约定书，登记机构不能用作登记的证据材料。若 C 和 E 的监护人 B 追认后，登记机构用作登记的证据材料自无可言。

第三部分　转移登记

第 60 问　外籍继承人提交所在国公证机构出具的相关继承文书,登记机构该怎样查验

有一处房屋登记在一个英国人名下,共有情况为单独所有。该英国人去世后,其继承人有英国人、法国人、埃及人。现在,继承人申请继承转移登记时,提交了英国、法国和埃及三个国家的公证机构出具的继承文书。

对外籍继承人提交所在国公证机构出具的相关继承文书,登记机构该怎样查验?

笔者认为,对外籍继承人提交所在国公证机构出具的相关继承文书,登记机构主要查验继承文书中的继承人的合法性。

本问中,有一处房屋登记在一个英国人名下,共有情况为单独所有。该英国人去世了,继承人有英国人、法国人、埃及人,表明:外籍继承人继承我国境内房屋是法定继承。《涉外民事关系法律适用法》第三十一条规定,法定继承,适用被继承人死亡时经常居所地法律,但不动产法定继承,适用不动产所在地法律。据此可知,外籍继承人按法定继承程序继承我国境内的不动产的,适用我国关于继承方面的法律规定。因此,本问中,外籍自然人继承我国境内的房屋时,持有的继承手续应当符合我国法律的规定。

《民法典》第一千一百二十七条第一款、第二款规定:"遗产按照下列顺序继承:(一)第一顺序:配偶、子女、父母;(二)第二顺序:兄弟姐妹、祖父母、外祖父母。继承开始后,由第一顺序继承人继承,第二顺序继承人不继承;没有第一顺序继承人继承的,由第二顺序继承人继承。"据此可知,本问中,外籍继承人申请继承房屋产生的转移登记时,对其提交的所在国公证机构出具的相关继承文书,登记机构应当查验:一是继承人是否是被继承人的配偶、子女、父母、兄弟姐妹、祖父母、外祖父母;二是继承人是第一顺序继承,还是第二顺序继承人。被继承人的配偶、子女、父母、兄弟姐妹、祖父母、外祖父母之外的人继承不

动产的材料,在有第一顺序继承人的情形下,第二顺序继承人继承不动产的材料不符合我国《民法典》的规定的,登记机构不得采用为办理不动产登记的证据材料。

另外,登记机构用作办理不动产登记证据材料的境外公证机构出具的公证书,还须经过我国驻当地使(领)馆的认证。

第 61 问　登记簿上记载的宅基地使用权的户主死亡后,当事人应当申请什么登记

有一处宅基地使用权及地上房屋所有权登记在户主张某名下,其妻子王某、儿子张小某作为共有人记载在登记簿上,共有类型为共同共有。现张某病故,王某、张小某到登记机构咨询。

王某、张小某该申请什么登记?

有观点认为,宅基地使用权以户为单位供应,户内村民共有,登记时应当登记到户内全部村民名下。即使户主去世,只要户内还有村民,也不必办理继承,更换户主即可。因此,当事人应当申请更换户主产生的变更登记。笔者不支持此观点。

《民法典》第二百一十六条第一款规定,不动产登记簿是物权归属和内容的根据。在不动产登记实务中,《国土资源部关于启用不动产登记簿证样式(试行)的通知》(国土资发〔2015〕25号)附登记簿填写说明规定,按户取得的宅基地的按照姓名(性别、年龄、与户主关系)的格式逐个填写共有人。据此可知,农村村民建造住宅及其附属设施的宅基地,虽然是以户的名义取得,但申请宅基地使用权及地上房屋所有权登记时,登记簿上记载的权利人是户内的全体成员,不是户,即记载在登记簿上的户内成员是宅基地使用权及地上房屋所有权的权利主体。《民法典》第一千一百二十一条第一款规定,继承从被继承人死亡时开始。该法第二百三十条第一款规定,因继承取得物权的,自继承开始时发生效力。据此可知,自被继承人死亡时开始,继承人无须登记即依法、及时

第三部分 转移登记

取得被继承人遗留财产的权利。本问中，村民张某、王某和张小某是登记簿上记载的宅基地使用权及地上房屋所有权的共同共有人，自张某死亡时起，其妻子王某、儿子张小某无须登记即已经依法、即时取得张某生前享有的宅基地使用权及地上房屋所有权。在不动产登记实务中，按《不动产登记暂行条例实施细则》第二十七条第（五）项规定，因继承导致不动产权利转移的，当事人应当申请转移登记。因此，本问中，如前所述，自张某死亡时起，其妻子王某、儿子张小某因继承取得张某生前享有的宅基地使用权及地上房屋所有权而导致该宅基地使用权及地上房屋所有权中的部分权利转移，王某、张小某应当向登记机构申请因继承产生的转移登记。申请转移登记时，王某、张小某可以约定共有性质为共同共有，也可以约定为按份共有。

第四部分 注销登记

第 62 问　当事人放弃房屋所有权但不放弃该房屋占用范围内的国有建设用地使用权申请的注销登记，登记机构可否办理

张三因种种原因放弃登记在其名下的房屋所有权，但不放弃该房屋占用范围内的国有建设用地使用权。现张三持载明房地产权利的不动产权属证书、放弃房屋所有权声明等材料，向登记机构申请房屋所有权注销登记，欲在房屋所有权注销登记完成后保留该房屋占用范围内的国有建设用地使用权。

对张三申请的房屋所有权注销登记，登记机构可否办理？

笔者认为，对张三申请的房屋所有权注销登记，登记机构不得办理。

《民法典》第一百三十三条规定，民事法律行为是民事主体通过意思表示设立、变更、终止民事法律关系的行为。据此可知，本问中，张三放弃登记在其名下的房屋所有权，是指张三依自己的意思表示以抛弃的方式终止其享有该房屋所有权，属于民事法律行为中的处分行为。

《民法典》第三百五十六条规定，建设用地使用权转让、互换、出资或者赠与的，附着于该土地上的建筑物、构筑物及其附属设施一并处分。该法第三百五十七条规定，建筑物、构筑物及其附属设施转让、互换、出资或者赠与的，该建筑物、构筑物及其附属设施占用范围内的建设用地使用权一并处分。该法第三百九十七条规定，以建筑物抵押的，该建筑物占用范围内的建设用地使用权一并抵押。以建设用地使用权抵押的，该土地上的建筑物一并抵押。抵押人未依据前款规定一并抵押的，未抵押的财产视为一并抵押。据此可知，房地一并转让、抵押是法律规定的原则。申言之，房地一并处分是法律规定的原则。在不动产登记实务中，按《不动产登记暂行条例实施细则》第二条第二款规定，房地一并登记是登记机构办理不动产登记的原则。本问中，当事人因只放弃房屋所有权但不放弃该房屋占用范围内的国有建设用地使用权申请的注销登记，既违反房地一并处分的原则，也违反房地一并登记的原则，因此，对张三申请的房屋所有权注销登记，登记机构不得办理。

第 63 问　当事人只申请因拆除房屋产生的房屋所有权注销登记的，登记机构可否办理

张三持有的不动产权属证书上载明了国有建设用地使用权及地上房屋所有权。因种种原因，张三拆除地上房屋后，持登记申请书、不动产权属证书、拆除房屋情况说明等材料向登记机构申请房屋所有权注销登记。登记人员查验张三提交的注销登记申请材料后，告知张三：拆除房屋后，房屋占用范围内的国有建设用地使用权也消灭，应当一并申请国有建设用地使用权及地上房屋所有权注销登记。

登记人员对张三的告知是否正确？

笔者认为，登记人员对张三的告知是不正确的。

《民法典》第三百五十六条规定，建设用地使用权转让、互换、出资或者赠与的，附着于该土地上的建筑物、构筑物及其附属设施一并处分。该法第三百五十七条规定，建筑物、构筑物及其附属设施转让、互换、出资或者赠与的，该建筑物、构筑物及其附属设施占用范围内的建设用地使用权一并处分。该法第三百九十七条规定，以建筑物抵押的，该建筑物占用范围内的建设用地使用权一并抵押。以建设用地使用权抵押的，该土地上的建筑物一并抵押。抵押人未依据前款规定一并抵押的，未抵押的财产视为一并抵押。据此可知，房地一并转让、抵押是法律规定的原则。申言之，房地一并处分是法律规定的原则。《民法典》第二百三十一条规定，因合法建造、拆除房屋等事实行为设立或者消灭物权的，自事实行为成就时发生效力。据此可知，当事人以拆除房屋的事实行为消灭房屋所有权的，自房屋被撤除完毕时起，权利人无须办理注销登记，房屋所有权依法、即时消灭。本问中，张三是以拆除房屋的事实行为消灭其房屋所有权，不是以处分行为消灭其房屋所有权，因此，自房屋被撤除完毕时起，张三的房屋所有权消灭，此房屋所有权消灭不是因张三的处分而消灭，故该房屋占用范围内的国有建设用地使用权并不随之消灭。因此，对张三申请的房屋所有权注销登记，登记机构应当办理，房屋所有权注销登记办结后，向张三颁发只载明国有建设用地使用权的不动产权属证书。因此，登记人员对张三的告知是不正确的。

第64问　登记机构可否按实施征收的人民政府的注销登记通知书办理被查封房屋的注销登记

登记在赵六名下的国有建设用地使用权及地上房屋所有权上面有人民法院的查封登记，查封期间，县人民政府对该国有建设用地使用权及地上房屋所有权实施了征收，县政府向登记机构送达了征收决定书和办理注销登记通知书。

登记机构可否按人民政府的注销登记通知书直接办理该国有建设用地使用权及地上房屋所有权注销登记？

笔者认为，登记机构可以按人民政府的注销登记通知书直接办理该国有建设用地使用权及地上房屋所有权注销登记。

《民法典》第二百二十九条规定，因人民法院、仲裁机构的法律文书或者人民政府的征收决定等，导致物权设立、变更、转让或者消灭的，自法律文书或者征收决定等生效时发生效力。据此可知，征收是法律规定的导致不动产权利消灭的情形。《国有土地上房屋征收与补偿条例》第四条第一款规定，市、县级人民政府负责本行政区域的房屋征收与补偿工作。据此可知，征收国有建设用地使用权及地上房屋所有权，由县级以上人民政府以征收决定的方式体现。本问中，县人民政府向登记机构送达了征收决定书和办理注销登记通知书，表明县人

第四部分 注销登记

民政府以征收的方式消灭了登记在赵六名下的国有建设用地使用权及地上房屋所有权。

在司法实务中,《最高人民法院、国土资源部、建设部关于依法规范人民法院执行和国土资源房地产管理部门协助执行若干问题的通知》(法发〔2004〕5号)第二十二条第一款规定,国土资源、房地产管理部门对被人民法院依法查封、预查封的土地使用权、房屋,在查封、预查封期间不得办理抵押、转让等权属变更、转移登记手续。据此可知,为了保护当事人的合法权益,被人民法院查封或预查封的国有建设用地使用权及地上房屋所有权,当事人申请因处分该国有建设用地使用权及地上房屋所有权产生的抵押权登记、权属变更(转移)登记、注销登记时,登记机构不能办理。本问中,县人民政府以注销登记通知书嘱托登记机构办理的是因征收被查封的国有建设用地使用权及地上房屋所有权产生的注销登记,不是被查封人因处分国有建设用地使用权及地上房屋所有权产生的抵押权登记、权属变更(转移)登记、注销登记。

在不动产登记实务中,按《不动产登记暂行条例实施细则》第十九条第二款第(三)项规定,人民政府依法做出征收或者收回不动产权利决定生效后,要求不动产登记机构办理注销登记的,登记机构应当直接办理。据此可知,人民政府依法做出的征收决定生效后,嘱托登记机构办理注销登记的,登记机构不需要经过任何中间环节而直接办理,但登记机构应当书面告知县人民政府该房屋上有人民法院查封登记存在的事实。至于人民法院查封目的能否实现或者如何实现,由县人民政府与实施查封的人民法院协调解决。

第65问 登记机构办理因征收申请的房屋注销登记时,是否要实地查看

张三的房屋被市人民政府征收,签订征收补偿协议后,张三持不动产权属证书、征收决定等材料,向登记机构申请房屋所有权注销登记。

登记机构为张三办理因征收申请的房屋注销登记时,是否要实地查看?

笔者认为,登记机构为张三办理因被征收申请的房屋注销登记时,无须实地查看。

《民法典》第二百一十二条第二款规定,申请登记的不动产的有关情况需要进一步证明的,登记机构可以要求申请人补充材料,必要时可以实地查看。据此可知,必要时实地查看申请登记的不动产,是《民法典》的规定赋予登记机构的职责。在不动产登记实务中,按《不动产登记暂行条例实施细则》第十六条第(三)项规定,因不动产灭失导致的注销登记,登记机构实地查看时重点查看不动产灭失等情况。据此可知,登记机构办理因房屋实体灭失产生的注销登记时,才须实地查看。本问中,张三申请的是因房屋被征收产生的注销登记,房屋被征收是否属于房屋实体灭失的情形呢?《不动产登记暂行条例》第十四条第二款第(三)项规定,基于人民政府生效的征收决定消灭不动产权利属于可以由当事人单方申请注销登记的情形。据此可知,征收是剥夺不动产上的权利,而非消灭不动产实体,即房屋被征收不属于房屋实体灭失的情形。因此,张三因房屋被征收申请的注销登记,不是因房屋实体灭失产生的注销登记,登记机构无须实地查看。

第66问 有抵押权负担的房屋因被征收申请的注销登记,登记机构可否办理

被征收的房屋上有抵押权负担,但房屋所有权人(抵押人)签订征收补偿合同后,在抵押权没有被注销的情形下,向登记机构申请因被征收产生的注销登记。

对房屋所有权人(抵押人)申请的因被征收产生的房屋注销登记,登记机构可否办理?

笔者认为,对房屋所有权人(抵押人)申请的因被征收产生的房屋注销登记,登记机构应当办理。

第四部分　注销登记

《民法典》第二百二十九条规定，因人民法院、仲裁机构的法律文书或者人民政府的征收决定等，导致物权设立、变更、转让或者消灭的，自法律文书或者征收决定等生效时发生效力。按《不动产登记暂行条例》第十四条第二款第（三）项规定，人民法院、仲裁委员会生效的法律文书或者人民政府生效的决定等设立、变更、转让、消灭不动产权利的，当事人可以单方申请登记。据此可知，自人民政府的征收决定生效时起，原权利人的不动产物权无须登记即依法、即时消灭，原权利人或其他相关当事人可以单方向登记机构申请注销登记。因此，本问中，对房屋所有权人（抵押人）申请的因被征收产生的房屋注销登记，登记机构应当办理。

《民法典》第三百九十条规定，担保期间，担保财产毁损、灭失或者被征收等，担保物权人可以就获得的保险金、赔偿金或者补偿金等优先受偿。被担保债权的履行期限未届满的，也可以提存该保险金、赔偿金或者补偿金等。据此可知，债务履行期限届满，抵押物被征收的，抵押权人就抵押物的征收补偿金优先受偿。债务履行期限未届满，抵押物被征收的，抵押物的征收补偿金将被提存，以保护抵押权人的权益。因此，有抵押权负担的房屋被征收的，抵押权人的权益依法会得到充分保障，登记机构不会因办理被征收抵押房屋产生的注销登记而承担不利后果。

第67问　注销登记办结后，登记机构是否向申请人颁发不动产登记证明

甲向登记机构申请因放弃权利产生的房地产权利注销登记，登记机构审查后，为甲办理了房地产权利注销登记，但甲要求登记机构为其颁发一本载明注销登记事项的不动产登记证明。

登记机构可否为甲颁发一本载明注销登记事项的不动产登记证明？

笔者认为，登记机构不能为甲颁发一本载明注销登记事项的不动产登记证明。

《民法典》第二百一十七条规定，不动产权属证书是权利人享有该不动产物权的证明。不动产权属证书记载的事项，应当与不动产登记簿一致；记载不一致的，除有证据证明不动产登记簿确有错误外，以不动产登记簿为准。据此可知，与登记簿上记载的内容相对应的不动产权属证书，是权利人享有不动产物权的外在表征凭证。换言之，当事人没有基于登记簿的记载享有不动产物权，就不应当持有表征不动产物权的不动产权属证书。在不动产登记实务中，《不动产登记暂行条例实施细则》第二十条第一款规定，不动产登记机构应当根据不动产登记簿，填写并核发不动产权属证书或者不动产登记证明。据此可知，《不动产登记暂行条例实施细则》规定的不动产权属证书和不动产登记证明，即《民法典》中的不动产权属证书。本问中，登记机构审查后，为甲办理了房地产权利注销登记，表明：甲享有的房地产权利因注销登记的完成而消灭，即甲不再基于登记簿上的记载享有房地产权利，因此，甲不应当再持有表征房地产权利的不动产登记证明，即登记机构不能为甲颁发一本载明注销登记事项的不动产登记证明。

第 68 问 死绝户的宅基地使用权及地上房屋所有权是否须收归集体经济组织后，该集体经济组织才可以申请注销登记

甲、乙夫妻共同享有一处宅基地的使用权及地上房屋所有权，并共同持有不动产权属证书。甲、乙均亡故后，没有继承人，生前也没有对宅基地使用权及地上房屋所有权作任何处分。甲、乙不是"五保户"。现甲、乙生前所在的村民小组持村民代表会会议记录，向登记机构申请该宅基地使用权及地上房屋所有权注销登记。

登记机构可否应甲、乙生前所在的村民小组的申请办理该宅基地使用权及地上房屋所有权注销登记？

笔者认为，登记机构不能应甲、乙生前所在的村民小组的申请办理该宅基地使用权及地上房屋所有权注销登记。

在不动产登记实务中，《不动产登记操作规范（试行）》10.4.2 条规

第四部分　注销登记

定，宅基地使用权及房屋所有权注销登记的申请主体应当为不动产登记簿记载的权利人。据此可知，一般情形下，非登记簿上记载的权利人，不得申请宅基地使用权及地上房屋所有权注销登记。本问中，甲、乙生前所在的村民小组现时不是登记簿上记载的权利人，故对其申请的现时还登记在甲、乙名下的宅基地使用权及地上房屋所有权注销登记，登记机构不能办理。

那么，村民小组怎样才有资格申请该宅基地使用权及地上房屋所有权注销登记呢？

《民法典》第一千一百六十条规定，无人继承又无人受遗赠的遗产，归国家所有，用于公益事业；死者生前是集体所有制组织成员的，归所在集体所有制组织所有。据此可知，无人继承又无人受遗赠的遗产，属于无主财产。遗留该财产的死者，生前是集体所有制组织成员的，该财产归死者生前所在集体所有制组织所有。《民事诉讼法》第一百九十一条第一款规定，申请认定财产无主，由公民、法人或者其他组织向财产所在地基层人民法院提出。该法第一百九十二条规定，人民法院受理申请后，经审查核实，应当发出财产认领公告。公告满一年无人认领的，判决认定财产无主，收归国家或者集体所有。按该法第一百七十八条规定，认定财产无主案件实行一审终审制，即认定财产无主并收归国有或集体经济组织所有的判决，自作出时起生效。据此可知，关于无主财产，须经公民、法人或者其他组织向财产所在地基层人民法院提出申请，人民法院审查后，以判决书的形式确认财产无主并收归国家或者集体所有。本问中，甲、乙生前所在的村民小组，应当向当地人民法院申请确认甲、乙遗留的宅基地使用权及地上房屋所有权为无主财产并收归该村民小组，人民法院判决确认甲、乙遗留的宅基地使用权及地上房屋所有权为无主财产并收归该村民小组的集体经济组织后，该村民小组的集体经济组织才享有该宅基地使用权及地上房屋所有权。

在不动产登记实务中，《不动产登记操作规范（试行）》10.3.1条之4

规定，已经登记的宅基地使用权及房屋所有权，因人民法院、仲裁委员会的生效法律文书等导致权属发生变化的，当事人可以申请转移登记。按该规范 10.3.2 条规定，因人民法院、仲裁委员会生效法律文书等取得宅基地使用权及房屋所有权的，可由权利人单方申请。本问中，如前所述，自人民法院的判决书作出时起，村民小组的集体经济组织享有该宅基地使用权及地上房屋所有权，村民小组的集体经济组织应当单方申请将该宅基地使用权及地上房屋所有权转移登记到其名下后，才可以申请注销登记，满足注销登记要求的，登记机构应当予以办理。

第五部分　抵押权登记

第 69 问　国有农用地使用权可否抵押

自不动产统一登记以来，当事人因国有农用地使用权抵押向登记机构申请抵押权登记的情形时有出现。据笔者所知，一般情形下，登记机构以法律、法规规定的可以抵押的财产中没有国有农用地使用权为由，作不予受理处理。

国有农用地使用权可否抵押呢？

《国务院关于全民所有自然资源资产有偿使用制度改革的指导意见》（国发〔2016〕82号）规定，通过有偿方式取得的国有建设用地、农用地使用权，可以转让、出租、作价出资（入股）、担保等。据此可知，按国家有效的政策的规定，以出让等有偿方式取得的国有农用地使用权是可以抵押的。那么，以划拨等无偿方式取得的国有农用地使用权可否抵押呢？

《民法典》第三百九十九条规定："下列财产不得抵押：（一）土地所有权；（二）宅基地、自留地、自留山等集体所有土地的使用权，但是法律规定可以抵押的除外；（三）学校、幼儿园、医疗机构等为公益目的成立的非营利法人的教育设施、医疗卫生设施和其他公益设施；（四）所有权、使用权不明或者有争议的财产；（五）依法被查封、扣押、监管的财产；（六）法律、行政法规规定不得抵押的其他财产。"据此可知，以划拨等无偿方式取得的国有农用地使用权不属于《民法典》第三百九十九条规定的禁止抵押的财产或财产性权利。据笔者查阅，现时的法律、行政法规和国家政策没有关于禁止划拨取得的国有农用地使用权抵押的规定。"法无禁止即可为",因此,以划拨等无偿方式取得的国有农用地使用权是可以抵押的。在司法实务中,《民法典担保制度司法解释》第六十三条规定,债权人与担保人订立担保合同,约定以法律、行政法规尚未规定可以担保的财产权利设立担保,当事人主张合同无效的,人民法院不予支持。当事人未在法定的登记机构依法进行登记,主张该担保具有物权效力的,人民法院不予支持。据此可知,当事人以法律、行政法规尚未规定可以抵押的财产设定抵押的,产生诉讼时,抵押合同不会被人民法院确认无效,当事人依法办理了抵押权登记的,抵押权会得到人民法院的保护。因此,从司法实务的角度看,以划拨方式取得的国有农用地使用权是可以抵押的。

结论:国有农用地使用权是可以抵押的。

第70问 公墓用地可否抵押

甲以出让方式取得一处公墓用地,地上已经建成墓穴若干,且部分墓穴已出售或租赁。现甲与银行持相关手续共同申请一般抵押权登记。

公墓用地是否可以抵押?如果可以抵押,是以建设用地使用权,还是以建设用地使用权及地上构筑物所有权设立抵押权呢?

笔者认为,公墓用地可以抵押,如果地上墓穴是合法建造的,应当以建设用地使用权及地上构筑物所有权设立抵押权。

民政部、发展改革委、国土资源部等发布实施的《关于进一步规范和加强公墓建设管理的通知》(民发〔2008〕203号)第二条第(二)项规定,国土资源部门要严格公墓建设用地的管理,依法办理农用地转用和土地征收手续。经营性公墓用地必须通过招标拍卖挂牌出让的方式确定土地使用者。建设部门要加强城乡规划的制定和公墓建设项目规划的审批和执行情况的监督。对已经批准建设的公墓,要严格依据规划和批准的用地范围、土地使用条件进行建设,不得擅自修改规划,扩大建设用地面积。据此可知,经营性公墓用地系国有建设用地,墓穴的建设须取得规划手续。本问中,甲以出让方式取得一处公墓用地,地上已经建成墓穴若干，且部分墓穴已出售或租赁，表明甲取得的是经营性的公墓用地。

《民法典》第三百九十七条规定，以建筑物抵押的，该建筑物占用范围内的建设用地使用权一并抵押。以建设用地使用权抵押的，该土地上的建筑物一并抵押。据此可知，建设用地使用权是可以抵押的财产。因此，本问中，甲取得的公墓用地是经营性的国有建设用地使用权，且不属于《民法典》第三百九十九条规定的禁止抵押的财产。据笔者查考，其他法律、行政法规亦无禁止用公墓用地抵押的规定。因此，甲取得的经营性公墓用地是可以抵押的。

在不动产登记实务中，《不动产登记暂行条例实施细则》第二条第二款规定，房屋等建筑物、构筑物和森林、林木等定着物应当与其所依附的土地、海域一并登记，保持权利主体一致。质言之，《不动产登记暂行条例实施细则》的规定确立了土地与地上的房屋、构筑物等定作物应当一并登记的原则。《民法典》第二百三十一条规定，因合法建造、拆除房屋等事实行为设立或者消灭物权的，自事实行为成就时发生效力。质言之，合法建造的房屋、构筑物，自竣工时起，所有权无须登记即生效。反之，非法建造的房屋、构筑物不产生所有权，当事人更不能申请所有权登记。因此，地上房屋、构筑物等定作物是合法建造或存在的情形下，才遵循土地与地上的房屋、构筑物等定作物应当一并登记的原则。本问中，如果地上墓穴是合法建造的，甲应当凭用地、规划、竣工等手续申请构筑物所有权首次登记后，再申请因抵押建设用地使用权及地上构筑物所有权产生的抵押权首次登记。如果公墓在城镇规划区外，甲申请构筑物所有权首次登记时，应当提交县级以上人民政府规划机关或省级人民政府授予规划许可权的镇人民政府出具的公墓不在城镇规划区内的证明替代规划手续。

《民法典》第二百一十六条第一款规定，不动产登记簿是物权归属和内容的根据。据此可知，一般情形下，不动产物权的归属以不动产登记簿的记载为准。本问中，登记机构为甲办理因抵押建设用地使用权及地上构筑物所有权产生的抵押权首次登记时，对抵押不动产归属的判定，以登记簿的记载为准。当然，由于公墓的墓穴是或售或租的对象，为了维护社会的稳定、和谐，登记机构可以将抵押内容予以公告，公告期满无异议后，再办理抵押权首次登记。由于此情形下的公告属于登记机构自行启动，公告期间应当计入登记办结时限。

第71问　地上有合法建造并竣工的房屋时，登记机构可否为当事人办理净地抵押产生的抵押权登记

甲在其出让取得的国有建设用地上按规划手续建造了一幢房屋，房屋竣工后，一直未申请所有权首次登记。甲将土地抵押给乙银行作为借款的抵押担保，签订了抵押合同，但抵押合同载明：地上未办理产权登记的房屋属于抵押担保物。现甲、乙凭借款合同、抵押合同等材料向登记机构申请土地抵押权首次登记。

对甲、乙申请的土地抵押权首次登记，登记机构可否受理？

笔者认为，对甲、乙申请的土地抵押权首次登记，登记机构不能受理。

《民法典》第二百三十一条规定，因合法建造、拆除房屋等事实行为设立或者消灭物权的，自事实行为成就时发生效力。《城市房地产管理法》第四十九条规定，房地产抵押，应当凭土地使用权证书、房屋所有权证书办理。据此可知，合法建造的房屋，自竣工时起，无须登记，权利人即依法、即时享有该房屋的所有权，但用该房屋抵押时，该房屋应当已经办理所有权登记并领取了不动产权属证书。本问中，甲的房屋虽然是合法建造并竣工，甲已经享有该房屋的所有权，但甲未办理该房屋的所有权登记并领取不动产权属证书，甲、乙申请抵押权登记不符合《城市房地产管理法》第四十九条规定。在不动产登记实务中，《不动产登记暂行条例实施细则》第二条第二款规定，房屋等建筑物、构筑物和森林、林木等定着物应当与其所依附的土地、海域一并登记，保持权利主体一致。质言之，房地一并登记是不动产登记的原则，具体到抵押权登记亦然，即当事人申请土地抵押权登记时土地上有竣工房屋的，若土地上的竣工房屋是非法建造的，因非法建造物不产生权利，登记机构可以为申请人办理抵押净地产生的土地抵押权登记。若土地上的房屋是合法建造的，则应当遵守房地一并登记原则。因此，本问中，甲、乙申请的土地抵押权登记，违反了房地一并登记的不动产登记原则，故对甲、乙申请的土地抵押权首次登记，登记机构不能受理。登记机构应当告知申请人，办理地上房屋所有权首次登记并完善抵押合同等手续后再申请土地抵押权登记。

第72问　地上新增在建建筑物后,登记机构可否为当事人办理原净地抵押权变更登记

某房地产开发企业出让取得土地后，完成了国有建设用地使用权首次登记并领取了不动产权属证书。之后，以登记在其名下的净地向银行作借款抵押并办理了净地抵押权（一般抵押权）登记。现该地块已经开发建设，即地上有了在建建筑物。但抵押权人和房地产开发企业签订抵押权变更协议约定延长债务履行期限。目前，抵押权人和房地产开发企业共同向登记机构申请抵押权变更登记。

对抵押权人和房地产开发企业共同申请的抵押权变更登记，登记机构能否受理？如果可以，是否违反土地与地上房屋等定作物应当一并登记的原则？

笔者认为，对抵押权人和房地产开发企业共同申请的抵押权变更登记，登记机构应当受理，且此举并不违反土地与地上房屋等定作物应当一并登记的原则。

在不动产登记实务中，按《不动产登记暂行条例实施细则》第二十六条第（五）项规定，债务履行期限变更属于当事人申请不动产变更登记的情形。《国土资源部关于启用不动产登记簿证样式（试行）的通知》（国土资发〔2015〕25号）附《不动产登记簿样式及使用填写说明》规定,债务履行期限属于登记簿记载的一般抵押权的内容。因此,本问中,被国有建设用地抵押权担保的主债权的债务履行期限因延长而发生变动,系登记簿上记载的一般抵押权的内容变动,属于当事人申请既有的土地抵押权变更登记的情形,故对抵押权人和房地产开发企业共同申请的抵押权变更登记,登记机构应当受理。

《不动产登记暂行条例实施细则》第二条第二款规定,房屋等建筑物、构筑物和森林、林木等定着物应当与其所依附的土地、海域一并登记,保持权利主体一致。质言之,《不动产登记暂行条例实施细则》的规定确立了土地与地上房屋等定作物应当一并登记的原则。但是,笔者认为:一是当事人申请不动产首次登记时,地上有合法建造的房屋、在建建筑物等定作物的,应当遵守土地与地上房屋等定作物一并登记的原则;二是当事人申请不动产变更登记、转移登记、抵押权登记等后续登记时,登记簿上既有的记载内容中有土地及地上房屋、在建建筑物等定作物的,应当遵守土地与地上房屋等定作物一并登记的原则。因此,本问中,当事人申请净地抵押权首次登记时地上无房屋等定作物,申请净地抵押权变更登记时登记簿上记载的抵押物中也没有地上房屋、在建建筑物等定作物,故登记机构受理抵押权人和房地产开发企业共同申请的抵押权变更登记,并不违反土地与地上房屋等定作物应当一并登记的原则。

第73问 办理抵押权登记时,申请人的印章编号是否属于登记机构的查验范围

甲登记中心办理了一件因担保货运债权申请的房屋抵押权登记,抵押权人是一家货运公司,抵押人是自然人,债务履行期间为三年。申请一般抵押权首次登记时,登记申请书上抵押权人的印章上有一组阿拉伯数字的编码。一年后,抵押权人的受托人和抵押人凭授权委托书、不动产登记证明等材料申请抵押权注销登记,注销登记申请书上抵押权人的印章上的阿拉伯数字的编码发生了变化,委托书上的印章编码与注销登

记申请书上的印章编码一致，但甲登记中心工作人员没有发现此变化，为双方办理了抵押权注销登记手续，作为抵押权注销登记申请材料的不动产登记证明是真实的。随后，抵押人将该房屋转让给他人，并与受让人一起向登记机构申请了转让转移登记。此后的第二天，抵押权人的另一受托人到登记中心申请载明抵押权的不动产登记证明遗失补证手续时，得知其抵押权已经被注销，遂向甲登记中心书面反映，说他们没有来申请过抵押权注销登记，要求恢复其抵押权登记。因甲登记中心已经受理该房屋的转让转移登记且正在审核中，就没有恢复该抵押权登记。抵押权人遂向人民法院起诉甲登记中心，并申请人民法院查封了该房屋。现终审人民法院以甲登记中心"没有履行合理审慎的注意义务"为由，判决撤销了甲登记中心办理的抵押权注销登记。

登记申请书上申请人的印章编号是否属于登记机构的查验范围？对终审人民法院的判决书，登记机构该如何处理？

笔者认为，登记申请书上申请人的印章编号属于登记机构的查验范围，甲登记中心应当根据终审人民法院的判决书启动更正登记程序，恢复抵押权人的抵押权。

一、申请人的印章编号属于登记机构的查验范围

在不动产登记实务中，按《不动产登记操作规范（试行）》1.8.3.1条规定，申请人申请不动产登记，应当如实、准确填写不动产登记机构制定的不动产登记申请书。申请人为法人或其他组织的，申请人应当在不动产登记申请书上盖章。据此可知，法人或其他组织在不动产登记申请书上盖章，表明登记申请书系由该法人或其他组织出具，登记程序系因该法人或其他组织的申请而启动。申言之，登记机构对登记申请书上法人或其他组织的盖章进行查验，属于对申请人适格与否的查验。公安部发布实施的《印章治安管理信息系统标准》第 1 部分 "6 印章编码结构"中规定，印章编码是对全国印章进行统一编码，由 13 位字符与数字组成。该标准第 6 部分 "5.4 印章信息查询"中规定，印章编号属于印

章信息查询的方式之一。据此可知，法人或其他组织印章上有由 13 位字符与数字组成的编码，该编码为印章的识别码，识别码属于印章的内容，更是辨别印章真假的标志。本问中，当事人申请抵押权首次登记和抵押权注销登记时，盖在抵押权首次登记申请书和抵押权注销登记申请书上的印章上均有识别码，如前所述，登记机构有查验印章的义务，作为印章内容的识别码，也属于登记机构查验的范围。登记机构办理抵押权注销登记时，应当核对抵押权注销登记申请书上的印章识别码与存档的抵押权首次登记申请书上的印章识别码是否同一，以据此判定登记申请人是否适格，但甲登记中心却没有履行此注意义务。因此，笔者认为，终审人民法院以甲登记中心"没有履行合理审慎的注意义务"为由，判决撤销了甲登记中心办理的抵押权注销登记并无不当。

二、本案的实务处理

《民法典》第二百二十条第一款规定，权利人、利害关系人认为不动产登记簿记载的事项错误的，可以申请更正登记。不动产登记簿记载的权利人书面同意更正或者有证据证明登记确有错误的，登记机构应当予以更正。质言之，登记簿上记载的事项错误时，应当通过更正登记予以纠正。本问中，甲登记机构办理的抵押权注销登记被终审人民法院撤销，表明登记簿上现时记载的抵押权注销登记错误，甲登记机构应当根据终审人民法院的判决书启动更正登记程序，恢复抵押权人的抵押权。

三、本案的启示

登记机构应当将纸质登记申请材料镜像化后，转输到登记受理、审查岗位，供登记受理、审查人员核对相关信息，减少不必要的工作失误，以维护不动产登记的合法性、有效性和权威性。

第 74 问　登记机构是否应当注意抵押合同上的抵押期限

申请人申请一般抵押权登记时，提交的抵押合同上载明的抵押期限与借款合同上约定的债务履行期限不一致。

第五部分 抵押权登记

登记簿上应当记载哪个期限？

笔者认为，登记簿上应当记载借款合同上约定的债务履行期限，无须注意抵押合同上载明的抵押期限。

按《民法典》第三百九十三条第（一）项规定，主债权消灭是抵押权消灭的情形之一。质言之，抵押权与其担保的债权同时存在，债权消灭的，抵押权也消灭。据此可知，抵押权与其担保的债权共存亡，没有单独的存续期限。换言之，抵押权的存续与所谓的抵押期限无关。

《民法典》第一百一十六条规定，物权的种类和内容，由法律规定。该法第四百条规定："设立抵押权，当事人应当采用书面形式订立抵押合同。抵押合同一般包括下列条款：（一）被担保债权的种类和数额；（二）债务人履行债务的期限；（三）抵押财产的名称、数量等情况；（四）担保的范围。"在不动产登记实务中，按国土资源部发布实施的《不动产登记簿样式及使用填写说明》规定，抵押期限不属于登记簿记载的抵押权的内容。据此可知，抵押期限不是抵押合同应当载明的内容，抵押合同是抵押权的权源材料，抵押权的内容来源于抵押合同依法载明的信息，因此，抵押期限不属于抵押权的内容。换言之，抵押期限不属于登记机构查验登记申请材料时应当注意的问题。

第75问 当事人在查封期间签订抵押合同，但在查封解除后申请的抵押权登记，登记机构可否办理

2020年12月7日，甲人民法院查封乙的房地产，在登记机构办理了查封登记。12月12日，乙为了获取贷款，将被甲人民法院查封的房地产抵押给丙银行并签订了借款合同和抵押合同，约定债务履行期间为2020年12月12日—2021年12月11日。2020年12月15日，甲人民法院解除查封，登记机构也办理了查封登记注销登记。2020年12月16日，乙、丙共同向登记机构申请一般抵押权登记。

对乙、丙申请的抵押权登记，登记机构可否办理？

有观点认为，《民法典》第三百九十九条第（五）项规定，依法被查

封、扣押、监管的财产不得抵押。据此可知，本问中，乙的房地产已经被甲人民法院查封，属于不得抵押的不动产，乙、丙在房屋被查封期间签订的抵押合同无效，登记机构不得用作登记的证据材料。因此，对乙、丙申请的抵押权登记，登记机构不得办理。笔者不支持此观点。

一、乙擅自抵押被查封的房地产而与丙签订的抵押合同并不当然无效

《民法典》第三百九十九条第（五）项规定，依法被查封、扣押、监管的财产不得抵押。笔者认为，此规定是约束当事人擅自抵押被查封物的规定，属于管理性规定，不直接影响因抵押被查封物而签订的抵押合同的效力。《民事诉讼法》第一百一十一条第一款第（三）项规定，隐藏、转移、变卖、毁损已被查封、扣押的财产，或者已被清点并责令其保管的财产，转移已被冻结的财产的，人民法院对违反此规定的单位，可以对其主要负责人或者直接责任人员予以罚款、拘留，构成犯罪的依法追究刑事责任。在司法实务中，《最高人民法院关于人民法院执行工作若干问题的规定（试行）》第四十四条规定，被执行人或其他人擅自处分已被查封、扣押、冻结财产的，人民法院有权责令责任人限期追回财产或承担相应的赔偿责任。按《民法典担保制度司法解释》第三十七条第二款规定，抵押权人以抵押权设立时财产被查封或者扣押为由主张押抵合同无效的，人民法院不予支持。据此可知，人民法院对当事人擅自处分（抵押）被查封物的，只是对当事人给予相应的处罚，或责令其限期追回财产，或承担相应的赔偿责任，并不认定处分行为（抵押）无效。申言之，当事人擅自抵押被查封的房地产签订的抵押合同，该抵押合同并不当然无效。当然，人民法院若在执行中以执行裁定书的形式认定因擅自抵押被查封的房地产而签订的抵押合同无效，或其他人另案起诉擅自抵押被查封的房地产的当事人，请求人民法院判决确认抵押合同无效的，属于别的法律关系。笔者据此认为，当事人擅自抵押被查封的房地产而与他人签订的抵押合同，没有被人民法院认定无效前，就是有效的合同。因

此，本问中，乙、丙签订的房地产抵押合同有效，登记机构可以用作登记的证据材料。

二、对乙、丙申请的抵押权登记，登记机构应当办理

《最高人民法院、国土资源部、建设部关于依法规范人民法院执行和国土资源房地产管理部门协助执行若干问题的通知》（法发〔2004〕5号）第三条第一款规定，对人民法院查封或者预查封的土地使用权、房屋，国土资源、房地产管理部门应当及时办理查封或者预查封登记。该通知第二十二条第一款规定，国土资源、房地产管理部门对被人民法院依法查封、预查封的土地使用权、房屋，在查封、预查封期间不得办理抵押、转让等权属变更、转移登记手续。据此可知，在登记簿上记载的查封登记被注销前，登记机构不得为当事人办理抵押、转让房地产等处分行为产生的抵押权登记、转移登记。本问中，乙用于抵押的房地产虽然被查封过，但已经在申请抵押权登记前解除了查封，登记机构也办理了查封登记注销登记。因此，对乙、丙申请的抵押权登记，登记机构应当办理。

三、对乙、丙申请的抵押权登记的实务处理

《民法典》第二百一十二条第（三）项规定，如实、及时登记有关事项是登记机构的职责。在不动产登记实务中，《国土资源部关于启用不动产登记簿证样式（试行）的通知》（国土资发〔2015〕25号）附《不动产登记簿样式及使用填写说明》规定，债务履行期限属于登记簿记载的一般抵押权的内容。据此可知，登记机构应当根据乙、丙提交的主债权合同，在登记簿上记载债务履行期间2020年12月12日—2021年12月11日，不得擅自扣除查封期间后将债务履行期间记载为2020年12月16日—2021年12月11日。

第76问 四家银行共同作为抵押权人与抵押人签订房地产抵押合同后，抵押权可否只登记在其中一家银行名下

有甲、乙、丙、丁四家银行共同向一家企业发放贷款，四家银行共

同作为债权人与企业签订了贷款合同，又共同作为抵押权人与企业签订了房地产抵押合同。随后，四家银行又签订了一份抵押权登记协议，约定抵押权只登记在甲银行名下。现甲银行与企业持贷款合同、抵押合同、抵押权登记协议等材料申请抵押权登记，欲将抵押权只登记在甲银行名下。

登记机构可否将抵押权只登记在甲银行名下？

笔者认为，登记机构不能将抵押权只登记在甲银行名下。

按《不动产登记操作规范（试行）》4.8.2 条之 4 规定，申请登记的事项与权属来源材料或者登记原因文件不一致的，登记机构应当作不予登记处理。据此可知，本问中，如果抵押权登记申请书上申请登记的抵押权人为甲银行，作为抵押权登记原因文件的抵押合同上的抵押权人却是甲、乙、丙、丁四家银行，即申请登记的事项与登记原因文件不一致，因此，登记机构不能将抵押权只登记在甲银行名下。当然，如果抵押权登记在甲、乙、丙、丁四家银行名下后，该四家银行再凭抵押权登记协议等材料申请将抵押权登记在甲银行名下的，登记机构应当支持，适用因共有人减少产生的转移登记，将抵押权从甲、乙、丙、丁四家银行名下转移登记到甲银行名下。

《民法典》第四百六十五条规定，依法成立的合同，受法律保护。依法成立的合同，仅对当事人具有法律约束力，但是法律另有规定的除外。据此可知，一般情形下，合同或协议只对签订该合同、协议的当事人有约束力。本问中，登记申请材料中的抵押权登记协议约定抵押权只登记在甲银行名下，表明此协议只对甲、乙、丙、丁四家银行有约束力，作为债务人和抵押人的企业不是该协议的当事人，即作为债务人和抵押人的企业没有通过该协议与甲、乙、丙、丁四家银行建立任何权利义务关系，该协议约定的事项不能成为登记簿记载的抵押权的内容，概言之，该协议作为登记申请材料不具有必要性。

如果将申请人提交的抵押权登记协议理解为甲银行代其他银行与企

第五部分 抵押权登记

业发生贷款关系、抵押关系并申请抵押权登记的委托协议，那么，贷款合同的债权人和抵押合同的抵押权人只是甲银行，不能是甲、乙、丙、丁四家银行，此情形下，甲银行与企业可以申请将抵押权登记在甲银行名下，登记机构也可以将抵押权只登记在甲银行名下，此抵押权登记协议作为四家银行清理委托贷款、抵押后果的凭证，由四家银行自行保存。

第77问 抵押权人与自己签订的抵押合同，登记机构可否用作办理抵押权登记的材料

甲与乙银行签订贷款合同后，乙银行与自己签订抵押合同用其房产为甲作抵押担保。现甲与乙银行持贷款合同、抵押合同等材料向登记机构申请抵押权登记。

抵押权人与自己签订的抵押合同，登记机构可否用作办理抵押权登记的材料？

笔者认为，抵押权人与自己签订的抵押合同，登记机构不能用作办理抵押权登记的材料。

在不动产登记实务中，按《不动产登记暂行条例实施细则》第六十六条规定，抵押合同是当事人申请抵押权登记时应当向登记机构提交的材料。但是，《民法典》第四百六十四条第一款规定，合同是民事主体之间设立、变更、终止民事法律关系的协议。该法第四百七十一条规定，当事人订立合同，可以采取要约、承诺方式或者其他方式。该法第四百八十三条规定，承诺生效时合同成立，但是法律另有规定或者当事人另有约定的除外。据此可知，一般情形下，合同是不同的民事主体间设立、变更、终止民事权利义务关系的协议，且自一方当事人对对方当事人发出的要约作出承诺时起，合同才成立。《民法典》第三百九十四条规定，为担保债务的履行，债务人或者第三人不转移财产的占有，将该财产抵押给债权人的，债务人不履行到期债务或者发生当事人约定的实现抵押权的情形，债权人有权就该财产优先受偿。前款规定的债务人或者第三人为抵押人，债权人为抵押权人，提供担保的财产为抵押财产。其中，

债权人享有的优先受偿权即抵押权。据此可知，在抵押关系中，抵押人是除债权人之外的债务人或第三人。概言之，作为抵押合同当事人的抵押权人、抵押人不能是同一人。本问中，作为抵押合同当事人的抵押权人、抵押人是同一人，且无法通过要约、承诺使合同成立，即抵押权人同时作为抵押人与自己订立的抵押合同不具备依法成立的条件，登记机构不得用作办理抵押权登记的证据材料。

第 78 问　以出卖的房屋作抵押担保该房屋买卖合同目的实现申请的抵押权登记，登记机构可否受理

买卖双方签订房屋买卖合同后，买方当即交清了 50 万元的全部房款，但双方不申请买卖转移登记却协商签订抵押合同约定：将该房屋抵押给买方，担保的主债权是买卖合同中约定的卖方在三个月内不协助买方申请过户登记时赔偿买方 60 万元。现买卖双方申请一般抵押权登记。

对买卖双方申请的一般抵押权登记，登记机构可否受理？

笔者认为，对买卖双方申请的一般抵押权登记，登记机构可以受理。

按《民法典》第三百九十五条第一款规定，债务人或第三人有权处分的财产才可以作抵押财产。本问中，买卖双方虽然签订了房屋买卖合同，但买卖双方没有据此申请买卖房屋产生的转移登记，将房屋转移登记在买方名下，即房屋现时还登记在卖方名下，卖方是具有法律意义的房屋所有权人，有权依法处分该房屋，当然可以以该房屋设定抵押权保障其履行买卖合同中的债务。

《民法典》第三百八十七条第一款规定，债权人在借贷、买卖等民事活动中，为保障实现其债权，需要担保的，可以依照本法和其他法律的规定设立担保物权。质言之，一般情形下，当事人基于买卖、借贷等民事活动依法建立的债权，均可以设立抵押权保障其实现。本问中，被担保的主债权是买卖合同中约定的卖方在三个月内不协助买方申请过户登记时赔偿买方 60 万元，是买房人与卖房人基于房屋买卖合同依法建立的违约赔偿债权，设立抵押权保障其实现有法律上的依据。因此，对买卖双方申请的一般抵押权登记,登记机构可以受理。

第 79 问　以购买未经所有权登记的竣工房屋的买卖合同为主合同申请的抵押权登记,登记机构可否办理

甲购买了一套商品房,房屋已经竣工交付,但还未登记到甲名下。甲又将该商品房转让给乙,签订了房屋买卖合同。为了防止以后过户出问题或甲一房多卖,甲、乙签订抵押合同约定:甲用登记在自己名下的另一处房屋担保此房屋买卖合同的履行。现甲、乙持房屋买卖合同、抵押合同共同向登记机构申请抵押权登记。

对甲、乙共同申请的抵押权登记,登记机构可否办理?

笔者认为,对甲、乙共同申请的抵押权登记,登记机构可以办理。

《民法典》第三百八十七条第一款规定,债权人在借贷、买卖等民事活动中,为保障实现其债权,需要担保的,可以依照本法和其他法律的规定设立担保物权。据此可知,一般情形下,因买卖合同设立的债权可以设立担保物权保障其实现。但是,《城市房地产管理法》第三十八条第(六)项规定,未依法登记领取权属证书的房地产不得转让。本问中,甲、乙签订买卖合同转让的房屋尚未登记在甲名下且甲不持有该房屋的权属证书,那么,该房屋买卖合同是否有效?可否用作抵押权登记的主合同?《民法典》第五百九十七条规定,因出卖人未取得处分权致使标的物所有权不能转移的,买受人可以解除合同并请求出卖人承担违约责任。法律、行政法规禁止或者限制转让的标的物,依照其规定。在司法实务中,《最高人民法院关于审理买卖合同纠纷案件适用法律问题的解释》(法释〔2012〕7号)第三条第一款规定,当事人一方以出卖人在缔约时对标的物没有所有权或者处分权为由主张合同无效的,人民法院不予支持。据此可知,本问中,甲、乙签订买卖合同转让的房屋尚未登记在甲名下且甲不持有该房屋的权属证书,即甲、乙签订房屋买卖合同时,尽管甲对其转让的房屋还没有所有权,但产生诉讼时,人民法院不会确认该合同无效,换言之,甲、乙签订的转让尚未登记到卖方甲名下的房屋的买卖合同是有效的合同，可以用作抵押权登记的主合同。因此，对甲、乙持房屋买卖合同、抵押合同共同向登记机构申请的抵押权登记，登记机构可以办理。

第 80 问　抵押权登记中，基于保理合同建立的债权有哪些

《民法典》第三百八十七条第一款规定，债权人在借贷、买卖等民事活动中，为保障实现其债权，需要担保的，可以依照本法和其他法律的规定设立担保物权。据此可知，一般情形下，当事人依法参与借贷、买卖等民事活动建立的债权，是合法的债权，可以设立抵押权保障其实现。该法第七百六十一条规定，保理合同是应收账款债权人将现有的或者将有的应收账款转让给保理人，保理人提供资金融通、应收账款管理或者催收、应收账款债务人付款担保等服务的合同。据此可知，基于保理合同建立的债权是合法的债权。因此，基于有效的保理合同建立的债权，可以设立抵押权保障其实现。

基于保理合同可以建立哪些债权呢？

《民法典》第七百六十一条规定，保理合同是应收账款债权人将现有的或者将有的应收账款转让给保理人，保理人提供资金融通、应收账款管理或者催收、应收账款债务人付款担保等服务的合同。据此可知，基于保理合同，当事人间可以建立资金融通债权、应收账款管理服务债权、应收账款催收服务债权和应收账款债务人付款担保债权。

1. 资金融通债权

保理人提供资金融通，是指债权人将其享有的应收账款债权转让给保理人，获得转让资金产生的融资行为。保理人提供资金融通分为有追索权的保理资金融通和无追索权的保理资金融通。

（1）有追索权的保理资金融通。

《民法典》第七百六十六条规定，当事人约定有追索权保理的，保理人可以向应收账款债权人主张返还保理融资款本息或者回购应收账款债权，也可以向应收账款债务人主张应收账款债权。保理人向应收账款债务人主张应收账款债权，在扣除保理融资款本息和相关费用后有剩余的，剩余部分应当返还给应收账款债权人。据此可知，有追索权的保理资金融通，当事人基于保理合同建立的债权：一是债权转让人向保理人返还保理融资款本息的债权；二是债权转让人向保理人回购应收账款债权的债权；三是保理人以其名义向债务人主张债权的债权；四是保理人向债权转让人返还部分应收账款的债权。

（2）无追索权的保理资金融通。

《民法典》第七百六十七条规定，当事人约定无追索权保理的，保理人应当向应收账款债务人主张应收账款债权，保理人取得超过保理融资款本息和相关费用的部分，无需向应收账款债权人返还。据此可知，无追索权的保理资金融通，当事人基于保理合同建立保理人以其名义向债务人主张债权的债权。

2. 应收账款的管理服务债权

应收账款的管理，是指保理人根据债权人的要求，定期或者不定期向其提供应收账款的回收情况、逾期账款情况、对账单等各种财务、统计报表，协助其进行应收账款管理。据此可知，当事人基于保理合同建立应收账款的管理服务债权，一般情形下，此债权的体现是债权转让人向保理人支付服务费用。

3. 应收账款的催收服务债权

应收账款的催收，是指保理人根据应收账款的账期，主动或者应债权人要求，采取电话、函件、上门催款直至使用法律手段对债务人进行催收。据此可知，当事人基于保理合同建立应收账款的催收服务债权，一般情形下，此债权的体现也是债权转让人向保理人支付服务费用。

4. 应收账款债务人付款担保债权

应收账款债务人付款担保，是指债权人与保理人签订保理合同后，由保理人为债务人核定信用额度，对债务人无商业纠纷的应收账款，按约定提供付款担保。据此可知，基于保理合同，保理人为担保债务人按时履行应付账款债务，按约定向债权人支付一定数额的担保金，在债务人逾期不履行应付账款债务时，取得对相应债务的追偿权。当事人基于保理合同建立的是保理人对债务人享有的保证债权。

因此，登记机构在办理因保理合同申请的抵押权登记时，应当结合登记申请书和保理合同内容，判定被担保的债权是什么，确定如何办理登记事宜。

第81问 因欠税担保申请的房屋抵押权登记，登记机构可否办理

自不动产统一登记以来，陆续有税务机关与欠税人或享有房屋所有权的第三人，共同向登记机构申请因欠税担保产生的房屋抵押权登记，对此类申请是否登记，怎样登记，笔者对此试作探析。

一、问题的提出：因欠税担保申请的房屋抵押权登记，登记机构可否办理？

按《税收征收管理法》第四十四条第一款规定，欠缴税款的纳税人或者他的法定代表人需要出境的，应当在出境前向税务机关结清应纳税款、滞纳金或者提供担保。按《纳税担保试行办法》第三条和第十五条规定，欠税人或第三人，可以以其所有的房屋设定抵押，担保欠税人所欠税款的缴纳。质言之，以房屋作抵押担保欠税人所欠税款的缴纳具有法律、行政规章上的依据。那么，税务机关可否基于欠税担保取得抵押人的房屋抵押权？

《民法典》第三百八十七条第一款规定，债权人在借贷、买卖等民事活动中，为保障实现其债权，需要担保的，可以依照本法和其他法律的规定设立担保物权。质言之，作为担保物权的抵押权，只能为权利人在民事活动中取得的合法债权的实现作担保。简言之，抵押权担保的是民法之债。

但是，税是指政府为了维持其运转以及为社会提供公共服务，依法对个人、法人强制和无偿征收实物或货币的总称。质言之，政府对纳税人享有无偿征税的权利，纳税人对政府履行纳税的义务，纳税人不履行纳税义务时，政府将强制性地征收。在实际工作中，代表政府征税的是税务机关。据此可知，税务机关和纳税人之间建立的是一种权利和义务关系，其中一方是代表政府的行政主体，另一方是行政相对人，彼此间是管理与服从的关系，即税务机关和纳税人之间建立的是一种不平等的权利和义务关系，有别于民事主体间彼此平等的权利义务关系，故这种不平等的权利义务关系属于行政法调整的行政法律关系，或称公法关系，因这种公法关系产生的权利义务，有学者称之为公法之债[①]。据此可知，欠税系公法之债。

如前所述，抵押权担保的是民法之债，而欠税系公法之债，那么，税务机关与抵押人申请的因欠税抵押产生的房屋抵押权登记，登记机构可否办理？

二、问题的延伸：欠税人或第三人为欠税提供房屋抵押担保是否必要？

按《税收征管法》第四十条规定，对欠税人的财产，税务机关有权扣押、查封，也可以依法拍卖或者变卖，以拍卖或者变卖所得抵缴税款。据此可知，税务机关有权采取扣押、查封等强制保全措施，保障欠税的收缴。也可以依法强制处分欠税人的财产，从欠税人的财产变现款中直接收缴欠税。换言之，税务机关对欠税人的财产可以采取强制保全措施，甚至可以强制处分，那么，还有必要要求欠税人提供房屋等财产为欠税作担保吗？

按《行政强制法》第二十五条规定，查封、扣押的期限不得超过三十日；情况复杂的，经行政机关负责人批准，可以延长，但是延长期限不得超过三十日。据此可知，行政查封的最长时限是60日。税务机关对

[①] [日]美浓部达吉：《公法与私法》，黄冯明译，中国政法大学出版社2003年版，第86~89页。

欠税人财产的查封系行政查封，也应当遵守此规定，即税务机关对欠税人财产的最长查封时限为60日。按《税收征管法》第四十条规定，税务机关可以拍卖或变卖欠税人的财产抵税。然而，实际工作中，很多欠税人因资金流动、生产经营等客观原因，很难在60日内清结欠税，一般情况下，税务机关不只是直接对欠税人交付的用以抵税的财产予以拍卖或变卖，从变现款中收缴并冲抵欠税，而是对根据税务机关核定的欠税额，订立欠税缴纳计划的欠税人予以支持，即欠税人按计划补缴欠税，既可以收回欠税，也有利于欠税人的发展，还有利于培养税源。但为了担保欠税缴纳计划的充分履行，税务机关有必要要求欠税人提供财产作担保，如果提供担保的财产为房屋，则为房屋抵押。

三、问题的解决：为欠税担保申请的房屋抵押权登记，登记机构可以办理。

房屋登记属于行政行为，应当遵循"法无授权不可为"的行政法基本原则。那么，税务机关与抵押人申请因欠税抵押产生的房屋抵押权登记，登记机构可否办理？法律、法规、规章和政策对此没有作明确规定，登记机构似乎不应当办理。但是，以房屋作抵押担保欠税人所欠税款的缴纳具有法律、行政规章上的依据，如果登记机构拘泥于"法无授权不可为"的行政法基本原则而不予登记，不利于国家利益的保护。如果登记机构予以登记，则没有法律上的依据，有滥用行政职权之嫌。怎么办？

《民法典》第十一条规定，其他法律对民事关系有特别规定的，依照其规定。抵押关系属于民事关系，登记机构以此作为登记的法律依据，可否？笔者试对《民法典》第十一条规定作文义解释、合宪性解释和社会学解释，据此探析其是否可以作登记机构办理因欠税担保申请的房屋抵押权登记的依据。

1. 对《民法典》第十一条规定的文义解释

法律解释必先由文义解释入手，且所作解释不能超过可能的文义。

文义解释又称语义解释，指按照法律条文用语之文义及通常使用方式，以此阐释法律之意义内容①。因此，对《民法典》第十一条规定的文义解释：一是凡《民法典》以外的法律对担保另行做了规定的，按该法律的规定执行。《税收征管法》及与之配套的《纳税担保试行办法》规定，欠税人或第三人可以以其所有的房屋设定抵押，担保欠税人所欠税款的缴纳，即《税收征管法》及与之配套的《纳税担保试行办法》关于担保的规定与《民法典》第十一条规定相对应。二是《民法典》之外的《海商法》等法律对抵押关系做了规定，但《海商法》系调整海上运输关系、船舶关系的民事特别法，其中关于抵押的规定仅是关于船舶抵押权的规定，因此，海商法规定的船舶抵押权也是担保民事活动中产生的债权。申言之，依《民法典》第十一条规定，《海商法》等其他法律规定的被担保的债权也是民事活动中产生的债权。而《税收征管法》及与之配套的《纳税担保试行办法》规定的以房屋抵押担保的欠税属于公法之债，与《民法典》第十一条规定不相对应。据此可知，依文义解释对《民法典》第十一条规定作解释，得出了两种不同的结论。文义解释得出复数解释结论时，应继之以其他解释方法②。

2. 对《民法典》第十一条规定的合宪性解释

合宪性解释，指依宪法及阶位较高的法律规范，解释阶位较低的法律规范的一种法律解释方法③。《宪法》第五十六条规定，中华人民共和国公民有依照法律纳税的义务。据此可知，《宪法》"举轻以明重"，作为非社会主义市场经济主要力量的公民尚有纳税义务，作为市场经济主要力量的经营性组织当然更有纳税义务，概言之，纳税是自然人、法人和其他组织的法定义务。申言之，税务机关依法征税是法定的维护国家利益的权利，应当受到法律的保护，基于此法定权利产生的债权虽然属于

---

① 梁慧星：《民法总论》，法律出版社2001年版，第284页。
② 梁慧星：《民法总论》，法律出版社2001年版，第285页。
③ 梁慧星：《民法总论》，法律出版社2001年版，第287页。

公法之债，但也应当受到《民法典》等法律的保护。基于对《民法典》第十一条规定的合宪性解释，《税收征管法》及与之配套的《纳税担保试行办法》关于担保的规定与《民法典》第十一条规定相对应。

3. 对《民法典》第十一条规定的社会学解释

社会学解释，须以文义解释为基础，在文义解释得出复数解释结果的情形，才能进行社会学解释。即预测不同解释结果将产生的社会效果，选择其中产生有利于社会、经济、道德秩序和公序良俗的社会效果的解释结论，摈弃其中将产生不利于社会、经济、道德秩序和公序良俗的解释结论[①]。依《税收征管法》及与之配套的《纳税担保试行办法》规定，欠税人或第三人可以以其所有的房屋设定抵押担保的欠税虽然是公法之债，但此债权属于维持国家机器正常运转的重要物质基础，国家机器的正常运转，有利于建立和维持良好的社会、经济、道德秩序，也有利于维护公序良俗的民法基本原则。因此，《税收征管法》及与之配套的《纳税担保试行办法》关于担保的规定与《民法典》第十一条规定相对应。

因此，《税收征管法》及与之配套的《纳税担保试行办法》关于担保的规定与《民法典》第十一条规定相对应，也可以看作是公法对民法中的担保抵押制度的引进和利用，若如此，税务机关与抵押人申请的房屋抵押权登记，登记机构可以办理。登记机构在办理因欠税产生的房屋抵押权登记时，收取的主债权存在的证明，可以是经税务机关同意的由欠税人制订的欠税缴纳计划，也可以是税务机关核定的有欠税人签名或签章确认的欠税通知单等，其他登记材料的收取与普通抵押权一样。

第82问　购房人用其购买的房屋为该房屋购房款的欠款作抵押担保申请的抵押权登记，登记机构可否办理

甲公司将A房屋以210万元的价格转让给自然人乙，乙在支付了70万元房款的情形下，甲、乙向登记机构申请了转让转移登记，A房屋登

[①] 梁慧星：《民法总论》，法律出版社2001年版，第288页。

第五部分 抵押权登记

记在乙名下后，甲公司与乙签订欠款抵押合同，载明：乙购买甲公司的A房屋，尚欠购房款140万元，为保证甲公司债权实现，乙用登记在其名下的A房屋抵押给甲作为购房款欠款债务履行的担保。现甲、乙持此欠款抵押合同等材料申请抵押权登记。

对甲、乙持此欠款抵押合同等材料申请的抵押权登记，登记机构可否办理？

笔者认为，对甲、乙持此欠款抵押合同等材料申请的抵押权登记，登记机构可以办理。

《民法典》第二百一十六条第一款规定，不动产登记簿是物权归属和内容的根据。该法第三百九十四条规定："为担保债务的履行，债务人或者第三人不转移财产的占有，将该财产抵押给债权人的，债务人不履行到期债务或者发生当事人约定的实现抵押权的情形，债权人有权就该财产优先受偿。前款规定的债务人或者第三人为抵押人，债权人为抵押权人，提供担保的财产为抵押财产。"据此可知，登记簿上记载的不动产物权的权利主体，有权用登记在其名下的不动产为自己债务或他人债务的履行作抵押担保。本问中，A房屋已经登记在乙名下，乙用此房屋作其购房款欠款债务履行的抵押财产，有法律上的依据。

《民法典》第三百八十七条第一款规定，债权人在借贷、买卖等民事活动中，为保障实现其债权，需要担保的，可以依照本法和其他法律的规定设立担保物权。据此可知，一般情形下，民事主体在民事活动中依法建立的债权，只要当事人愿意，都可以设立抵押权保障该债权实现。本问中，乙欠甲的购房款属于甲、乙在民事活动中建立的合法的欠款债权，乙愿意用登记在其名下的A房屋为该欠款债权作抵押担保，符合法律的规定。

结论：本问中，对甲、乙持欠款抵押合同等材料申请的抵押权登记，登记机构可以办理。

第 83 问　同一个债权人可否成为同一房屋的顺位抵押权人

一个酒店用酒店综合楼作抵押向甲银行申请流动资金贷款，办理了一般抵押权登记。之后，该酒店因重新装修再向甲银行贷款，又用酒店综合楼作抵押。现酒店与甲银行持相关材料向登记机构申请顺位抵押权登记。

对酒店与甲银行申请的顺位抵押权登记，登记机构可否办理？

笔者认为，对酒店与甲银行申请的顺位抵押权登记，登记机构应当办理。

《民法典》第三百八十七条第一款规定，债权人在借贷、买卖等民事活动中，为保障实现其债权，需要担保的，可以依照本法和其他法律的规定设立担保物权。据此可知，一般情形下，民事主体在民事活动中因借贷、买卖等原因产生的合法的债权，当事人可以设立担保物权保障其实现。属于担保物权的不动产抵押权，自然应当遵守此规则。本问中，该酒店因重新装修再向甲银行贷款，甲银行据此享有的是合法的且独立于酒店之前产生的流动资金贷款债权的另一笔贷款债权，属于可以单独设立抵押权保障其实现的债权。因此，对酒店与甲银行申请的顺位抵押权登记，登记机构应当办理，即甲银行基于对同一个债务人享有两笔不同的贷款债权，成为为其提供抵押的同一房屋上的顺位抵押权人。

第 84 问　一人有限责任公司的房地产抵押给其法定代表人产生的抵押权登记，登记机构可否办理

自然人甲登记设立了乙公司（一人有限责任公司，自然人独资），甲为该公司的法定代表人。为了乙公司的业务发展，甲与乙公司签订借款抵押合同约定：甲向乙公司提供 100 万元的借款，债务履行期间为 1 年。乙公司将登记在其名下的一处房地产抵押给甲，作为借款债务履行的担保。甲与乙公司的委托人丙（乙公司的员工）持借款抵押合同、不动产权属证书等材料，向不动产登记机构申请抵押权登记。

第五部分 抵押权登记

对甲与乙公司的委托人丙共同申请的抵押权登记，登记机构可否办理？

有观点认为，基于公司法的原理，公司是属于股东的，因此，自然人成立的一人有限责任公司，就是该自然人的。本问中，乙公司是自然人甲成立的一人有限责任公司，甲是公司的法定代表人，甲借钱给乙公司，债权债务混同，债权不成立，抵押权设立没有前提。因此，对甲与乙公司的委托人丙共同申请的抵押权登记，登记机构不能办理。笔者不支持此观点。

《民法典》第二条规定，民法调整平等主体的自然人、法人和非法人组织之间的人身关系和财产关系。《公司法》第三条第一款规定，公司是企业法人，有独立的法人财产，享有法人财产权。公司以其全部财产对公司的债务承担责任。据此可知，民事主体分为自然人、法人和非法人组织，公司法人与作为该公司法定代表人的自然人是两种平等的不同的民事主体，公司法人与作为该公司法定代表人的自然人可以分别依法享有自己的财产权利。本问中，甲把自己的钱借给乙公司，属于两种平等的不同的民事主体间建立的借款债权债务关系，此债权债务关系不导致债权债务混同。

在司法实务中，按《最高人民法院关于审理民间借贷案件适用法律若干问题的规定》（法释〔2015〕18号）第十二条规定，一般情形下，法人或者其他组织在本单位内部通过借款形式向职工筹集资金，用于本单位生产、经营，当事人主张民间借贷合同有效的，人民法院应予支持。据此可知，法人或者其他组织在本单位内部通过借款形式向职工筹集资金的借贷合同的有效性，在诉讼中会得到人民法院的支持。本问中，甲是乙公司的法定代表人，是乙公司当然的员工，甲、乙间建立的借款债权债务产生诉讼时，该债权会被人民法院确认有效，因此，该借款债权可以作为被抵押权保障的债权。

《民法典》第二百一十六条第一款规定，不动产登记簿是物权归属和内容的根据。按《公司法》第三条规定，公司是企业法人，有独立的法人财产，享有法人财产权。据此可知，以公司名义记载在登记簿上的不动产物权的权利主体，就是具有法律意义的不动产物权的权利主体。本问中，虽然甲是乙公司的投资人兼法定代表人，但登记在乙公司名下的房地产不是甲的私人财产，而是乙公司的法人财产，因此，乙公司将登记在其名下的房地产抵押给甲，也不会产生抵押权人与抵押人混同。

结论：本问中，对甲与乙公司的委托人丙申请的抵押权登记，登记机构可以办理。

第 85 问　按份共有人以其份额作抵押申请抵押权登记时，是否应当提交其他共有人同意的证明

甲、乙、丙、丁四人按份共有一处房产，甲、乙二人欲将其所占份额抵押给银行作借款担保，甲、乙与银行共同向登记机构申请抵押权登记。

甲、乙与银行申请抵押权登记时，是否需要提交丙、丁同意抵押的证明？

笔者认为，甲、乙与银行申请抵押权登记时，无须提交丙、丁同意抵押的证明。

《民法典》第二百四十条规定，所有权人对自己的不动产或者动产，依法享有占有、使用、收益和处分的权利。该法第二百九十八条规定，按份共有人对共有的不动产或者动产按照其份额享有所有权。据此可知，按份共有人对其享有的份额可以依自己的意思表示作处分，即按份共有人对其享有的份额享有处分权。按《民法典》第三百九十五条规定，债务人或者第三人有权处分的财产，可以为自己或他人履行债务作抵押。据此可知，按份共有人无须他人同意或许可，完全可以依其意思表示，用其享有处分权的份额为自己或他人履行债务作抵押。在不动产登记实务中，《不动产登记暂行条例实施细则》《不动产登记操作规范（试行）》中，也没有规定按份共有人以其份额作抵押申请抵押权登记时，应当提

交其他共有人同意的证明。

因此，本问中，甲、乙与银行申请抵押权登记时，无须提交丙、丁同意抵押的证明。

第 86 问　行政诉讼中的第三人在诉讼期间申请抵押涉案房地产产生的抵押权登记，登记机构可否办理

甲将其婚前取得的房地产转让给乙，登记机构为甲、乙办理了转让转移登记，转移登记完成后，乙领取了不动产权属证书。甲的妻子丙以登记机构为甲、乙办理的转移登记违法为由，以登记机构为被告向人民法院提起行政诉讼，请求判决撤销登记机构为甲、乙办理的转移登记，但没有申请人民法院查封保全该房屋，乙是诉讼中的第三人。人民法院受理了丙提起的行政诉讼并向登记机构送达了应诉通知书。行政诉讼期间，乙为了获取贷款，将其从甲处受让的房屋抵押给银行，现银行与乙持相关材料向登记机构申请抵押权登记。

对银行与乙申请的抵押权登记，登记机构可否办理？

有观点认为，《行政诉讼法》第五条规定，人民法院审理行政案件，对具体行政行为是否合法进行审查。据此可知，在行政诉讼中，人民法院对行政机关的行政行为的合法性进行审查、裁判，而不对民事权利义务关系作审查、裁判。本问中，甲的妻子丙以登记机构为甲、乙办理的转移登记违法为由，以登记机构为被告向人民法院提起行政诉讼，表明：丙提起的不是以解决房地产权属争执为目的的民事诉讼。丙以登记机构为被告提起的行政诉讼，不是登记机构对银行与乙申请的抵押权登记作不予登记处理的事由。因此，登记机构应当及时为银行与乙办理抵押权登记。笔者不支持此观点。

《民法典》第二百二十条第一款规定，权利人、利害关系人认为不动产登记簿记载的事项错误的，可以申请更正登记。不动产登记簿记载的权利人书面同意更正或者有证据证明登记确有错误的，登记机构应当予以更正。在不动产登记实务中，《不动产登记暂行条例实施细则》第八十一条规定，不动产登记机构发现不动产登记簿记载的事项错误，应当通知当事人在 30 个工作日内办理更正登记。当事人逾期不办理的，不动产登记机构应当在公告 15 个工作日后，依法予以更正；但在错误登记之后已经办理了涉及不动产权利处分的登记、预告登记和查封登记的除外。据此可知，登记簿的记载错误，权利人、利害关系人可以通过申请更正登记的方式予以纠正，登记机构也可以依职权启动更正登记予以纠正。本问中，丙提起的是请求人民法院撤销登记机构为甲、乙办理的转移登记的行政诉讼，但登记机构为甲、乙办理的转移登记一旦被人民法院生效的判决书撤销，则表明该转移登记错误，丙可以向登记机构申请更正登记予以纠正，登记机构也可以依人民法院生效的行政判决书主动启动更正登记予以纠正，将登记在乙名下的房地产权利更正登记回甲的名下，乙则因此失去该房地产权利。笔者据此认为，丙提起的虽然是请求人民法院撤销登记机构为甲、乙办理的转移登记的行政诉讼，但此行政诉讼的目的却是解决房地产权属问题，申言之，丙提起请求人民法院撤销登记机构为甲、乙办理的转移登记的行政诉讼，表明乙用作抵押的房地产存在权属争议且现时尚未解决。按《不动产登记暂行条例》第二十二条第（二）项规定，存在尚未解决的权属争议的不动产登记申请，登记机构应当作不予登记处理。因此，本问中，对银行与乙申请的抵押权登记，登记机构应当受理后作不予登记处理。

第 87 问　预购商品房可否作反担保抵押的标的

甲与房地产开发企业签订商品房预售合同，以按揭方式订购住宅一套。乙融资性担保公司为甲的贷款提供保证担保后，甲、乙签订反担保抵押合同约定：甲预购的商品房抵押给乙融资性担保公司。现甲、乙持保证合同、反担保抵押合同等材料向登记机构申请抵押权登记。

对甲、乙申请的抵押权登记，登记机构可否办理？

笔者认为，对甲、乙申请的抵押权登记，登记机构不能办理。

第五部分 抵押权登记

《民法典》第三百九十五条规定:"债务人或者第三人有权处分的下列财产可以抵押:(一)建筑物和其他土地附着物;(二)建设用地使用权;(三)海域使用权;(四)生产设备、原材料、半成品、产品;(五)正在建造的建筑物、船舶、航空器;(六)交通运输工具;(七)法律、行政法规未禁止抵押的其他财产。抵押人可以将前款所列财产一并抵押。"据此可知,可以作抵押权标的的财产性权利只能是物权。预购商品房是指当事人基于商品房预售合同建立的以取得将来完工的商品房的所有权为目的的债权,此债权目的实现,权利人才取得物权——将来的房屋所有权。因此,预购商品房是预购人基于商品房买卖合同享有的债权,不属于可以抵押的标的,这是法律规定的原则。

但是,《城市房地产抵押管理办法》第三条第四款规定,预购商品房贷款抵押,是指购房人在支付首期规定的房价款后,由贷款银行代其支付其余的购房款,将所购商品房抵押给贷款银行作为偿还贷款履行担保的行为。据此可知,为了获取购房资金,预购商品房可以抵押给银行或银行类金融机构,这是法律规定的原则的例外情形。此情形下,预购商品房只可以抵押给银行或银行类金融机构,但笔者认为,小额贷款公司是经国家相关主管机关核准准予经营贷款业务的企业法人,预购商品房也可以抵押给小额贷款公司。因此,以预购商品房抵押申请的预购商品房抵押预告登记,是指基于预购商品房抵押合同建立的请求权申请的预告登记,旨在保障抵押权人实现合同目的,将来确定地取得该预购商品房的房屋抵押权。其中的抵押权人是指向购房人直接提供贷款的债权人银行、银行类金融机构或小额贷款公司,不是融资性担保机构等不向购房人直接提供贷款的债权人。因此,预购商品房不能作为反担保抵押的标的,对甲、乙持保证合同、反担保抵押合同等材料向登记机构申请的抵押权登记,登记机构不能办理。

第 88 问 营利性机构因抵押教育设施、医疗卫生设施申请的抵押权登记，登记机构可否办理

按原《物权法》第一百八十四条规定，学校、幼儿园、医院等以公益为目的的事业单位、社会团体的教育设施、医疗卫生设施和其他社会公益设施属于禁止抵押的财产。全国人大法工委的《对关于私立学校、幼儿园、医院的教育设施、医疗卫生设施能否抵押的请示的意见》（法工办发〔2009〕231号）规定，私立学校、幼儿园、医院和公办学校、幼儿园、医院，只是投资渠道上不同，其公益属性是一样的。私立学校、幼儿园、医院的教育设施、医疗卫生设施也属于社会公益设施，按照《物权法》第一百八十四条规定，不得抵押。据此可知，在《民法典》实施前，私立学校、幼儿园、医院等营利性机构的教育设施、医疗卫生设施是禁止抵押的。

但是，按现时的《民法典》第三百九十九条规定，学校、幼儿园、医疗机构等为公益目的成立的非营利法人的教育设施、医疗卫生设施和其他公益设施属于不得抵押的财产。按该法第一千二百六十条规定，自2021年1月1日起《担保法》废止。在不动产登记实务中，《自然资源部关于做好不动产抵押权登记工作的通知》（自然资发〔2021〕54号）第一条"依法确定不动产抵押范围"规定，学校、幼儿园、医疗机构、养老机构等为公益目的成立的非营利法人的教育设施、医疗卫生设施、养老设施和其他公益设施，以及法律、行政法规规定不得抵押的其他不动产，不得办理不动产抵押登记。据此可知，《民法典》实施后，营利性机构的教育设施、医疗卫生设施属于可以抵押的财产。

因此，自2021年1月1日《民法典》实施时起，营利性机构因抵押教育设施、医疗卫生设施申请的抵押权登记，登记机构应当办理。但是，营利性机构的判定标准是什么呢？

按《民法典》第七十八条规定，依法设立的营利法人，由登记机关发给营利法人营业执照。因此，笔者认为，登记机构对某组织是否是营利性机构的判定，以其是否持有营业执照为准，持有营业执照的为营利性机构，其因抵押教育设施、医疗卫生设施申请的抵押权登记，登记机构应当办理；否则，不予办理。

第 89 问　登记机构办理抵押权登记时，是否还要审查超值抵押问题

曾经的《担保法》第三十五条规定，抵押人所担保的债权不得超出其抵押物的价值。财产抵押后，该财产的价值大于所担保债权的余额部分，可以再次抵押，但不得超出其余额部分。按《不动产登记暂行条例》第二十二条规定，违反法律、行政法规规定的不动产登记申请，登记机构应当作不予登记处理。据此可知，如果申请人申请抵押权登记时，被担保的债权数额大于抵押物价值的情形下，登记申请违反《担保法》第三十五条规定，对此登记申请，登记机构应当作不予登记处理。

但是，从法理上看，当事人经协商，自愿签订载明超值抵押内容的抵押合同，属于当事人真实的意思表示，且不损害国家利益、社会公共利益和第三人的合法权益，应当得到支持。

按现时的《民法典》第一千二百六十条规定，自 2021 年 1 月 1 日起《担保法》废止。据此可知，自 2021 年 1 月 1 日《民法典》实施时起，抵押人所担保的债权不得超出其抵押物的价值没有法律上的依据，"法无禁止即可为"，即申请人申请抵押权登记时，在被担保的债权数额大于抵押物价值的情形下，登记机构也可以办理抵押权登记。换言之，在抵押权登记中，登记机构不再审查超值抵押问题，不再要求申请人提交抵押物的价值证明材料，也不再注意抵押合同中载明的抵押物价值是否大于被担保的债权数额。

第 90 问　未履行年度报告公示义务的企业申请的抵押权登记，登记机构可否办理

某房地产开发企业为获取贷款将登记在其名下的房地产抵押给银行。现该房地产开发企业与银行持营业执照、抵押合同等材料共同向登记机构申请抵押权登记。登记人员查验房地产开发企业的营业执照时，发现该营业执照的发证日期是 2017 年 5 月 26 日，通过大数据平台查询其年度公示情况，发现该房地产开发企业没有上年度的年度报告公示。

对该房地产开发企业与银行申请的抵押权登记，登记机构可否办理？

笔者认为，对该房地产开发企业与银行申请的抵押权登记，登记机构可以办理。

《企业信息公示暂行条例》第八条第一款规定，企业应当于每年 1 月 1 日至 6 月 30 日，通过企业信用信息公示系统向工商行政管理部门报送上一年度年度报告，并向社会公示。按该暂行条例第十七条规定，企业未按照本条例规定的期限公示年度报告或者未按照工商行政管理部门责令的期限公示有关企业信息的，由县级以上工商行政管理部门列入经营异常名录，通过企业信用信息公示系统向社会公示，提醒其履行公示义务；情节严重的，由有关主管部门依照有关法律、行政法规规定给予行政处罚；造成他人损失的，依法承担赔偿责任；构成犯罪的，依法追究刑事责任。被列入经营异常名录的企业依照本条例规定履行公示义务的，由县级以上工商行政管理部门移出经营异常名录；满 3 年未依照本条例规定履行公示义务的，由国务院工商行政管理部门或者省、自治区、直辖市人民政府工商行政管理部门列入严重违法企业名单，并通过企业信用信息公示系统向社会公示。被列入严重违法企业名单的企业的法定代表人、负责人，3 年内不得担任其他企业的法定代表人、负责人。据此可知，企业在未履行年度报告公示义务的情形下，将承担履行公示义务、行政处罚等行政法上的责任，构成犯罪的，承担刑事责任，但企业未履行年度报告公示义务并不导致该企业的营业执照被吊销，也不导致该企业被注销。换言之，持有营业执照的企业就是合法存在的企业，可以开展生产经营活动，实施民事法律行为。本问中，房地产开发企业为获取贷款将登记在其名下的房地产抵押给银行的法律行为有效，其与银行据此申请的抵押权登记，登记机构可以办理。

第五部分 抵押权登记

第91问 当事人因债务人变动申请的抵押权变更登记，登记机构可否办理

甲用房屋向银行作借款抵押担保，办理抵押权登记后，甲将房屋转让给乙，乙同意承继甲在银行的借款债务，银行也同意乙承继甲在本行的借款债务。甲、乙签订房屋转让合同，甲、乙和银行三方签订了抵押权变更协议。遂后，甲、乙和银行持相关材料向登记机构合并申请房屋转移登记和抵押权变更登记。登记人员受理后认为，办理房屋转让转移登记可以，但办理抵押权变更登记不可以。

乙因承继甲在银行的借款债务申请的抵押权变更登记，登记机构可否办理？

有观点认为，购房人乙承诺承继原债务人的还款义务并与抵押权人签订抵押权变更协议，表明抵押权人同意抵押人转让房屋并与购房人签订了新的抵押权合同，但原债务人的借款债权依然存在，并未消灭，抵押权人也不可能申请抵押权注销登记。如果注销了甲的房屋上的抵押权，再重新在乙的房屋上设定抵押权，银行对甲享有的借款债权的实现，就失去了保障。如果办理转移登记后，再办理抵押权变更登记，则银行原来对甲享有的借款债权由乙承继后，其实现就有了保障。总之，乙因承继甲在银行的借款债务，应当申请抵押权变更登记。笔者不支持此观点。

一、抵押权变更登记的对象只能是本抵押权的内容、客体或其他事项

《不动产登记暂行条例实施细则》第六十八条第一款规定："有下列情形之一的，当事人应当持不动产权属证书、不动产登记证明、抵押权变更等必要材料，申请抵押权变更登记：（一）抵押人、抵押权人的姓名或者名称变更的；（二）被担保的主债权数额变更的；（三）债务履行期限变更的；（四）抵押权顺位变更的；（五）法律、行政法规规定的其他

情形。"据此可知，抵押权变更登记，是指登记簿上记载的抵押权权利主体不变，权利内容、权利客体变更产生的不动产登记，即抵押权变更登记的对象只能是登记簿上记载的本抵押权的权利内容、权利客体或其他事项。

二、债务人、抵押人变动应当申请抵押权首次登记

《民法典》第五百五十一条第一款规定，债务人将债务的全部或者部分转移给第三人的，应当经债权人同意。据此可知，在债权人同意的前提下，债务人可以将自己的债务转让给他人，但债务转让后，原债务人脱离原债权债务法律关系而使该法律关系终止，债务受让人则因受让原债务人的债务而与债权人建立新的债权债务法律关系，即债务受让人与债权人建立的债权债务法律关系，与原债务人与债权人建立的债权债务法律关系有因果联系但又是两种不同的法律关系。本问中，乙基于甲、乙和银行三方签订的抵押权变更协议承继甲在银行的借款债务，实质上是乙受让甲的债务而与银行建立新的借款债权债务关系，新产生的是银行对乙享有的借款债权。如果房屋转移登记完成后，乙用此房屋为该债权债务关系作抵押担保，也是与银行建立新的抵押法律关系，产生的是银行对乙的房屋享有的抵押权，该房屋抵押权保障银行对乙享有的借款债权实现，当事人据此申请的登记不是登记簿上记载的银行对甲的房屋享有的抵押权的权利内容、权利客体或其他事项变更，即不满足申请抵押权变更登记的条件，但满足申请抵押权首次登记的条件，故乙和银行应当申请抵押权首次登记，以设立新的抵押权，不应当申请抵押权变更登记。因此，乙因承继甲在银行的借款债务申请的抵押权变更登记，登记机构不能办理。

三、本问的实务处理

《民法典》第四百零六条第一款规定，抵押期间，抵押人可以转让抵

押财产。当事人另有约定的，按照其约定。抵押财产转让的，抵押权不受影响。据此可知，一般情形下，抵押人可以转让抵押财产，但该抵押财产上既有的抵押权负担由受让人承接。本问中，登记机构可以按正常程序为甲、乙办理转让房屋产生的转移登记，房屋转移登记到乙名下后，该房屋上既有的抵押权负担由乙承接。登记机构可以告知当事人，无须另行申请抵押权变更登记或抵押权首次登记。乙依约向银行履行还款付息义务后，被抵押权担保的债权消灭，抵押权人银行可据此单方申请抵押权注销登记，使乙享有的房屋所有权恢复到圆满状态。

第92问　其他共同抵押人不配合的情形下，登记机构可否为当事人办理因抵押物减少产生的抵押权变更登记

甲、乙共同作为抵押方与银行签订抵押合同，分别用自己的房屋共同为丁担保200万元的贷款债权，在登记机构办理了一般抵押权登记。现甲要求注销其房屋上的抵押权登记，银行也同意，但乙不配合。甲和银行持不动产登记证明、甲与银行签订的以抵押物减少为主要内容的抵押权变更协议等材料申请抵押权变更登记。

对甲和银行申请的抵押权变更登记，登记机构可否办理？

笔者认为，对甲和银行申请的抵押权变更登记，登记机构不能办理。

从实体上看，《城市房地产抵押管理办法》第十条规定，以两宗以上房地产设定同一抵押权的，视为同一抵押房地产。但抵押当事人另有约定的除外。据此可知，一般情形下，两处以上的房地产共同作为抵押物设定一个抵押权担保一个债权时，该两处以上的房地产视为同一抵押房地产。申言之，该两处以上的房地产的权利人视为一个抵押人。本问中，甲、乙共同作为抵押方与银行签订抵押合同，分别用自己的房屋共同为丁担保200万元的贷款债权，在登记机构办理了一般抵押权登记，表明甲、乙是抵押关系中的共同抵押人，即甲、乙被视为抵押关系中的一个抵押人。《民法典》第五百四十三条规定，当事人协商一致，可以变更合同。据此可知，本问中，作为抵押权原因证明材料的抵押合同是甲、乙共同作为抵押人与银行签订的，要变更据此抵押合同设定的抵押权，亦须被视为一个抵押人的甲、乙共同与银行协商一致后签订用作抵押权变更登记原因证明的以抵押物减少为主要内容的抵押权变更协议，而不应当由甲单独与银行签订。申言之，被视为一个抵押人的甲、乙与银行协商一致后签订的以抵押物减少为主要内容的抵押权变更协议，登记机构才可以用作办理抵押权变更登记的证据材料。从程序上看，在不动产登记实务中，《不动产登记操作规范（试行）》14.2.2条规定，申请抵押权变更登记，应当由抵押人和抵押权人共同申请。因抵押人或抵押权人姓名、名称发生变化的，可由发生变化的当事人单方申请；不动产坐落、名称发生变化的，可由抵押人单方申请。据此可知，一般情形下，抵押权变更登记，由抵押人与抵押权人共同申请。本问中，甲和银行申请的抵押权变更登记，是基于以抵押物减少为主要内容的抵押权变更协议产生的，属于一般情形下的抵押权变更登记，应当由抵押关系中的共同抵押人甲、乙与抵押权人银行共同申请，但抵押人中的乙不配合，故甲和银行申请的抵押权变更登记不符合《不动产登记操作规范（试行）》14.2.2条规定。因此，对甲和银行申请的抵押权变更登记，登记机构不能办理。

第93问　因债权发生期间变更产生的抵押权变更登记，登记机构可否办理

A年9月1日，甲与乙银行签订借款合同约定：借款2000万元，乙银行自A年9月1日—B年9月1日间向甲发放贷款。同日，甲、乙签订抵押合同约定：甲以登记在其名下的房屋作为借款抵押担保。甲、乙办理了一般抵押权登记。B年8月31日，甲、乙持抵押权变更协议等材料申请抵押权变更登记，将"乙银行自A年9月1日—B年9月1日间向甲发放贷款"变更为"乙银行自B年9月1日—C年9月1日间向甲发放贷款"，即变更债权的发生时间。

第五部分 抵押权登记

对甲、乙申请的抵押权变更登记，登记机构可否办理？

笔者认为，对甲、乙申请的抵押权变更登记，登记机构不能办理。

在不动产登记实务中，按《不动产登记暂行条例实施细则》第二十六条和第六十八条规定，申请人申请一般抵押权变更登记的情形主要有：① 抵押权人、抵押人的姓名或名称变更；② 抵押权人、抵押人的身份证明类型或身份证明号码变更；③ 主债权数额变更；④ 债务履行期限变更；⑤ 抵押权顺位变更；⑥ 担保范围变更等。笔者据此认为，抵押权变更登记，是指记载在登记簿上的不动产抵押权，抵押权主体不变，抵押权内容、抵押权客体和其他登记簿上记载的事项发生变更产生的登记。按《国土资源部关于启用不动产登记簿证样式（试行）的通知》（国土资发〔2015〕25号）附《不动产登记簿样式及使用填写说明》规定，债务履行期间是登记簿上应当记载的抵押权的内容，但债权发生时间不是登记簿上应当记载的抵押权的内容。据此可知，借款债权发生期间，即借款债权实际发生的期间，是指债权人向债务人履行发放借款义务的期间。借款债务履行期间，是指债务人向债权人了结借款债务的期间。概言之，债权发生期间与债务履行期间属于两种不同的法律上的时间。因此，本问中，对甲、乙申请的因债权发生时间变更产生的抵押权变更登记，登记机构应当不予办理。

笔者认为，甲、乙约定将"乙银行自A年9月1日—B年9月1日间向甲发放贷款"变更为"乙银行自B年9月1日—C年9月1日间向甲发放贷款"，表明被抵押权担保的债权终止，新的债权产生，新的债权如果要设立房屋抵押权担保，须重新签订抵押合同，若如此，甲、乙应当申请原一般抵押权注销登记后，再申请抵押权首次登记。当然，一般抵押权注销登记与抵押权首次登记，登记机构可以合并受理。

第94问 一个抵押权分割为若干个抵押权产生的抵押权变更登记，登记机构可否办理

张三用登记在其名下的5处房屋向银行作抵押，获取贷款1000万元,办理了一个一般抵押权登记,领取了一本不动产登记证明。尔后,张三和银行签订抵押权变更协议约定:5处房屋分别担保1000万元债权中的一定份额。现张三、银行持抵押权变更协议、不动产登记证明等材料向登记机构申请抵押权变更登记,欲将登记簿上记载的一个抵押权变更为5个抵押权,领取5本不动产登记证明。

对张三和银行申请的抵押权变更登记,登记机构可否办理?

笔者认为,对张三和银行申请的抵押权变更登记,登记机构可以办理。

从法理上看,担保物权具有不可分性,担保物权的不可分性有两层含义:一是担保物的各个部分均对整个债权有担保责任;二是债权是否被分割或部分履行,均不对担保物权的存在产生影响。据此可知,若干担保物共同担保一个债权的情形下,每个担保物均对该债权有担保责任,担保物不因其被拆分而免责。被担保的一个债权被分割为若干个债权后,各个债权均受原担保物权的担保。简言之,共同担保债权的若干担保物可以拆分,被担保物权担保的债权也可以分割。

从法律规范上看,《民法典》第三百九十五条规定:"债务人或者第三人有权处分的下列财产可以抵押:(一)建筑物和其他土地附着物;(二)建设用地使用权;(三)海域使用权;(四)生产设备、原材料、半成品、产品;(五)正在建造的建筑物、船舶、航空器;(六)交通运输工具;(七)法律、行政法规未禁止抵押的其他财产。抵押人可以将前款所列财产一并抵押。"在司法实务中,《民法典担保制度司法解释》第三十八条第二款规定,担保财产被分割或者部分转让,担保物权人主张就分割或者转让后的担保财产行使担保物权的,人民法院应予支持,但是法律或者司法解释另有规定的除外。据此可知,一个债权可以由一个抵押物担保,也可以由若干个抵押物共同担保。申言之,若干个抵押物共同担保一个债权后,也可以拆分为各个抵押物分别担保该债权,各个抵押物更可以担保从该债权中分割出来的一定份额。

本问中，张三和银行签订抵押权变更协议约定：5 处房屋分别担保 1000 万元债权中的一定份额。表明：被 5 处房屋共同担保的 1000 万元的主债权，同时发生抵押房屋的拆分和主债权的分割，此情形下，各处房屋分别担保 1000 万元债权中的一定份额，张三和银行的约定有法理和法律上的依据，据此申请的抵押权变更登记，登记机构应当办理。

第 95 问　查封期间，登记机构可否办理因主债权数额减少产生的抵押权变更登记

某年 2 月 10 日，甲用一处不动产向乙银行抵押获取贷款 2500 万元，债务履行期限 1 年。第二年 1 月，该不动产被人民法院查封，查封期限 3 年。第二年的 2 月 9 日，甲、乙共同向登记机构申请抵押权变更登记，欲将贷款金额由 2500 万元变更为 1500 万元，债务履行期间延长至第二年 5 月 9 日。

对甲、乙共同向登记机构申请的抵押权变更登记，登记机构可否办理？

笔者认为，对甲、乙共同向登记机构申请的将贷款金额由 2500 万元变更为 1500 万元产生的抵押权变更登记，登记机构可以办理，但申请将债务履行期间延长至第二年 5 月 9 日产生的抵押权变更登记，登记机构不能办理。

《最高人民法院关于人民法院执行工作若干问题的规定（试行）》（法释〔1998〕15 号）第四十条规定，人民法院对被执行人所有的其他人享有抵押权、质押权或留置权的财产，可以采取查封、扣押措施。财产拍卖、变卖后所得价款，应当在抵押权人、质押权人或留置权人优先受偿后，其余额部分用于清偿申请执行人的债权。《最高人民法院、国土资源部、建设部关于依法规范人民法院执行和国土资源房地产管理部门协助执行若干问题的通知》（法发〔2004〕5 号）第二十二条规定，国土资源、房地产管理部门对被人民法院依法查封、预查封的土地使用权、房屋，在查封、预查封期间不得办理抵押、转让等权属变更、转移登记手续。质言之，被查封房屋上既有的抵押权优先于申请查封的当事人受偿，查封限制处分被查封房屋产生的转移登记和抵押权首次登记的办理。本问中，甲、乙不是向登记机构申请因抵押被查封房屋产生的抵押权首次登记，而是申请的因将贷款金额由2500万元变更为1500万元产生的抵押权变更登记，且将被担保债权数额由2500万元变更为1500万元，减轻了被查封房屋承担的抵押负担，更有利于查封目的的实现。

《民法典》第三百八十九条规定："担保物权的担保范围包括主债权及其利息、违约金、损害赔偿金、保管担保财产和实现担保物权的费用。当事人另有约定的，按照其约定。"《贷款通则》第十四条第二款规定："贷款的展期期限加上原期限达到新的利率期限档次时，从展期之日起，贷款利息按新的期限档次利率计收。"据此可知，一般情形下，贷款债权产生的利息，属于抵押权担保的范围。债务履行期间延长（展期）要产生新的利息，该新产生的利息也属于既有的抵押权担保的范围。换言之，债务履行期间延长（展期）要产生新的利息，会加重既有的抵押物的负担，不利于查封目的的实现，故由此产生的抵押权变更登记，登记机构不得办理。因此，本问中，甲、乙共同向登记机构申请抵押权变更登记，欲将债务履行期间延长至第二年5月9日，因延长期间新增加的利息会加重被查封房屋的负担，故对甲、乙据此申请的抵押权变更登记，登记机构不得办理。

第96问　当事人在房屋被征收后拆除前申请的抵押权变更登记，登记机构可否办理

A1年1月30日，张三用其在国有土地上自建的房屋向银行作抵押获取贷款，债务履行期限1年，办理了一般抵押权登记。同年12月，县人民政府发布征收公告：张三房屋属于被征收对象。A2年1月29日，

第五部分 抵押权登记

张三和银行持县政府的拆迁指挥部同意办理抵押权变更登记的函、抵押权变更协议、不动产登记证明等材料，向登记机构申请因债务履行期限延长产生的抵押权变更登记。

对张三和银行申请的因债务履行期限延长产生的抵押权变更登记，登记机构可否办理？

笔者认为，对张三和银行申请的因债务履行期限延长产生的抵押权变更登记，登记机构不能办理。

《国有土地上房屋征收与补偿条例》第十三条第一款规定，市、县级人民政府作出房屋征收决定后应当及时公告。公告应当载明征收补偿方案和行政复议、行政诉讼权利等事项。据此可知，市、县人民政府对国有土地上房屋作出征收决定后再发布征收公告。换言之，征收公告发布时，征收决定已经生效。《民法典》第二百二十九条规定，因人民法院、仲裁机构的法律文书或者人民政府的征收决定等，导致物权设立、变更、转让或者消灭的，自法律文书或者征收决定等生效时发生效力。据此可知，自人民政府的征收决定生效时起，国有土地使用权及其上房屋所有权消灭，在该国有土地使用权及其上房屋所有权上设立的抵押权亦随之消灭。因此，本问中，县人民政府发布征收公告，表明征收张三房屋的征收决定已经生效，张三的房屋所有权及其上设立的一般抵押权已经消灭。另外，虽然县人民政府的拆迁指挥部为张三出具了同意办理抵押权变更登记的函，但该拆迁指挥部属于县人民政府设立的拆迁办事机构，无权变更作为征收机关的县人民政府作出的征收决定，换言之，县人民政府的拆迁指挥部为张三出具的同意办理抵押权变更登记的函，不具有法律上的效力。概言之，对张三申请的因债务履行期限延长产生的抵押权变更登记，登记机构不能办理。当然，如果县人民政府作出撤销对张三房屋的征收决定，表明对张三房屋的征收行为自始不存在，张三的房屋所有权及其上设立的一般抵押权仍然合法有效，登记机构可以凭县人民政府的撤销征收决定书、抵押权变更协议、不动产登记证明等材料，为张三和银行办理抵押权变更登记。

第 97 问 当事人在抵押房屋被查封后申请的因抵押担保方式变更产生的抵押权变更登记，登记机构可否办理

有人用 1000 套房屋以共同担保方式抵押担保 10 个亿的贷款债权，办理了一般抵押权登记。后来，其中的 100 套房屋被人民法院查封，登记机构办理了查封登记。现在，抵押当事人申请将共同担保变更为各套房屋按份分别担保，即被查封的 100 套房屋担保一定的债权份额，未被查封的 900 套房屋担保一定的债权份额。

当事人在抵押房屋被查封的情形下申请的因抵押担保方式变更产生的抵押权变更登记，登记机构可否办理？

有观点认为，《最高人民法院、国土资源部、建设部关于依法规范人民法院执行和国土资源房地产管理部门协助执行若干问题的通知》（法发〔2004〕5 号）第二十二条第一款规定，国土资源、房地产管理部门对被人民法院依法查封、预查封的土地使用权、房屋，在查封、预查封期间不得办理抵押、转让等权属变更、转移登记手续。据此可知，被查封的房屋，不得办理权属变更登记。因此，在抵押房屋被查封的情形下，不得办理抵押权变更登记，故当事人在抵押房屋被查封的情形下申请的因抵押担保方式变更产生的抵押权变更登记，登记机构不得办理。笔者不支持此观点。

《最高人民法院、国土资源部、建设部关于依法规范人民法院执行和国土资源房地产管理部门协助执行若干问题的通知》（法发〔2004〕5 号）第二十二条第一款规定，国土资源、房地产管理部门对被人民法院依法查封、预查封的土地使用权、房屋，在查封、预查封期间不得办理抵押、转让等权属变更、转移登记手续。笔者认为，被人民法院依法查封的土地使用权、房屋，在查封期间不得办理抵押、转让等权属变更、

第五部分　抵押权登记

转移登记手续。即土地使用权、房屋，在查封、预查封期间，登记机构不得为当事人办理转让或抵押土地使用权、房屋所有权产生的抵押权登记、转移登记，不得为当事人办理放弃土地使用权、房屋所有权产生的注销登记，不得为当事人办理加重土地使用权、房屋所有权负担产生的登记（如：增加债权数额产生的抵押权变更登记），不得为当事人办理贬损土地使用权、房屋所有权价值产生的登记（如：因房屋被部分拆除产生的变更登记）等。本问中，当事人是在抵押房屋被查封的情形下，申请的因债权的共同担保变更为按份分别担保产生的抵押权变更登记，即将1000套房屋共同抵押担保10个亿的贷款债权，变更为被人民法院查封的100套房屋担保10个亿的债权的一定份额、未被查封的900套房屋担保该债权的一定份额。笔者认为，将10个亿的债权额度均摊到1000套房屋的每平方米建筑面积上，如果被人民法院查封的100套房屋担保的债权份额等于或小于按其建筑面积应当分摊担保的债权份额的，则不加重该100套房屋的负担，在该100套房屋被人民法院查封的情形下，当事人据此申请的因抵押担保方式变更产生的抵押权变更登记，登记机构应当办理；否则，不应当办理。

第98问　随债权转让而转让的抵押权是否必须申请抵押权转移登记

曾经的《合同法》第八十一条规定，债权人转让权利的，受让人取得与债权有关的从权利，但该从权利专属于债权人自身的除外。现时的《民法典》第五百四十七条规定，债权人转让债权的，受让人取得与债权有关的从权利，但是该从权利专属于债权人自身的除外。受让人取得从权利不因该从权利未办理转移登记手续或者未转移占有而受到影响。据此可知，按《民法典》的规定，自债权转让之时起，债权受让人无须登记，即依法、即时享有保障该债权实现的不动产抵押权。那么，债权受让人取得的不动产抵押权是否必须申请抵押权转移登记呢？

基于不动产登记的连续登记原则，债权受让人取得抵押权后，须先行将抵押权登记在其名下后，才可以再申请该抵押权的变更登记、转移登记、注销登记等后续登记。因此，债权受让人取得的抵押权应当申请转移登记。那么，受让债权取得的抵押权该怎样申请转移登记呢？

由于债权转让是基于转让人与受让人的合意产生的民事法律行为，据此产生的抵押权转移登记由债权转让人与受让人共同持登记申请书、身份证明、债权转让合同、转让人名下的不动产登记证明等材料申请，转移登记中，除变更抵押权主体外，其他内容不产生变更，抵押权的顺位也不产生变更。

第 99 问 登记机构可否凭载明房地产上的抵押权消灭的协助执行通知书办理抵押权注销登记

第一顺位的抵押权人通过人民法院拍卖抵押人张三的房地产实现抵押权，房地产被拍卖后，人民法院向登记机构送达执行裁定书和协助执行通知书，其中协助执行通知书载明：（1）将张三名下的房地产过户登记给买受人李四；（2）该房地产上全部的担保物权、抵押权消灭。

登记机构可否凭此协助执行通知书办理第二顺位的抵押权注销登记？

笔者认为，登记机构不可以凭此协助执行通知书办理第二顺位的抵押权注销登记。

按《民事诉讼法》第一百一十四条第（二）项、第（三）项规定，有关单位接到人民法院协助执行通知书后，拒不协助查询、扣押、冻结、划拨、变价财产的和有关单位接到人民法院协助执行通知书后，拒不协助扣留被执行人的收入、办理有关财产权证照转移手续、转交有关票证、证照或者其他财产的，属于不履行协助调查或执行义务的行为。据此可知，协助执行通知书，是指实施执行措施的人民法院制作的，通知有关单位或者个人协助执行发生法律效力的法律文书确定的内容的一种法律文书。本问中，人民法院向登记机构送达的协助执行通知书载明被执行

第五部分 抵押权登记

过户登记的房地产上的全部担保物权、抵押权消灭，是指人民法院剥夺该房地产上的抵押权的效力，不是要求登记机构办理该房地产上的全部抵押权注销登记。

《最高人民法院关于审理房屋登记案件若干问题的规定》（法释〔2010〕15号）第二条第一款规定，房屋登记机构根据人民法院、仲裁委员会的法律文书或者有权机关的协助执行通知书以及人民政府的征收决定办理的房屋登记行为，公民、法人或者其他组织不服提起行政诉讼的，人民法院不予受理，但公民、法人或者其他组织认为登记与有关文书内容不一致的除外。据此可知，登记机构按人民法院送达的协助执行通知书办理的相关登记，因与该协助执行通知书的内容不一致而被他人起诉的，人民法院应当立案，审理后可能作出对登记机构不利的判决。本问中，如前所述，人民法院向登记机构送达的协助执行通知书载明被执行过户登记的房地产上的全部担保物权、抵押权消灭，是指人民法院剥夺该房地产上的抵押权的效力，不是要求登记机构办理该房地产上的全部抵押权注销登记，登记机构若凭此协助执行通知书办理第二顺位的抵押权注销登记，则与该协助执行通知书的内容不一致。因此，登记机构不可以凭此协助执行通知书办理第二顺位的抵押权注销登记，维持其既有的登记状态。但登记机构可以在不办理第二顺位的抵押权注销登记的情形下，按协助执行通知书要求将该房地产转移登记给李四。

第100问　一个主债权可否同时被一个最高额抵押权和一个一般抵押权担保

有一个流动资金借款合同，同时对应两个抵押合同，一个是最高额抵押合同，另一个是一般抵押合同。

当事人基于同一个债权同时向登记机构申请的一个最高额抵押权登记和一个一般抵押权登记，登记机构可否办理？

笔者认为，当事人基于同一个债权同时向登记机构申请的一个最高额抵押权登记和一个一般抵押权登记，登记机构不能办理。

《民法典》第四百二十条规定，为担保债务的履行，债务人或者第三人对一定期间内将要连续发生的债权提供担保财产的，债务人不履行到期债务或者发生当事人约定的实现抵押权的情形，抵押权人有权在最高债权额限度内就该担保财产优先受偿。最高额抵押权设立前已经存在的债权，经当事人同意，可以转入最高额抵押担保的债权范围。据此可知，一般情形下，最高额抵押权既可以只为将来发生的债权作担保，也可以同时为已经存在的债权和将来发生的债权作担保，即最高额抵押权担保的债权是不确定的，且不以被其担保的债权存在为前提。

《民法典》第三百九十四条规定，为担保债务的履行，债务人或者第三人不转移财产的占有，将该财产抵押给债权人的，债务人不履行到期债务或者发生当事人约定的实现抵押权的情形，债权人有权就该财产优先受偿。前款规定的债务人或者第三人为抵押人，债权人为抵押权人，提供担保的财产为抵押财产。其中，债权人享有的优先受偿权即为抵押权。据此可知，一般情形下，一般抵押权只为某一明确、具体的债权作担保，即债权是一般抵押权设立的前提。

本问中，作为主合同的流动资金借款合同，如果是一定期间内且在最高债权限额内连续发生借款债权的合同，则登记机构应当为当事人办理一个最高额抵押权登记；如果是建立某一笔明确、具体借款债权的合同，则登记机构应当为当事人办理一个一般抵押权登记。笔者认为，一个流动资金借款合同不能既是一定期间内且在最高债权限额内连续发生借款债权的合同，又是只建立某一笔明确、具体借款债权的合同，因此，当事人基于同一个债权同时向登记机构申请的一个最高额抵押权登记和一个一般抵押权登记，登记机构不能办理。

第 101 问 最高额抵押权登记之后，登记机构可否再为当事人办理顺位抵押权登记

最高额抵押权登记之后，登记机构可否再为当事人办理顺位抵押权登记？

笔者认为，最高额抵押权登记之后，登记机构可以再为当事人办理顺位抵押权登记。

一、最高额抵押权之后也可以为当事人办理顺位抵押权登记

按《民法典》第四百零九条、第四百二十四条规定，抵押权人可以放弃抵押权或者抵押权的顺位。抵押权人与抵押人可以协议变更抵押权顺位以及被担保的债权数额等内容。据此可知，一个物上有抵押权存在的情形下，还可以在该抵押权之后设立抵押权，换言之，一个抵押物上可以设立两个以上的抵押权。在不动产登记实务中，《不动产登记暂行条例实施细则》第六十六条第一款规定，自然人、法人或者其他组织为保障其债权的实现，依法以不动产设定抵押的，可以由当事人持不动产权属证书、抵押合同与主债权合同等必要材料，共同申请办理抵押登记。据此可知，一处不动产抵押担保一个债权后，还可以为其他的债权的实现作抵押担保，且当事人可以凭相关材料向登记机构申请抵押权首次登记。最高额抵押权属于不动产抵押权，也适用此规则，即最高额抵押权之后也可以办理顺位抵押权登记。当然，后顺位的抵押权可以是一般抵押权，也可以是最高额抵押权。

二、申请人申请顺位抵押权登记时，无须取得前顺位的抵押权人的同意

按《民法典》第四百一十四条第（一）项规定，同一财产向两个以上债权人抵押的，如果抵押权已登记的，拍卖、变卖抵押财产所得的价款依照登记的先后顺序清偿。据此可知，当一处不动产上有两个以上的抵押权存在时，抵押权的顺位在受偿顺序上具有重要意义，为此，抵押权的顺位成为抵押权人关注的重点，也是登记机构办理顺位抵押权登记

时应当注意的要点。顺位，是指在一个标的物上设定两个以上的不动产物权，依其纳入不动产登记簿的时间先后享有顺位。顺位依登记时间确定[1]。质言之，一般情形下，不动产物权以登记簿上记载的首次登记的先后顺序决定顺位，记载在前的顺位优先。换言之，不动产物权的顺位，以首次登记时记载在登记簿上的登记时间为准，登记时间在前的，顺位优先。不动产最高额抵押权属于不动产物权，自然应当遵守此规则。据此可知，实现抵押权时，前顺位的抵押权基于其在先的顺序而优于后顺位的抵押权受偿，即后顺位抵押权登记对前顺位的抵押权无任何损害，故申请人申请顺位抵押权登记时，无须取得前顺位的抵押权人的同意。

第 102 问　当事人在登记簿上记载的债权确定期间届满后申请因债权确定期间变更产生的最高额抵押权变更登记，登记机构可否办理

A1 年 3 月 5 日，甲、乙共同申请最高额抵押权登记，登记簿上记载的债权确定期间为 A1 年 3 月 5 日—A6 年 3 月 5 日。A6 年 4 月 16 日，甲、乙约定变更债权确定期间为 A1 年 3 月 24 日—A11 年 3 月 24 日，并向登记机构申请最高额抵押权变更登记。

对甲、乙申请的欲变更债权确定期间为 A1 年 3 月 24 日—A11 年 3 月 24 日产生的最高额抵押权变更登记，登记机构可否办理？

笔者认为，对甲、乙申请的欲变更债权确定期间为 A1 年 3 月 24 日—A11 年 3 月 24 日产生的最高额抵押权变更登记，登记机构不能办理。

按《民法典》第四百二十二条规定，最高额抵押担保的债权确定前，抵押权人与抵押人可以通过协议变更债权确定的期间、债权范围以及最高债权额。按该法第四百二十三条第（一）项规定，约定的债权确定期间届满的，抵押权人的债权确定。据此可知，债权确定期间届满，最高额抵押担保的债权确定，抵押权人与抵押人不可以再通过协议变更债权确定的期间。在不动产登记实务中，《不动产登记暂行条例实施细则》第

---

[1] 梁慧星：《中国民法典草案建议稿附理由：物权编》，法律出版社 2004 年版，第 34 页。

七十三条规定，当发生导致最高额抵押权担保的债权被确定的事由，从而使最高额抵押权转变为一般抵押权时，当事人应当持不动产登记证明、最高额抵押权担保的债权已确定的材料等必要材料，申请办理确定最高额抵押权的登记。据此可知，导致最高额抵押权担保的债权确定的事由产生时，当事人应当向登记机构申请最高额抵押权确定登记。本问中，登记簿上记载的债权确定期间为 A1 年 3 月 5 日—A6 年 3 月 5 日。A6 年 4 月 16 日，甲、乙约定变更债权确定期间为 A1 年 3 月 24 日—A11 年 3 月 24 日，并向登记机构申请最高额抵押权变更登记，表明：甲、乙约定变更债权确定期间的时间是记载在登记簿上的债权确定期间届满后。因此，甲、乙不能约定变更债权确定期间，对甲、乙申请因变更债权确定期间产生的最高额抵押权变更登记，登记机构不能办理。此情形下，甲、乙应当向登记机构申请因债权确定期间届满产生的最高额抵押权确定登记。

第 103 问 当事人在抵押不动产被查封后申请的最高额抵押权变更登记，登记机构可否办理

当事人在抵押不动产被查封后申请的最高额抵押权变更登记，登记机构可否办理？

笔者认为，登记机构应当查明当事人是否知晓抵押不动产被查封的事实后再决定处理方式。

按原《物权法》第二百零六条规定，抵押财产被查封、扣押的，债权人的债权确定。据此可知，自抵押不动产被查封时起，债权人的债权确定。因此，在抵押不动产被查封的情形下，当事人申请最高额抵押权变更登记时，登记机构受理后，基于登记簿上记载的抵押不动产上的查封登记，在作不予登记处理时，告知当事人该抵押不动产上有查封登记的事实，引导当事人申请最高额抵押权确定登记。

按现时的《民法典》第四百二十三条第（四）项规定，抵押权人知道或者应当知道抵押财产被查封、扣押的，债权人的债权确定。据此可知，抵押权人在知道或者应当知道抵押不动产被查封的情形下，债权人

的债权才确定。因此，当事人申请最高额抵押权变更登记时，登记机构受理后，不能基于登记簿上记载的抵押不动产上的查封登记，就对当事人申请的最高额抵押权变更登记作不予登记处理，那么，登记机构该怎样处理呢？

笔者认为，登记机构受理登记申请时，应当询问抵押权人，是否知道抵押不动产被查封的事实，如果当事人回答知道的，登记机构应当引导当事人申请最高额抵押权确定登记；如果抵押权人回答不知道的，登记机构受理登记申请后，应当函询实施查封的人民法院，如果人民法院函告登记机构抵押权人知道或应当知道抵押不动产被查封的，登记机构应当对当事人申请的最高额抵押权变更登记作不予登记处理。否则，登记机构应当为当事人办理最高额抵押权变更登记。

第 104 问　商品房预售许可证是否限制在建建筑物抵押权登记的办理

已经办理了商品房预售许可证的房地产项目，其土地及地上在建建筑物能否办理在建建筑物抵押权登记？

笔者认为，商品房预售许可证对在建建筑物抵押权登记的办理没有限制作用。

《城市房地产管理法》第四十五条第（四）项规定，房地产开发企业预售商品房，应当取得商品房预售许可证明。《城市商品房预售管理办法》第二条规定，商品房预售是指房地产开发企业将正在建设中的房屋预先出售给承购人，由承购人支付定金或房价款的行为。据此可知，商品房预售许可，是指房地产开发行政主管部门依法准许房地产开发企业将正在建设中的房屋预先出售给承购人，由承购人支付定金或房价款的行政许可行为。

在建建筑物抵押，是指为担保债务的履行，抵押人以其正在建造的建筑物的已完工部分及相应的土地使用权作抵押担保。据笔者查阅，现时的法律、行政法规和国家政策没有关于已经办理了商品房预售许可证的房地产项目不得再办理在建建筑物抵押的规定。在不动产登记实务中，《不动产登记暂行条例实施细则》第九节"抵押权登记"中，也没有关于

第五部分 抵押权登记

已经办理了商品房预售许可证的房地产项目不得再办理在建建筑物抵押权登记的规定,更没有要求申请人申请在建建筑物抵押权登记时须提交未办理商品房预售许可证的证明的规定。

概言之,商品房预售许可是准予房地产开发企业预先销售商品房的行政许可行为,而在建建筑物抵押权登记则属于不动产登记行为,商品房预售许可证对在建建筑物抵押权登记没有限制作用。

《民法典》第四百零六条第一款规定,抵押期间,抵押人可以转让抵押财产。当事人另有约定的,按照其约定。抵押财产转让的,抵押权不受影响。据此可知,一般情形下,抵押人可以转让抵押财产,但该财产上既有的抵押权负担由受让人承接。本问中,如果在建建筑物抵押权记载在登记簿上后,房地产开发企业可以预售抵押范围内的房屋,购房人购买房屋后,也可以申请预购商品房预告登记、预购商品房抵押预告登记,但购房人须承接该预购房屋上的在建建筑物抵押权负担。房地产开发企业在预售房屋时,有告知购房人其预购的房屋上存在在建建筑物抵押权的事实,购房人事前也有查询登记簿以知晓其欲预购的房屋上是否存在在建建筑物抵押权的权利。当然,这些属于别的法律关系。

第 105 问 当事人在作为在建建筑物抵押权标的物的房屋竣工并办理了首次登记后申请的在建建筑物抵押权变更登记,登记机构可否办理

在建建筑物抵押权登记后,该栋楼房竣工并办理了首次登记。现抵押权人和抵押人在在建建筑物抵押权变更协议中约定:分割出在建建筑物抵押权范围中的四套房屋。现抵押权人和抵押人持抵押权变更协议等材料向登记机构申请在建建筑物抵押权变更登记。

对抵押权人和抵押人申请的在建建筑物抵押权变更登记,登记机构可否办理?

笔者认为,对抵押权人和抵押人申请的在建建筑物抵押权变更登记,登记机构可以办理。

在不动产登记实务中,《不动产登记暂行条例实施细则》第七十七条规定:"在建建筑物抵押权变更、转移或者消灭的,当事人应当提交下列材料,申请变更登记、转移登记、注销登记:(一)不动产登记证明;(二)在建建筑物抵押权发生变更、转移或者消灭的材料;(三)其他必要材料。在建建筑物竣工,办理建筑物所有权首次登记时,当事人应当申请将在建建筑物抵押权登记转为建筑物抵押权登记。"据此可知,在建建筑物抵押权变更登记,是指登记簿上记载的在建建筑物抵押权,在权利主体不变的前提下,权利内容、权利客体和其他事项发生变动产生的登记。在建建筑物竣工并办理首次登记后,如果抵押当事人没有申请将在建建筑物抵押权登记转为建筑物抵押权登记的,记载在登记簿上的在建建筑物抵押权仍然是有效的担保物权。本问中,押权人和抵押人持抵押权变更协议等材料向登记机构申请在建建筑物抵押权变更登记,表明抵押权人和抵押人没有申请将在建建筑物抵押权登记转为建筑物抵押权登记,登记簿上记载的在建建筑物抵押权处于有效状态,办理变更登记的前提成立,因此,对抵押权人和抵押人申请的在建建筑物抵押权变更登记,登记机构可以办理。

第 106 问 当事人用规划用途为物业管理用房的在建建筑物作抵押申请的在建建筑物抵押权登记,登记机构可否办理

某房地产开发企业申请在建建筑物抵押权登记,但其向登记机构提交的建设工程规划许可证显示用作抵押的在建建筑物中有物业管理用房 80 平方米。

用规划用途为物业管理用房的在建建筑物作抵押申请的在建建筑物抵押权登记,登记机构可否办理?

有观点认为,所谓的物业管理用房,是指房屋的用途,即房屋竣工交付使用后才有所谓的物业管理用房,在建建筑物不存在物业管理用房,因此,用规划用途为物业管理用房的在建建筑物作抵押申请的在建建筑物抵押权登记,登记机构可以办理。笔者不支持此观点。

第五部分 抵押权登记

按《民法典》第二百七十四条规定，建筑区划内的其他公共场所、公用设施和物业服务用房，属于业主共有。在不动产登记实务中，《不动产登记暂行条例实施细则》第三十六条规定，办理房屋所有权首次登记时，申请人应当将建筑区划内依法属于业主共有的道路、绿地、其他公共场所、公用设施和物业服务用房及其占用范围内的建设用地使用权一并申请登记为业主共有。据此可知，建筑区划内，规划手续中明确的物业管理用房由房地产开发企业负责建造，且自建造开始时起形成的实物形态，就属于建筑区划内的业主共有，房屋竣工后，应当在申请首次登记时登记在全体业主名下。换言之，建造属于小区业主共有的物业管理用房是法律的规定课以房地产开发企业的义务，自建造时起，房地产开发企业对其就不享有权利。按《民法典》第三百九十五条第（五）项规定，债务人或者第三人有权处分的正在建造的建筑物可以抵押。据此可知，如前所述，房地产开发企业对处于在建建筑物形态的物业管理用房不享有权利，无权用其作抵押。《不动产登记暂行条例》第二十二条第（一）项规定，登记申请违反法律、行政法规规定的，登记机构应当作不予登记处理。据此可知，房地产开发企业用正在建造的物业管理用房作抵押，违反前述《民法典》第三百九十五条第（五）项规定，由此申请的在建建筑物抵押权登记，登记机构应当不予办理。

第 107 问　当事人用规划用途为配套幼儿园的部分作抵押申请的在建建筑物抵押权登记，登记机构可否办理

某房地产开发企业申请在建建筑物抵押权登记，但抵押标的中有三层的规划用途为配套幼儿园。

用规划用途为配套幼儿园的部分作抵押申请的在建建筑物抵押权登记，登记机构可否办理？

笔者认为，用规划用途为配套幼儿园的部分作抵押申请的在建建筑物抵押权登记，登记机构不能办理。

按《国务院办公厅关于开展城镇小区配套幼儿园治理工作的通知》（国办发〔2019〕3号）第一条、第二条规定，已建成的小区配套幼儿园应按照规定及时移交当地教育行政部门，未移交当地教育行政部门的应限期完成移交，对已挪作他用的要采取有效措施予以收回。小区配套幼儿园移交当地教育行政部门后，应当由教育行政部门办成公办园或委托办成普惠性民办园，不得办成营利性幼儿园。普惠性幼儿园具有公益性。据此可知，小区中，按规划配套建设的幼儿园竣工后将交付给当地教育行政部门办成公益性的幼儿园。《民法典》第三百九十九条第（三）项规定，学校、幼儿园、医疗机构等为公益目的成立的非营利法人的教育设施、医疗卫生设施和其他公益设施，不得抵押。据此可知，小区配套的以公益为目的的幼儿园用房属于教育设施，也是社会公益设施，不得抵押。本问中，用作在建建筑物抵押标的物的规划用途为配套幼儿园的部分，不因其未竣工而改变其属于以公益为目的的幼儿园的教育设施的属性，仍然不得抵押。若准予其抵押并为其办理在建建筑物抵押权登记，与《民法典》第三百九十九条第（三）项规定相悖。《不动产登记暂行条例》第二十二条第（一）项规定，登记申请违反法律、行政法规规定的，登记机构应当作不予登记处理。因此，本问中，如前所述，用规划用途为配套幼儿园的部分作抵押违反《民法典》第三百九十九条第（三）项规定，由此申请的在建建筑物抵押权登记，登记机构应当不予办理。

第 108 问　有抵押权预告登记存在的情形下，当事人申请的担保其他债权的抵押权首次登记，登记机构可否办理

甲将房地产抵押给乙银行作贷款抵押担保，甲、乙共同申请并办理了房地产抵押权预告登记，预告登记的权利人为乙。之后，甲又将该房地产抵押给丙银行作贷款抵押担保。现在，甲、丙持不动产权属证书、抵押合同等材料向登记机构申请抵押权首次登记。

对甲、丙申请的抵押权首次登记，登记机构可否办理？

笔者认为，对甲、丙申请的抵押权首次登记，登记机构可以办理。

按《民法典》第四百一十四条第（一）项规定，同一财产向两个以上债权人抵押的，拍卖、变卖抵押财产所得的价款，抵押权已经登记的，按照登记的先后顺序清偿。据此可知，一处财产上可以存在两个以上的抵押权，即一处财产上已经存在的抵押权不限制再在该财产上设立后顺位的抵押权。《民法典》第二百二十一条第一款规定，当事人签订买卖房屋的协议或者签订其他不动产物权的协议，为保障将来实现物权，按照约定可以向登记机构申请预告登记。预告登记后，未经预告登记的权利人同意，处分该不动产的，不发生物权效力。在司法实务中，按《民法典担保制度司法解释》第五十二条第一款规定，当事人办理抵押预告登记后，经审查，已经办理建筑物所有权首次登记，且不存在预告登记失效等情形的，人民法院应当认定抵押权自预告登记之日起设立。据此可知，预告登记的效力有：（1）保全效力，即保障请求权所指定的效果的效力；（2）顺位保全效力，即保障请求权所指定的物权变动享有登记的顺位；（3）破产保护效力，即在相对人陷入破产时，排斥他人而保障请求权发生指定的效果[1]。其中，保存顺位的效力，即通过预告登记，被保全的权利与其顺位同时登记。不动产权利的顺位不是依现实登记的日期确定，而是以预告登记的日期为准加以确定。概言之，预告登记只是一种以取得不动产物权为目的的债权的保全措施，保障该预告登记的债权实现，使预告登记的权利人将来确定地取得不动产的物权，同时，为该不动产物权占据一个顺位。本问中，房屋上已经存在的抵押权尚且不限制再在该房屋上设立后顺位的抵押权，作为保全房屋抵押权实现的保全措施的房屋抵押权预告登记，更不应当限制再在该房屋上设立后顺位的抵押权。因此，笔者认为，对甲、丙申请的抵押权首次登记，登记机构可以办理。

---

[1] 梁慧星：《中国民法典草案建议稿附理由：物权编》，法律出版社2004年版，第39页。

第六部分　更正登记

第 109 问　因登记机构的原因产生的登记错误是否适用更正登记

登记机构录入不动产登记信息时录入了错误的信息,登记已经完成,但不动产权属证书还没有缮制,登记机构该怎样纠正错误?

笔者认为,登记机构应当通过更正登记纠正自己的错误。

《民法典》第二百二十条第一款规定,权利人、利害关系人认为不动产登记簿记载的事项错误的,可以申请更正登记。不动产登记簿记载的权利人书面同意更正或者有证据证明登记确有错误的,登记机构应当予以更正。在不动产登记实务中,按《不动产登记暂行条例实施细则》第八十一条规定,不动产登记机构发现不动产登记簿记载的事项错误,应当通知当事人在 30 个工作日内办理更正登记。当事人逾期不办理的,不动产登记机构应当在公告 15 个工作日后,依法予以更正。据此可知,登记簿的记载事项错误,应当通过更正登记予以纠正。更正登记的办理,以登记机构通知当事人到登记机构办理为前提,当事人在 30 个工作日内不到登记机构办理的,登记机构将欲更正登记的事项在其门户网站或当地公开发行的报纸上予以公告,15 个工作日后,由登记机构依职权予以更正登记。本问中,尽管登记簿的记载错误是因登记机构的不当操作所致,但此错误登记也应当通过更正登记予以纠正,具体的做法是:登记机构通知登记簿上记载的权利人到登记机构后,如实向权利人说明错误的事实、导致错误的原因和要进行更正登记的做法。如果权利人配合,由其出具同意更正登记的说明或更正登记申请书后,登记机构予以更正登记;如果权利人不配合,自通知权利人到登记机构之日起 30 个工作日

第六部分　更正登记

后,由登记机构将欲更正登记的事项在其门户网站或当地公开发行的报刊上予以公告,15个工作日后,由登记机构作出予以更正登记的书面决定后,依职权对登记簿上的错误事项予以更正登记。登记机构切勿以便民、省事等为由,采用擅自修改登记簿的方式变动登记簿上记载的错误事项。

第 110 问　借他人姓名登记的房屋恢复登记到真实的权利人名下,适用什么登记

事前,张三与李四签订委托合同,张三委托李四代其购买住房一套,以李四的名义签订商品房买卖合同并将该商品房登记到李四名下。张三与李四签订的委托合同经过公证机构的公证。事后,李四依委托合同以自己的名义与卖方签订了商品房买卖合同并将房屋登记为其单独所有。现张三、李四持经过公证的委托合同、李四名下的不动产权属证书等材料共同向登记机构申请房屋登记,欲将房屋从李四名下登记到张三名下。

欲将房屋从李四名下登记到张三名下,张三、李四应当申请什么登记?

有观点认为,欲将房屋从李四名下登记到张三名下,属于权利主体发生变动,张三、李四应当申请转移登记。笔者不支持此观点,笔者认为张三、李四应当申请更正登记。

一、借名登记的房屋归还真实权利人不是申请转移登记的事由

在不动产登记实务中,《不动产登记暂行条例实施细则》第二十七条规定:"因下列情形导致不动产权利转移的,当事人可以向不动产登记机构申请转移登记:(一)买卖、互换、赠与不动产的;(二)以不动产作价出资(入股)的;(三)法人或者其他组织因合并、分立等原因致使不动产权利发生转移的;(四)不动产分割、合并导致权利发生转移的;(五)继承、受遗赠导致权利发生转移的;(六)共有人增加或者减少以及共有不动产份额变化的;(七)因人民法院、仲裁委员会的生效法律文书导致不动产权利发生转移的;(八)因主债权转移引起不动产抵押权转移的;(九)因需役地不动产权利转移引起地役权转移的;(十)法律、行政法规规定的其他不动产权利转移情形。"据此可知，因转让、赠与等法律行为和继承等法定的事实成就，以及基于生效的法律文书导致的不动产权利主体变动，才适用转移登记。本问中，欲将房屋从李四名下登记到张三名下，虽然属于权利主体发生变动，但此权利主体变动是因为李四将本来就属于张三的房屋所有权恢复登记到张三名下，不是因转让、赠与等法律行为和继承等法定的事实成就，以及基于生效的法律文书导致的不动产权利主体变动，即将借名登记的房屋归还真实权利人不是当事人申请转移登记的事由，故张三、李四不应当申请转移登记。

二、借名登记的房屋归还真实权利人的，当事人应当申请更正登记

《民法典》第二百二十条第一款规定，权利人、利害关系人认为不动产登记簿记载的事项错误的，可以申请更正登记。不动产登记簿记载的权利人书面同意更正或者有证据证明登记确有错误的，登记机构应当予以更正。在不动产登记实务中，按《不动产登记暂行条例实施细则》第八十条第一款规定，不动产权利人或者利害关系人申请更正登记，不动产登记机构认为不动产登记簿记载确有错误的，应当予以更正。据此可知，更正登记是纠正不动产登记簿记载事项错误的登记类型，更正登记的申请人为登记簿上现时记载的权利人，或登记簿上记载的错误事项会对其享有不动产物权或行使不动产物权造成不利影响的当事人。本问中，张三、李四提交的经过公证的委托合同显示，张三是房屋真实的权利人，但登记簿上却将权利人记载为李四，此情形与房屋的真实权利人不一致，属于登记簿上记载的事项错误，尽管此错误由张三、李四造成，但登记簿上记载的事项毕竟是错误的，应当通过更正登记予以纠正。李四是登记簿上现时记载的权利人，登记簿上现时记载的权利主体直接影响张三对房屋权利的享有，即张三是登记簿上记载的错误事项的利害关系人，换言之，张三、李四作为更正登记申请人适格。因此，张三、李四应当

第六部分 更正登记

申请更正登记，经过公证的委托合同是登记簿记载事项错误的证明。

第 111 问 申请人申请将已被拆除房屋的所有权更正回其名下产生的登记，登记机构可否办理

A1 年 8 月，甲将登记在其名下的一处平房转让给乙，办理了转移登记手续。A1 年 12 月，乙拆除了该房屋后，重新建造了一幢楼房，但没有向登记机构申请旧房屋的注销登记，也没有申请新房屋的首次登记。A11 年 3 月某日，甲以 A1 年 8 月申请转让转移登记时，乙提交的身份证是假身份证为由，向登记机构申请更正登记，欲将房屋更正登记回其名下。登记人员正在询问甲时，乙到登记窗口，告知登记人员：甲转让给他的平房已于 A1 年 12 月拆除。乙也证实其卖给甲的房屋已经被拆除。

对甲申请的更正登记，登记机构可否办理？

笔者认为，对甲申请的更正登记，登记机构不能办理。

《民法典》第二百二十条第一款规定，权利人、利害关系人认为不动产登记簿记载的事项错误的，可以申请更正登记。不动产登记簿记载的权利人书面同意更正或者有证据证明登记确有错误的，登记机构应当予以更正。据此可知，更正登记属于纠正登记簿记载事项错误的不动产登记类型，但是，更正登记，一是将现时登记簿上错误的登记更正回之前的登记状态，二是直接将登记簿上错误的登记更正为正确的登记状态。笔者据此认为，无论将现时登记簿上错误的登记更正回之前的登记状态，还是更正为正确的登记状态，都应当以登记簿上记载的权利和相关事项合法、有效为前提。《民法典》第二百三十一条规定，因合法建造、拆除房屋等事实行为设立或者消灭物权的，自事实行为成就时发生效力。据此可知，房屋被整体拆除的，自拆除完毕时起，权利人无须申请注销登记，房屋的所有权即依法、即时失去法律上的效力。本问中，登记人员正在询问甲时，乙到登记窗口，告知登记人员：甲转让给他的平房已于 A1 年 12 月拆除。乙也证实其卖给甲的房屋已经被拆除，表明：承载房

屋所有权的客体已经灭失，其承载的全部权利亦随之灭失，即更正登记的前提不存在，因此，对甲申请的更正登记，登记机构不能办理。

第 112 问　基于撤销不动产登记的行政复议决定书产生的是更正登记，还是注销登记

甲于 A 年 8 月取得一村民小组的林权，申请登记机构予以登记后领取了不动产权属证书。之后，甲与乙签订转让合同，乙单方向登记机构申请转移登记，登记机构核准后将林权登记到乙名下并向乙颁发了不动产权属证书。后来，甲以从甲到乙的转移登记，甲没有在登记申请书上签字，也没有委托任何人代为申请登记为由申请行政复议，请求撤销登记机构为乙办理的林权转移登记。行政复议机关出具的行政复议决定书载明：撤销登记机构为乙办理的林权转移登记。第二年 3 月，登记机构凭行政复议决定书注销了为乙办理的林权转移登记。此后，甲、乙就林权转让合同效力的问题经市中院、省高院、最高院审理后判决、裁定，均驳回甲主张林权转让合同无效的请求。现甲向登记机构申请将林权恢复登记到其名下，以便于履行协助乙申请转让转移登记的义务。

对甲申请恢复的林权登记，登记机构该怎样处理？

笔者认为，登记机构应当通过更正登记，将被错误注销的林权恢复登记到乙名下，再通过更正登记，将因登记程序错误而登记到乙名下的林权更正登记到甲名下，最后由甲、乙共同申请林权转让转移登记。

一、违反程序的不动产登记被行政复议决定书撤销于法有据

《不动产登记暂行条例》第六条规定，国务院国土资源主管部门负责指导、监督全国不动产登记工作。县级以上地方人民政府应当确定一个部门为本行政区域的不动产登记机构，负责不动产登记工作，并接受上级人民政府不动产登记主管部门的指导、监督。据此可知，不动产登记属于由行政机关（行政机构）实施的行政行为。换言之，不动产登记程序属于行政程序。该暂行条例第十四条第一款规定，因买卖、设定抵押权等申请不动产登记的，应当由当事人双方共同申请。据此可知，本问中，甲、乙基于林权转让合同产生的转移登记，应当由甲、乙共同申请，却由乙单方申请，且登记机构基于乙的单方申请核准了转让转移登记，并向乙发放了不动产权属证书。据此可知，此转移登记程序违反《不动产登记暂行条例》第十四条第一款规定。按《行政复议法》第二十八条第一款第（三）项规定，违反法定程序的行政行为，行政复议机构可以撤销。据此可知，本问中，登记机构应乙的单方申请为其办理的林权转让转移登记，属于违反行政法规规定的行政程序的行政行为，行政复议机关对此进行复议后予以撤销并无不当。

二、本问中，登记机构做了两次错误的不动产登记

《民法典》第二百二十条第一款规定，权利人、利害关系人认为不动产登记簿记载的事项错误的，可以申请更正登记。不动产登记簿记载的权利人书面同意更正或者有证据证明登记确有错误的，登记机构应当予以更正。质言之，登记簿上记载的事项错误时，应当通过更正登记予以纠正。据此可知，本问中，因登记程序违法被行政复议机关撤销的林权转移登记属于错误的登记，登记机构应当通过更正登记予以纠正，即凭撤销林权转移登记的行政复议决定书，将林权从乙名下更正登记回甲名下。但是，登记机构却将登记在乙名下的林权通过注销登记注销了，此为登记机构采用了错误的登记类型，导致了登记错误，换言之，登记簿上记载的注销乙名下的林权的注销登记是错误的。概言之，本问中，登记机构办理了两次错误的登记：一是在程序违法的情形下错误地将林权从甲名下转移登记到乙名下；二是采用错误的注销登记注销了登记在乙名下的林权。

三、本问的实务处理

如前所述，登记簿上记载的事项错误时，应当通过更正登记予以纠正。本问中，登记簿上记载的林权转让转移登记和注销登记均是错误的，

也应当通过更正登记予以纠正：首先，将被错误注销掉的林权更正登记到乙名下；其次，再通过更正登记，将因登记程序错误而登记到乙名下的林权更正登记到甲名下。若如此，甲就可以履行协助乙申请林权转让转移登记的义务了。

第113问 已被征收的房屋因面积错误申请的更正登记，登记机构可否办理

某县人民政府征收了一个区域内的房地产，发布了征收公告，也向登记机构送达了征收决定。登记在张三名下的国有建设用地使用权及地上房屋所有权在该征收区域内，现张三向登记机构申请因房屋面积错误产生的更正登记。

对张三因房屋面积错误申请的更正登记，登记机构可否办理？

笔者认为，对张三因房屋面积错误申请的更正登记，登记机构不能办理。

按《不动产登记暂行条例实施细则》第七十九条第一款规定，权利人、利害关系人认为不动产登记簿记载的事项有错误，可以申请更正登记。据此可知，作为更正登记对象的登记簿记载的事项在当事人申请更正登记时应当处于有效的登记状态。本问中，登记在张三名下的房屋所有权是否处于有效状态呢？

《民法典》第二百二十九条规定，因人民法院、仲裁机构的法律文书或者人民政府的征收决定等，导致物权设立、变更、转让或者消灭的，自法律文书或者征收决定等生效时发生效力。在不动产登记实务中，按《不动产登记暂行条例实施细则》第二十八条第一款第（三）项规定，房屋征收属于当事人申请注销登记的事由。据此可知，自人民政府的征收决定生效时起，当事人无须办理注销登记，其享有的不动产权利即依法、即时消灭，这是不动产物权须依法办理注销登记方消灭的例外情形。不动产权利消灭的，当事人应当申请注销登记。本问中，某县人民政府征

收了张三房屋所在区域内的房地产，发布了征收公告，也向登记机构送达了征收决定，表明：登记在张三名下的房屋被征收的征收决定已经因征收公告的发布而生效，且登记机构也知晓登记在张三名下的房屋被征收的事实，因此，登记在张三名下的房屋虽然没有办理注销登记，但自该县人民政府的征收公告发布时起，张三享有的房屋所有权消灭，张三应当申请的是注销登记，对张三和登记机构而言，登记簿上现时还登记在张三名下的房屋所有权处于无效状态。故对张三因房屋面积错误申请的更正登记，登记机构不能办理。

按《国有土地上房屋征收与补偿条例》第二十四条第二款规定，市、县级人民政府作出房屋征收决定前，应当组织有关部门依法对征收范围内未经登记的建筑进行调查、认定和处理。对认定为合法建筑和未超过批准期限的临时建筑的，应当给予补偿。据此可知，被征收的房屋，虽然未经登记，但只要是合法建造的，就会得到补偿，即合法建造的房屋的权利人，房屋被征收时，其利益不因房屋所有权未被登记而受损。本问中，张三的房屋如果是合法建造的，虽然面积错误且未经更正登记予以纠正，在征收补偿时，其利益也不会受到损害。

第114问　人民法院生效的判决书确认不动产登记违法的，登记机构该怎样处理

有一处房屋登记为甲、乙夫妻共同共有，甲将该房屋转让给非善意的邻居丙、丁夫妻。登记机构在没有收取乙向甲出具的委托书的情形下，应甲、丙、丁的申请，将房屋转移登记为丙、丁共同共有。丁又将房屋转让给非善意的房地产经纪人张某，登记机构同样在没有收取丙向丁出具的委托书的情形下，应丙、张某的申请，将房屋转移登记为张某单独所有。后来，乙以登记机构程序违法为由，向人民法院起诉登记机构，请求撤销登记机构为丙、丁和张某办理的房屋登记。终审人民法院判决：撤销登记机构为张某办理的登记，确认登记机构为丙、丁办理的登记违

法。此判决已经生效。

人民法院生效的判决书确认登记机构为丙、丁办理的登记违法，对此违法登记，登记机构该怎样处理？

笔者认为，登记机构应当引导乙凭人民法院生效的撤销张某的房屋登记和确认丙、丁的房屋登记违法的判决书申请更正登记，将房屋恢复登记为甲、乙共同共有。

一、违法的登记被诉后，可能被人民法院判决撤销或确认违法

按《不动产登记暂行条例》第十六条第一款第（二）项规定，委托他人代为申请不动产登记的，当事人应当向登记机构提交授权委托书。据此可知，委托他人代为申请不动产登记的，授权委托书是登记机构应当收取的登记申请材料。如果登记机构在办理受托人代委托人申请的不动产登记时，没有收取委托人向受托人出具的授权委托书的，属于违反行政法规规定的程序的行为。按《行政诉讼法》第七十条第（三）项规定，行政行为违反法定程序的，人民法院可以判决撤销或部分撤销。按该法第七十四条第二款第（一）项规定，行政行为违法，但不具有可撤销内容的，人民法院可以判决确认行政行为违法。因此，本问中，登记机构在为丙、丁和张某办理转让转移登记时，没有收取乙向甲出具的授权委托书和丙向丁出具的授权委托书，均违反了《不动产登记暂行条例》规定的程序，违法转移登记的后果——房屋所有权还登记在张某名下，具有可撤销的内容，故人民法院判决撤销登记机构为张某办理的转移登记。但是，登记机构违法为丙、丁办理的转移登记，因该转移登记完成后，房屋已经再转移登记给张某，即此违法转移登记的后果已经不存在，换言之，此违法转移登记不具有可撤销的内容，因此，人民法院判决确认登记机构为丙、丁办理的转移登记违法。

二、本问的实务处理

《民法典》第二百二十条第一款规定，权利人、利害关系人认为不动

产登记簿记载的事项错误的,可以申请更正登记。不动产登记簿记载的权利人书面同意更正或者有证据证明登记确有错误的,登记机构应当予以更正。质言之,登记簿上现时记载的内容错误的,当事人可以申请更正登记予以纠正。此处的权利人,是指登记簿上现时记载的不动产的权利人;利害关系人,是指登记簿上现时记载的内容对其享有不动产权利或行使不动产权利有不利影响的人。因此,本问中,被撤销的登记或被确认违法的登记,都是错误的登记,由此产生的登记后果——记载在登记簿上的内容也是错误的。乙是房屋的原权利人,现时登记簿上记载在张某名下的房屋所有权,与其主张的权利有利害关系,因此,登记机构应当引导乙凭人民法院生效的撤销张某的房屋转移登记和确认丙、丁的房屋转移登记违法的判决书申请更正登记,将房屋恢复登记为甲、乙共同共有。当然,登记机构也可以按《不动产登记暂行条例实施细则》第八十一条的规定依职权办理更正登记,将房屋更正登记为甲、乙共同共有。

三、延伸思考

本问中,如果甲、乙均已经死亡,向人民法院提起行政诉讼并胜诉的是甲、乙的继承人,又该怎样处理?

(1)《民法典》第十三条规定,自然人从出生时起到死亡时止,具有民事权利能力,依法享有民事权利,承担民事义务。质言之,一般情形下,有生命的自然人才具有民事权利能力,民事权利能力是自然人享有民事权利的资格,换言之,已经死亡的自然人不具有民事权利能力,不能享有民事权利。申言之,已经死亡的自然人不能成为登记簿上将要记载的新的权利主体。本问中,如果甲、乙均已经死亡,向人民法院提起行政诉讼并胜诉的是甲、乙的继承人,且继承人间就遗产分割未达成一致时,登记机构应当引导该继承人,凭人民法院生效的撤销张某的房屋转移登记和确认丙、丁的房屋转移登记违法的判决书,向登记机构申请更正登记，将房屋直接从张某名下更正登记到甲、乙名下。此举是将登记簿上现时错误的登记恢复到之前的状态，而非将甲、乙作为新设立的权利的权利主体在登记簿上作记载，故此举并不违反前述《民法典》第十三条规定。房屋恢复到甲、乙名下后，其继承人才能在遗产分割达成一致的情形下基于此申请继承转移登记。

（2）《民法典》第一千一百二十一条第一款规定，继承从被继承人死亡时开始。该法第二百三十条规定，因继承取得物权的，自继承开始时发生效力。据此可知，继承人自被继承人死亡时起，无须登记，即依法、即时享有被继承不动产的权利。因此，本问中，自甲、乙死亡时起，他们的继承人已经成为其遗留不动产的权利人，且继承人间已经就遗产分割达成一致时，甲、乙的继承人也可以凭人民法院生效的撤销张某的房屋转移登记和确认丙、丁的房屋转移登记违法的判决书，向登记机构申请更正登记，将房屋直接从张某名下更正登记到其名下。

第七部分 预告登记

第 115 问 因出让取得的国有建设用地使用权在未缴清土地出让金的情形下，可否申请国有建设用地使用权预告登记

甲公司出让取得了一宗地的国有建设用地使用权，按出让合同约定：出让金在三个月内付清。土地出让合同签订后，出让方协助受让方申请国有建设用地使用权预告登记等。现出让方与受让方持出让合同等材料向登记机构申请国有建设用地使用权预告登记。

对出让方与受让方申请的国有建设用地使用权预告登记，登记机构可否办理？

笔者认为，对出让方与受让方申请的国有建设用地使用权预告登记，登记机构不得办理。

《民法典》第二百二十一条第一款规定，当事人签订买卖房屋的协议或者签订其他不动产物权的协议，为保障将来实现物权，按照约定可以向登记机构申请预告登记。预告登记后，未经预告登记的权利人同意，处分该不动产的，不发生物权效力。据此可知，所谓预告登记，指为保全一项以将来发生不动产物权为目的的请求权的不动产登记。预告登记的本质特征是使被登记的请求权具有物权效力，纳入预告登记的请求权，对后来发生的与该项请求权内容相同的不动产物权的处分行为，具有排他的效力，以确保将来只发生该请求权所期待的法律效果。换言之，当事人申请预告登记，旨在确保预告登记的权利人实现请求权的目的而最终取得不动产物权，申言之，经过预告登记的请求权具有准物权的效力。概言之，作为申请预告登记原因的不动产物权的合同、协议是民事合同、协议。那么，土地出让合同是民事合同、协议吗？

按《最高人民法院关于审理行政协议案件若干问题的规定》（法释〔2019〕17号）第二条第（三）项规定，矿业权等国有自然资源使用权出让协议属于行政协议。据此可知，国有建设用地使用权属于当然的自然资源使用权，出让国有建设用地使用权的土地出让合同是行政合同、协议，不是民事合同、协议，故基于土地出让合同申请国有建设用地使用权预告登记，不符合《民法典》第二百二十一条第一款规定。按《不动产登记暂行条例》第二十二条规定，登记申请违反法律、行政法规规定的，登记机构应当作不予登记处理。因此，本问中，对出让方与受让方申请的国有建设用地使用权预告登记，登记机构不得办理。

第116问 以两间门市作为共同抵押物申请的一件预购商品房抵押预告登记，登记机构可否办理

王五与房地产开发企业签订一份商品房预售合同，以按揭方式购买两间门市，办理了两件预购商品房预告登记。为了获取两间门市的后续购房款，王五与银行签订了一份贷款合同，又以此两间门市作为共同抵押物与银行签订了一份抵押合同，现王五与银行只申请一件预购商品房抵押预告登记。

对王五与银行申请的预购商品房抵押预告登记，登记机构可否办理？

笔者认为，对王五与银行申请的预购商品房抵押预告登记，登记机构应当办理。

购买两间门市的贷款，可否以一笔贷款的方式与银行签订一份贷款合同？笔者查阅了现时有效的法律和行政法规，对此均没有禁止性规定，"法无禁止即可为"，贷款属于民事法律行为，购买两间门市的贷款，当事人可以以一笔贷款的方式与银行签订一份贷款合同，建立一个贷款债权。那么，王五以两间门市作为共同抵押物与银行签订了一份抵押合同，可否只申请一件预购商品房抵押预告登记呢？

按《民法典》第四百条第二款规定，主债权的种类和数额，抵押财产的名称、数量、所有权归属或使用权归属等是抵押合同应当载明的内容。《城市房地产抵押管理办法》第三条第四款规定，预购商品房贷款抵押，是指购房人在支付首期规定的房价款后，由贷款银行代其支付其余的购房款，将所购商品房抵押给贷款银行作为偿还贷款履行担保的行为。笔者据此认为，为了获取后续购房资金贷款，预购商品房可以作抵押贷款的抵押标的。在两处以上的预购商品房为同一债权作抵押担保的前提下，如果各预购商品房的预告登记的权利人共同作为抵押人与抵押权人签订一份抵押合同，且将各自的房屋名称、数量、所有权归属、共同担保的债权数额在合同中载明，此情形下，应当将在同一抵押合同中载明的两处以上的预购商品房视为一处用于抵押的预购商品房，在该两处以上的预购商品房上共同设定一个抵押权；如果各预购商品房的预告登记的权利人分别与抵押权人签订抵押合同，在各抵押合同中只载明抵押人所有的房屋名称、数量、所有权归属、担保的债权数额，此情形下，各处预购商品房分别作为不同的抵押物，应当分别在各预购商品房上设定相应的抵押权，即设定两个以上的抵押权。概言之，若两处以上的预购商品房载明在一份抵押同中且共同担保一个债权的，只设定一个抵押权。在不动产登记中，按《不动产登记暂行条例实施细则》第八十五条第一款第（三）项规定，以预购商品房设定抵押权的，当事人可以申请预购商品房抵押预告登记。因此，本问中，王五以两间门市作为共同抵押物与银行签订了一份抵押合同，基于此申请的一件预购商品房抵押预告登记，登记机构应当办理。

第117问　当事人单方申请撤回预购商品房预告登记申请的，登记机构可否受理

房地产开发企业与购房者甲共同申请了预购商品房预告登记，登记机构受理后，即将记载于登记簿上时，房地产开发企业发现该商品房同时也出售给了购房者乙，此时，房地产开发企业向登记机构申请撤回预购商品房预告登记申请，但购房者甲不同意。购房者乙将房地产开发企业起诉至人民法院，请求人民法院判决房地产开发企业履行协助申请预购商品房预告登记的义务。人民法院已经立案，但人民法院和购房者乙未告知登记机构。

对房地产开发企业单方申请的撤回预购商品房预告登记申请，登记机构是否准许？

笔者认为，对房地产开发企业单方申请的撤回预购商品房预告登记申请，登记机构应当不予准许。

《不动产登记暂行条例》第十五条第二款规定，不动产登记机构将申请登记事项记载于不动产登记簿前，申请人可以撤回登记申请。在不动产登记实务中，《不动产登记操作规范（试行）》1.10.2条规定，申请登记事项在记载于不动产登记簿之前，全体登记申请人可共同申请撤回登记申请；部分登记申请人申请撤回登记申请的，不动产登记机构不予准许。据此可知，申请人申请登记的事项记载于登记簿上前，全体申请人申请撤回登记申请的，登记机构应当受理；否则，登记机构不予受理。本问中，房地产开发企业申请撤回的预购商品房预告登记申请系由该房地产开发企业与购房者甲共同申请的，但购房者甲不同意撤回，因此，对房地产开发企业单方申请的撤回预购商品房预告登记申请，登记机构应当不予准许，且应当在规定的时限内办结此登记。

延伸思考：如果乙持人民法院的立案证明向登记机构申请暂停办理对房地产开发企业与购房者甲共同申请的预购商品房预告登记，登记机构该如何处理？

按《不动产登记暂行条例》第二十二条第（二）项规定，申请登记的事项存在尚未解决的权属争议的，登记机构应当作不予登记处理，并书面告知申请人。据此可知，本问中，房地产开发企业将一套房屋卖给了甲、乙，且乙将房地产开发企业起诉至人民法院，请求人民法院判决房地产开发企业履行协助申请预购商品房预告登记的义务,表明房地产开发企业与购房者甲共同申请预告登记的预购商品房存在权属争议且现时尚未解决,因此,对房地产开发企业与购房者甲共同申请的预购商品房预告登记,登记机构应当作不予登记处理,并将此处理情况书面告知全体申请人。

第 118 问 当事人持人民法院确认房屋所有权归属的执行裁定书申请的预购商品房预告登记转移登记,登记机构可否受理

张三与房地产开发公司签订商品房预售合同,购买了 10 间门市,办理了预购商品房预告登记。后来,张三因欠一家公司的债产生了诉讼,人民法院判决张三履行还款义务。在执行中,由于房屋已经竣工,人民法院裁定张三预购的 10 间门市抵债给该公司,且自裁定书送达该公司时起房屋所有权转移。现在,因种种原因,该公司不申请房屋所有权转移登记,而是持执行裁定书等材料向登记机构申请预购商品房预告登记转移登记,欲把预告登记的权利人由张三变为该公司。

对该公司申请的预购商品房预告登记转移登记,登记机构可否受理?

笔者认为,对该公司申请的预购商品房预告登记转移登记,登记机构不能受理。

《民法典》第二百二十一条第一款规定,当事人签订买卖房屋的协议或者签订其他不动产物权的协议,为保障将来实现物权,按照约定可以向登记机构申请预告登记。预告登记后,未经预告登记的权利人同意,处分该不动产的,不发生物权效力。据此可知,预告登记是一种债权保全措施,确保以取得不动产物权为目的的合同或协议债权实现,使预告登记的权利人在将来能够取得不动产物权。换言之,只有基于以取得不动产物权为目的的合同债权,才可以申请预告登记。本问中,该公司是基于人民法院因抵债确认房屋所有权归属的执行裁定书申请的预购商品房预告登记转移登记,不符合《民法典》第二百二十一条第一款规定。

《最高人民法院关于审理房屋登记案件若干问题的规定》(法释〔2010〕15号)第二条规定,房屋登记机构根据人民法院、仲裁委员会的法律文书或者有权机关的协助执行通知书以及人民政府的征收决定办理的房屋登记行为,公民、法人或者其他组织不服提起行政诉讼的,人民法院不予受理,但公民、法人或者其他组织认为登记与有关文书内容不一致的除外。据此可知,登记机构根据人民法院生效的法律文书办理的不动产登记,与该法律文书的内容不一致的,产生诉讼时,可能会承担不利后果。本问中,该公司提交的是基于人民法院因抵债确认房屋所有权归属的执行裁定书,该裁定书可以作为登记机构办理房屋所有权转移登记的证据材料,如果登记机构根据该裁定书为其办理预购商品房预告登记转移登记,与该裁定书的内容不一致。因此,对该公司申请的预购商品房预告登记转移登记,登记机构不能受理。

第119问 当事人单方持生效的确认商品房预售合同无效的民事判决书申请的预购商品房预告登记注销登记,登记机构可否办理

王五与房地产开发企业签订商品房预售合同,预购住宅一套,办理了预购商品房预告登记。不久,王五与房地产开发企业就该商品房预售合同产生诉讼,人民法院生效的民事判决书确认该商品房预售合同无效。现房地产开发企业单方持人民法院的判决书等材料向登记机构申请预购商品房预告登记注销登记。

对房地产开发企业单方申请的预购商品房预告登记注销登记,登记机构可否办理。

笔者认为,对房地产开发企业单方申请的预购商品房预告登记注销登记,登记机构可以办理。

在不动产登记实务中,按《不动产登记操作规范(试行)》15.4.1条规定,买卖不动产物权的协议被认定无效、被撤销、被解除等导致债权消灭的,属于当事人可以申请预告登记注销登记的事由。本问中,人民

第七部分 预告登记

法院生效的民事判决书确认王五与房地产开发企业签订的商品房预售合同无效，消灭了该商品房预售合同债权，王五、房地产开发企业申请预购商品房预告登记注销登记的事由成立。按该规范15.4.2条规定，预购商品房预告登记注销登记的申请人为不动产登记簿记载的预告登记权利人或生效法律文书记载的当事人。预告当事人协议注销预告登记的，申请人应当为买卖房屋或者其他不动产物权的协议的双方当事人。据此可知，一般情形下，预告登记注销登记的申请人：一是不动产登记簿记载的预告登记权利人；二是生效的法律文书上记载的一方当事人或双方当事人；三是当事人协议注销预告登记的，注销登记申请人为协议的双方当事人。本问中，商品房预售合同债权被生效的法律文书消灭，因此，预购商品房预告登记注销登记的申请人可以是王五或房地产开发企业，也可以是王五和房地产开发企业。因此，对房地产开发企业单方申请的预购商品房预告登记注销登记，登记机构可以办理。

第120问 预购商品房合同备案被撤销后，登记机构可否撤销基于此备案的预购商品房合同办理的预购商品房预告登记

房管部门向登记机构抄送了撤销甲的商品房预售合同备案的决定。

登记机构可否以办理预购商品房预告登记的条件不成立为由撤销甲的预购商品房预告登记？

笔者认为，登记机构不得以办理预购商品房预告登记的条件不成立为由撤销甲的预购商品房预告登记。

一、登记机构不得撤销甲的预购商品房预告登记

撤销登记，是指行政复议机关以行政复议决定，或人民法院以行政判决书的方式作出的，使登记簿上记载的不正确的不动产登记自始归于无效的行为，如人民法院判决撤销房屋所有权登记等。撤销登记实质上是国家公权力对不动产登记的强制性干涉，对不正确的不动产登记予以纠正，溯及既往地剥夺登记簿上记载的不动产权利或事项的法律效力，即让登记簿上记载的不动产权利或事项自始无效。但撤销登记不是不动产登记类型，只是一种公权力的强制手段。《不动产登记暂行条例》《不动产登记暂行条例实施细则》《不动产登记操作规范（试行）》等行政法规、行政规章及相关政策的规定均没有授予登记机构以不动产登记撤销权，"法无授权不可为"，故登记机构不能办理不动产撤销登记。因此，本问中，登记机构不得以办理预购商品房预告登记的条件不成立为由撤销甲的预购商品房预告登记。

二、本问的实务处理

在不动产登记实务中，按《不动产登记暂行条例实施细则》第八十六条规定，当事人申请预购商品房预告登记时，经过备案的商品房预购合同是应当提交的材料。据此可知，如果登记机构据以办理预购商品房预告登记的是未经过备案的商品房预售合同，则违反《不动产登记暂行条例实施细则》第八十六条规定，属于登记程序违法，基于此记载在登记簿上的预购商品房预告登记错误。本问中，虽然登记机构为甲办理预购商品房预告登记的证据是经过备案的商品房预售合同，但该商品房预售合同被房管机关撤销，使在此基础上完成的预购商品房预告登记的程序客观上违法，基于此记载在登记簿上的预购商品房预告登记错误。《民法典》第二百二十条第一款规定，权利人、利害关系人认为不动产登记簿记载的事项错误的，可以申请更正登记。不动产登记簿记载的权利人书面同意更正或者有证据证明登记确有错误的，登记机构应当予以更正。在不动产登记实务中，按《不动产登记暂行条例实施细则》第八十一条规定，不动产登记机构发现不动产登记簿记载的事项错误，应当通知当事人在30个工作日内办理更正登记。当事人逾期不办理的，不动产登记机构应当在公告15个工作日后，依法予以更正；但在错误登记之后已经办理了涉及不动产权利处分的登记、预告登记和查封登记的除外。据此可知，更正登记是纠正登记簿记载的内容错误的一种不动产登记类型。

登记机构发现不动产登记簿记载的事项错误后，可以依职权启动更正登记予以纠正。本问中，房管部门向登记机构抄送了撤销甲的商品房预售合同备案的决定，表明登记机构知晓登记簿上记载的甲的预购商品房预告登记错误，应当按《不动产登记暂行条例实施细则》第八十一条规定启动更正登记予以纠正，更正登记记载到登记簿上后，甲的预购商品房预告登记失效，即此情形下的预告登记具有注销登记的功用。

第 121 问　申请人在房屋竣工后持商品房预售合同申请的预购商品房预告登记，登记机构可否办理

A1 年 3 月，张三购买了一套商品住房，与房地产开发公司签订了商品房预售合同，合同中约定由房地产开发公司负责办理预购商品房预告登记。A1 年 5 月，房地产开发公司办理了商品房预售合同备案手续。A3 年 4 月，房屋竣工交付使用。A3 年 6 月，房地产开发公司持经过备案的商品房预售合同申请预购商品房预告登记。

对房地产开发公司持经过备案的商品房预售合同申请的预购商品房预告登记，登记机构可否办理？

有观点认为，房屋既然已经竣工交付使用了，就具备办理首次登记后，再转移登记给业主的条件了，房地产开发公司与张三应当直接申请转移登记，将房屋所有权转移登记给张三，不能再申请预购商品房预告登记。因此，对房地产开发公司持经过备案的商品房预售合同申请的预购商品房预告登记，登记机构不能办理。笔者不支持此观点。

《民法典》第二百二十一条第一款规定，当事人签订买卖房屋的协议或者签订其他不动产物权的协议，为保障将来实现物权，按照约定可以向登记机构申请预告登记。预告登记后，未经预告登记的权利人同意，处分该不动产的，不发生物权效力。据此可知，预告登记的目的之一，是阻却不动产权利人将已经处分的不动产再处分给他人的一种保全措施，预告登记的办理以不动产处分关系的当事人间的约定为前提。本问中，A1 年 3 月，张三购买了一套商品住房，与房地产开发公司签订了商品房买卖合同，合同中约定由房地产开发公司负责办理预购商品房预告登记，表明：房地产开发公司与张三在商品房预售合同中约定了办理预购商品房预告登记的内容，且办理预购商品房预告登记由房地产开发公司完成，具备了申请预购商品房预告登记的前提。在不动产登记实务中，《不动产登记暂行条例实施细则》第八十六条第一款规定："申请预购商品房的预告登记，应当提交下列材料：（一）已备案的商品房预售合同；（二）当事人关于预告登记的约定；（三）其他必要材料。"据此可知，基于已备案的商品房预售合同，当事人可以向登记机构申请预购商品房预告登记。本问中，房地产开发公司持经过备案的商品房预售合同申请预购商品房预告登记，符合《不动产登记暂行条例实施细则》第八十六条第一款的规定，虽然该预购商品房预告登记申请是在房屋竣工交付后提出，但法律、行政法规对此没有禁止性规定，因此，对房地产开发公司持经过备案的商品房预售合同申请的预购商品房预告登记，登记机构可以办理。

第 122 问　未注销的预购商品房预告登记，是否限制他人对该商品房申请的转移登记的办理

张三与房地产开发企业签订了商品房预购合同，办理了商品房预购合同备案后，又办理了预购商品房预告登记，由于种种原因，张三与房地产开发企业签订了商品房预购合同解除协议，并办理了商品房预购合同备案注销手续，但没有办理预购商品房预告登记注销登记。房屋竣工后，李四与房地产开发企业签订了商品房买卖合同，现李四与房地产开发企业持商品房买卖合同等材料共同申请转移登记。

对李四与房地产开发企业申请的转移登记，登记机构可否办理？

笔者认为，对李四与房地产开发企业申请的转移登记，登记机构不能办理。

第七部分　预告登记

《民法典》第二百二十一条第一款规定，当事人签订买卖房屋的协议或者签订其他不动产物权的协议，为保障将来实现物权，按照约定可以向登记机构申请预告登记。预告登记后，未经预告登记的权利人同意，处分该不动产的，不发生物权效力。据此可知，因转让不动产产生的预告登记记载在登记簿上后，转让方再向他人转让该不动产的，该他人受让不动产不产生物权效力。申言之，登记簿上既有的预告登记，限制转让方再向他人转让该不动产产生的转移登记的办理。本问中，张三与房地产开发企业签订了商品房预购合同解除协议，只办理了商品房预购合同备案注销手续，没有办理预购商品房预告登记注销登记，该预购商品房预告登记处于有效状态，限制李四与房地产开发企业申请的转移登记的办理。因此，对李四与房地产开发企业共同申请的转移登记，登记机构不能办理。

第 123 问　当事人申请的预购商品房抵押预告登记顺位登记，登记机构可否办理

A 年 9 月，甲与乙房地产开发公司签订商品房预售合同，约定首付 27 万元，其余房款 63 万元用该预购商品房向银行抵押获取贷款来支付。同年 10 月，办理了预购商品房预告登记。A 年 11 月，甲与丙银行签订借款合同和抵押合同，获得购房贷款 45 万元，办理了预购商品房抵押预告登记，预告登记的权利人为丙银行。A 年 12 月，甲与丁银行签订借款合同和抵押合同，获得购房贷款 18 万元，甲、丁持相关手续共同申请预购商品房抵押预告登记。

对甲、丁银行持相关手续共同申请的预购商品房抵押预告登记，登记机构可否办理？

笔者认为，对甲、丁持相关手续共同申请的预购商品房抵押预告登记，登记机构应当办理。

《民法典》第二百二十一条第一款规定，当事人签订买卖房屋的协议或者签订其他不动产物权的协议，为保障将来实现物权，按照约定可以向登记机构申请预告登记。预告登记后，未经预告登记的权利人同意，处分该不动产的，不发生物权效力。在不动产登记实务中，按《不动产登记暂行条例实施细则》第八十五条规定，以预购商品房设定抵押权的，当事人可以申请预购商品房抵押预告登记。笔者据此认为，当事人申请预购商品房抵押预告登记，旨在保障预告登记的权利人将来确定地取得作为抵押物的预购商品房的抵押权。申言之，预购商品房抵押也应当遵守房地产抵押的相关法律、法规和规章的规定。按《民法典》第四百零九条、第四百二十四条规定，抵押权人可以放弃抵押权或者抵押权的顺位。抵押权人与抵押人可以协议变更抵押权顺位以及被担保的债权数额等内容。据此可知，一个物上有抵押权存在的情形下，还可以在该抵押权之后再设立抵押权，换言之，一个抵押物上可以设立两个以上的抵押权。申言之，一个抵押物上允许两个以上的基于抵押权预告登记、预购商品房抵押预告登记转化而来的抵押权存在。本问中，甲用预购商品房向丁银行作借款抵押符合法律、规章的规定，因此，对甲、丁持相关手续共同申请的预购商品房抵押预告登记，登记机构应当办理。甲、丁持相关手续共同申请的预购商品房抵押预告登记被记载在登记簿上后，预告登记的权利人为丁银行。由于预告登记的权利人为丙银行的预购商品房抵押预告登记已先行记载在登记簿上，故丁银行的预购商品房抵押预告登记处于后顺位。概言之，预购商品房抵押预告登记也有顺位登记。

第 124 问 权利人因放弃权利办理预购商品房抵押预告登记注销登记后再申请预购商品房抵押预告登记的，登记机构可否办理

抵押人、抵押权人银行持载明办理预购商品房抵押预告登记内容的房地产抵押合同申请并办理了预购商品房抵押预告登记，尔后，抵押权人银行因为某些原因放弃预告登记的权利，申请并办理了预购商品房抵押预告登记注销登记。现抵押人、抵押权人银行持原房地产抵押合同再

第七部分 预告登记

次申请该预购商品房的抵押预告登记。

对抵押人、抵押权人银行持原房地产抵押合同再次申请的该预购商品房的抵押预告登记，登记机构可否办理？

笔者认为，对抵押人、抵押权人银行持原房地产抵押合同再次申请的该预购商品房的抵押预告登记，登记机构不可以办理。

《民法典》第二百二十一条第一款规定，当事人签订买卖房屋的协议或者签订其他不动产物权的协议，为保障将来实现物权，按照约定可以向登记机构申请预告登记。预告登记后，未经预告登记的权利人同意，处分该不动产的，不发生物权效力。据此可知，预告登记是一项以取得不动产物权为目的的债权的保全措施，经过预告登记保全的债权，相对于因处分同一不动产权利建立的未经预告登记保全的债权具有优先的效力。当事人申请预告登记，旨在确保预告登记权利人实现债权目的而最终取得不动产物权。申言之，经过预告登记的债权具有准物权的效力。本问中，抵押权人银行基于预购商品房抵押预告登记取得后又放弃的权利，是具有准物权效力的权利。

按《民法典》第五百五十七条第一款第（一）项规定，债务已经履行的，合同的权利义务终止。据此可知，合同中当事人约定的权利因对方当事人的义务履行而实现的，则合同目的实现，合同载明的权利义务均终止。本问中，抵押人、抵押权人银行持载明办理预购商品房抵押预告登记内容的房地产抵押合同申请并办理了预购商品房抵押预告登记，表明：如前所述，抵押权人银行基于预购商品房抵押预告登记取得了具有准物权效力的权利，抵押人、抵押权人银行在房地产抵押合同中约定的关于办理预购商品房抵押预告登记的债务已经履行，债权已经实现，该房地产抵押合同中关于办理预购商品房抵押预告登记的权利义务均终止，不得再作为申请办理预购商品房抵押预告登记的支撑证据。因此，对抵押人、抵押权人银行持原房地产抵押合同再次申请的该预购商品房抵押预告登记，登记机构不可以办理。但是，如果抵押人、抵押权人银行持重新签订的载明办理预购商品房抵押预告登记内容的房地产抵押合同再次申请该预购商品房的抵押预告登记的，因该预购商品房抵押预告登记的完成实现的是基于新的抵押合同产生的新的权利，故登记机构可以办理。

第 125 问　预购商品房预告登记和预购商品房抵押预告登记，是否限制之前设立的土地抵押权因债务履行期间延长产生的抵押权变更登记的办理

一家房地产开发企业为了获取借款，将登记在其名下的国有建设用地使用权抵押给银行，办理了抵押权登记。之后，地上建造的房屋开始预售，部分购房人办理了预购商品房预告登记和预购商品房抵押预告登记。现抵押人房地产开发企业与抵押权人银行共同申请因债务履行期间延长产生的国有建设用地使用权抵押权变更登记。

对抵押人房地产开发企业与抵押权人银行共同申请的因债务履行期间延长产生的国有建设用地使用权抵押权变更登记，登记机构可否办理？

笔者认为，对抵押人房地产开发企业与抵押权人银行共同申请的因债务履行期间延长产生的国有建设用地使用权抵押权变更登记，登记机构可以办理。

《民法典》第二百二十一条第一款规定，当事人签订买卖房屋的协议或者签订其他不动产物权的协议，为保障将来实现物权，按照约定可以向登记机构申请预告登记。预告登记后，未经预告登记的权利人同意，处分该不动产的，不发生物权效力。在不动产登记实务中，按《不动产登记操作规范（试行）》4.8.2 条之 5 规定，申请登记的事项与不动产登记簿的记载相冲突的，登记机构应当作不予登记处理。据此可知，预告登记是一项以取得不动产物权为目的的债权的保全措施，当事人申请预告登记，旨在确保预告登记的权利人实现债权目的而最终取得不动产物权。一般情形下，如果一处不动产上已经有一个保全处分该不动产的债权的预告登记记载，申请人再申请另一个保全处分该不动产的债权的预告登记，则与登记簿上已经记载的预告登记相冲突，对申请人再申请的预告登记，登记机构应当作不予登记处理。申言之，一般情形下，预告登记的目的，是限制原权利人再处分该不动产权利产生的不动产登记的办理。本问中，部分购房人办理了预购商品房预告登记和预购商品房抵押预告登记，此预购商品房预告登记只限制房地产开发企业将该房屋再预售给他人产生的预购商品房预告登记的办理，预购商品房抵押预告登记则只是为将来基于此预告登记产生的房屋抵押权占据一个优先的顺位。因此，预购商品房预告登记和预购商品房抵押预告登记，对之前设立的国有建设用地使用权抵押权因债务履行期间延长产生的抵押权变更登记的办理没有限制功用，对抵押人房地产开发企业与抵押权人银行共同申请的因债务履行期间延长产生的国有建设用地使用权抵押权变更登记，登记机构可以办理。

第 126 问　购房人还款后，可否凭还款证明一并申请预购商品房抵押预告登记注销登记和预购商品房预告登记注销登记

购房人以按揭方式预购商品住房一套，办理了预购商品房预告登记和预购商品房抵押预告登记。半年后，购房人还清了借款本息，凭预购商品房预告登记注销申请书、预购商品房抵押预告登记注销申请书、身份证明、还本付息证明、载明预购商品房预告登记和预购商品房抵押预告登记的不动产登记证明等材料向登记机构一并申请预购商品房抵押预告登记注销登记和预购商品房预告登记注销登记。申请人没有提交商品房预售合同债权消灭的证明。

对当事人一并申请的预购商品房抵押预告登记注销登记和预购商品房预告登记注销登记，登记机构可否办理？

笔者认为，对当事人申请的预购商品房抵押预告登记注销登记，登记机构可以办理，但对其同时申请的预购商品房预告登记注销登记，登记机构不可以办理。

在不动产登记实务中,《不动产登记暂行条例实施细则》第八十九条规定:"预告登记未到期,有下列情形之一的,当事人可以持不动产登记证明、债权消灭或者权利人放弃预告登记的材料,以及法律、行政法规规定的其他必要材料申请注销预告登记:(一)预告登记的权利人放弃预告登记的;(二)债权消灭的;(三)法律、行政法规规定的其他情形。"据此可知,一般情形下,债权消灭或者权利人放弃预告登记的权利的事由出现时,当事人可以申请预购商品房抵押预告登记注销登记和预购商品房预告登记注销登记。本问中,当事人提交了还本付息证明,表明预购商品房抵押预告登记中的主债权消灭,当事人申请预购商品房抵押预告登记注销登记的事由出现,据此申请的预购商品房抵押预告登记注销登记,登记机构应当办理。但是,当事人没有提交商品房预售合同债权消灭的证明,其提交的还本付息证明不是预购商品房预告登记注销登记的事由,据此申请的预购商品房预告登记注销登记,登记机构不能办理。登记机构应当告知当事人,补充预购商品房买卖合同解除协议、终止协议等商品房预售合同债权消灭的证明,或预告登记的权利人(购房人)放弃权利的证明后,再申请预购商品房预告登记注销登记。

第127问 房屋所有权转移预告登记的权利人再转让该房屋申请的预告登记转移登记,登记机构可否办理

甲将其使用了一年的商品房转让给乙,签订了房地产转让合同并约定办理房屋所有权转移预告登记事宜,甲、乙共同申请了房屋所有权转移预告登记并领取了不动产登记证明。事后,乙又将该房屋转让给丙,也签订了房地产转让合同并约定办理房屋所有权转移预告登记事宜,乙、丙共同向登记机构申请房屋所有权转移预告登记转移登记。

对乙、丙申请的房屋转移预告登记转移登记,登记机构可否受理?

笔者认为,对乙、丙申请的房屋所有权转移预告登记转移登记,登

第七部分　预告登记

记机构不能受理。笔者区分两种情形作阐释。

一、乙处分甲的房屋的情形

按《不动产登记暂行条例实施细则》第八十七条规定，申请人申请不动产转移预告登记时不动产转让合同、转让方的不动产权属证书是应当提交的材料。按《不动产登记操作规范（试行）》4.8.2条之4规定，申请登记的事项与权属来源材料或者登记原因文件不一致属于不予登记的情形。本问中，乙、丙若申请房屋所有权转移预告登记转移登记，能够提交的是载明房屋所有权转移预告登记转移登记的登记申请书、乙与丙签订的房地产转让合同、甲名下的不动产权属证书，据此可知，申请登记的事项与权属来源材料或者登记原因文件不一致，且乙因处分该尚登记在甲名下的房屋与丙签订的房地产转让合同效力存疑，登记机构不能用作办理不动产登记的证据材料。因此，对乙、丙申请的房屋所有权转移预告登记转移登记，登记机构不应当办理。

二、乙处分自己的预告登记的权利的情形

如前所述，按《民法典》第二百二十一条规定，预告登记属于确保以直接取得不动产物权为目的的债权实现的保全措施，即预告登记的权利是债权。按该法第五百四十五条第一款规定，一般情形下，债权人可以将债权的全部或者部分转让给第三人。本问中，乙与丙签订合同将其经过预告登记的合同债权转让给丙于法有据。但是，预告登记保全的是以直接取得不动产物权为目的的债权，而乙与丙签订的合同中，乙向丙转让的是其取得房屋所有权的债权的债权，即乙向丙转让的不是直接以取得房屋所有权为目的的债权，因此，若乙、丙据此申请房屋转移预告登记转移登记违反《民法典》第二百二十一条规定。按《不动产登记暂行条例》第二十二条第（一）项规定，登记申请违反法律、行政法规规定的，属于登记机构不予登记的情形。据此可知，本问中，乙、丙基于转让取得房屋所有权的债权的债权申请的房屋转移预告登记转移登记违

反《民法典》第二百二十一条规定。如前所述，乙因处分该尚登记在甲名下的房屋与丙签订的房地产转让合同效力存疑，换言之，乙、丙基于该房地产转让合同是否能够建立债权存疑，该债权的转让更存疑。因此，对乙、丙申请的房屋所有权转移预告登记转移登记，登记机构不能受理。

三、延伸思考

甲将房屋转让给乙，签订了房地产转让合同并约定办理房屋所有权转移预告登记事宜，甲、乙共同申请了房屋所有权转移预告登记并领取了不动产登记证明。后来，甲又将该房屋转让给丙，也签订了房地产转让合同并约定办理房屋所有权转移预告登记事宜，甲、丙共同向登记机构申请房屋所有权转移预告登记。

对甲、丙申请的房屋所有权转移预告登记，登记机构可否办理？

笔者认为，对甲、丙申请的房屋所有权转移预告登记，登记机构也不能办理。

在不动产登记实务中，按《不动产登记操作规范（试行）》4.8.2 条之 5 规定，申请登记的事项与不动产登记簿的记载相冲突的，登记机构应当作不予登记处理。据此可知，本问中，甲将房屋转让给乙，登记簿上记载了确保乙取得该房屋所有权的房屋所有权转移预告登记。甲将房屋再转让给丙，甲、丙共同向登记机构申请确保丙取得该房屋所有权的房屋所有权转移预告登记，此申请与登记簿上已经记载的确保乙取得该房屋所有权的房屋所有权转移预告登记相冲突。因此，对甲、丙申请的房屋所有权转移预告登记，登记机构也不能办理。

第八部分　协助执行

第 128 问　自然资源局嘱托的不动产登记，登记机构可否办理

甲人民法院向乙住建局送达协助执行通知书，该协助执行通知书要求乙住建局变更预购商品房合同备案并注销预购商品房预告登记。执行申请人持该协助执行通知书复印件与丙自然资源局联系后，丙自然资源局给其下辖的登记机构发出书面通知，要求登记机构办理预购商品房预告登记注销登记。登记机构按丙自然资源局的书面通知完成预购商品房预告登记注销登记前，欲被注销的预告登记的权利人丁书面告知登记机构，丁以执行文件内容与判决书内容不符为由向甲人民法院提出了执行异议，同时附上了甲人民法院已经受理的凭证。登记机构向甲人民法院送达征询函，询问是否暂缓办理预购商品房预告登记注销登记，但没有回应。

登记机构可否按丙自然资源局的书面通知完成预购商品房预告登记注销登记？

笔者认为，登记机构应当按丙自然资源局的书面通知完成预购商品房预告登记注销登记。

丙自然资源局以通知的方式要求登记机构办理预购商品房预告登记注销登记属于嘱托登记。所谓嘱托登记，是指国家机关为了维护社会公共利益或保护他人的合法权益，依据法定的职责，要求登记机构协助完成的不动产登记。按《不动产登记暂行条例》第六条规定，县级以上人民政府自然资源局是本行政区域内的不动产登记行政主管机关。在不动产登记实务中，按《不动产登记暂行条例实施细则》第十九条第三款规

定，不动产登记机构对嘱托登记的事项存在异议的，应当依法向有关机关提出审查建议。《不动产登记操作规范（试行）》1.7.2 条规定，登记机构应当依据人民法院、人民检察院等国家有权机关出具的相关嘱托文件办理不动产登记。据此可知，本问中，丙自然资源局是预购商品房所在地的不动产登记主管机关，有权向其下辖的登记机构发出办理预购商品房预告登记注销登记的嘱托文件，登记机构也应当按丙自然资源局发出的嘱托文件即时办理注销登记。但是，若登记机构对丙自然资源局嘱托办理的预购商品房预告登记注销登记有异议时，在按嘱托文件办理注销登记的前提下，可以向丙自然资源局提出审查建议。嘱托登记完成后，如果丙自然资源局不采纳登记机构的审查建议的，自无可言。如果丙自然资源局采纳登记机构的审查建议，登记机构再按丙自然资源局采纳其建议的凭证办理更正登记，更正登记完成后，登记簿上的记载恢复到办理嘱托登记前的状态。

另外，本问中，嘱托登记机构办理预购商品房预告登记注销登记的是丙自然资源局，而非甲人民法院，故登记机构应当向丙自然资源局书面请示是否不予办理预购商品房预告登记注销登记或提出其他审查建议，而非向非嘱托人的甲人民法院发函征询意见。

第 129 问　人民法院的查封登记可否对抗公安局的协助执行

一处房屋上有人民法院的查封登记，后来，市公安局通过对一刑事案件的审查后，认定该房屋为赃物，为此，市公安局向登记机构送达协助执行案件函，要求办理处置该房屋产生的转移登记，登记机构告知市公安局该房屋上有人民法院的查封登记，市公安局以刑事大于民事为由，仍然要求登记机构办理处置该房屋产生的转移登记。

有人民法院的查封登记存在的情形下，登记机构可否协助市公安局办理处置被查封房屋产生的转移登记？

笔者认为，有人民法院的查封登记存在的情形下，登记机构不能协助市公安局办理处置该被查封房屋产生的转移登记。

据笔者查考,刑事大于民事的说法,没有法律上的依据。

《最高人民法院、国土资源部、建设部关于依法规范人民法院执行和国土资源房地产管理部门协助执行若干问题的通知》(法发〔2004〕5号)第二十二条第一款规定,国土资源、房地产管理部门对被人民法院依法查封、预查封的土地使用权、房屋,在查封、预查封期间不得办理抵押、转让等权属变更、转移登记手续。据此可知,一般情形下,被人民法院查封、预查封的房地产,登记机构不得为实施查封的人民法院以外的人或组织办理处置该房地产产生的登记。笔者据此认为,本问中,人民法院对房地产的查封,当然对抗公安机关处置被查封房地产产生的转移登记。

另外,按《行政诉讼法》第七十条规定,对违法的行政行为,人民法院有权判决撤销或部分撤销。申言之,对同一行为或事实的认定,当行政机关的行政认定和人民法院的司法认定不一致时,以人民法院的司法认定为准。换言之,对同一行为或事实的认定、处理,行政权服从司法权。因此,本问中,市公安局属于市人民政府的职能机关,行使的是行政权,不得对被人民法院行使司法权查封的房屋作处置,因其处置被人民法院查封的房屋产生的转移登记,登记机构不得办理。

第130问 生效的继承不动产的民事调解书可否由异地的人民法院执行

遗产继承的民事调解书为A县法院(6个继承人各继承1/6)出具,因其中一位继承人不协助申请不动产继承转移登记,其他继承人向不动产所在地的B县法院申请执行。B县法院向登记机构送达协助执行通知书和民事调解书,要求登记机构办理过户登记。

登记机构可否按B县法院送达的协助执行通知书办理继承转移登记?

笔者认为,登记机构应当按B县法院送达的协助执行通知书办理继承转移登记。

《民事诉讼法》第二百二十四条规定，发生法律效力的民事判决、裁定，以及刑事判决、裁定中的财产部分，由第一审人民法院或者与第一审人民法院同级的被执行的财产所在地人民法院执行。法律规定由人民法院执行的其他法律文书，由被执行人住所地或者被执行的财产所在地人民法院执行。该法第二百三十六条第二款规定，调解书和其他应当由人民法院执行的法律文书，当事人必须履行。一方拒绝履行的，对方当事人可以向人民法院申请执行。据此可知，异地法院制作的以转移财产为目的的生效的民事调解书，可以由该异地法院或者与其同级的被执行的财产所在地人民法院执行。因此，本问中，虽然当事人继承不动产的民事调解书是不动产所在地之外的 A 县法院出具，但可以由不动产所在地的 B 县法院执行，故登记机构应当按 B 县法院送达的协助执行通知书办理继承转移登记。

《民事诉讼法》第三十三条第（三）项规定，因继承遗产纠纷提起的诉讼，由被继承人死亡时住所地或者主要遗产所在地人民法院管辖。据此可知，本问中，继承不动产的民事调解书是不动产所在地之外的 A 县法院出具，但该调解书则由不动产所在地的 B 县法院执行，A 县法院应当是被继承人死亡时住所地的法院，对因被继承人的遗产纠纷产生的诉讼依法具有管辖权，其制作的民事调解书具有法律上的效力。

第 131 问　登记机构协助人民法院办理查封登记时，是否要判定不动产可否被查封

人民法院向登记机构送达裁定书和协助执行通知书，要求查封被执行人房地产开发企业已经预售且为购房人办理了预购商品房预告登记的房屋。

对人民法院要求查封房地产开发企业已经预售且为购房人办理了预购商品房预告登记的房屋产生的查封登记，登记机构可否办理？

有观点认为，按《最高人民法院、国土资源部、建设部关于依法规

第八部分　协助执行

范人民法院执行和国土资源房地产管理部门协助执行若干问题的通知》（法发〔2004〕5号）第十五条第（一）项规定，房地产开发企业虽然是被执行人，但其已办理了商品房预售许可证且尚未出售的房屋，人民法院才可以进行预查封。据此可知，作为被执行人的房地产开发企业，其已经出售的房屋，人民法院不可以进行预查封。因此，本问中，对人民法院要求查封房地产开发企业已经预售且为购房人办理了预购商品房预告登记的房屋产生的查封登记，登记机构不可以办理。笔者不支持此观点。

按《最高人民法院、国土资源部、建设部关于依法规范人民法院执行和国土资源房地产管理部门协助执行若干问题的通知》（法发〔2004〕5号）第三条规定，对人民法院查封或者预查封的土地使用权、房屋，国土资源、房地产管理部门应当及时办理查封或者预查封登记。国土资源、房地产管理部门在协助人民法院执行土地使用权、房屋时，不对生效法律文书和协助执行通知书进行实体审查。在不动产登记实务中，按《不动产登记操作规范（试行）》18.2.2条之2规定，不动产登记机构不对查封机关送达的嘱托文件进行实体审查。不动产登记机构认为登记事项存在异议的，不动产登记机构应当办理查封登记，并向嘱托机关提出审查建议。据此可知，对人民法院送达的查封、预查封土地、房屋的执行文书，登记机构必须即时在登记簿上作查封登记或预查封登记。登记机构对人民法院送达的实施查封、预查封的执行文书无权审查，换言之，对实施查封、预查封的执行文书载明的土地、房屋，人民法院可否查封或预查封，登记机构无权过问，即登记机构按人民法院送达的查封、预查封土地、房屋的执行文书在登记簿上作查封登记或预查封登记时，不对土地、房屋可否被查封或被预查封作判定。但是，登记机构对协助办理查封登记、预查封登记的事项有异议的，可以向执行法院提出书面审查建议。因此，本问中，对人民法院要求查封房地产开发企业已经预售且为购房人办理了预购商品房预告登记的房屋产生的预查封登记，登记机构应当办理。如果登记机构对人民法院预查封房地产开发企业已经预售且为购房人办理了预购商品房预告登记的房屋有异议，可以向执行法院提出书面审查建议。

按《最高人民法院、国土资源部、建设部关于依法规范人民法院执行和国土资源房地产管理部门协助执行若干问题的通知》（法发〔2004〕5号）第十五条第（一）项规定，作为被执行人的房地产开发企业，已经出售的房屋，人民法院不可以进行预查封。笔者认为，此规定由人民法院实施查封措施时遵守，换言之，人民法院在实施查封前，查明欲被查封的房地产上是否有已出售房屋的事实是其职责，因此，该规定是对人民法院实施查封措施时的约束性的规定，登记机构无须过问。

第132问　被收回的土地办理注销登记前，登记机构可否为人民法院办理查封登记

某市人民政府依法对某宗国有建设用地作出收回决定，登记机构依职权办理注销登记，但公告期间，人民法院向登记机构送达查封裁定书和协助执行通知书，要求办理该宗国有建设用地的查封登记。

登记机构可否为人民法院办理查封登记？

笔者认为，登记机构应当为人民法院办理查封登记。

《土地管理法》第五十八条第一款规定："有下列情形之一的，由有关人民政府土地行政主管部门报经原批准用地的人民政府或者有批准权的人民政府批准，可以收回国有土地使用权：（一）为公共利益需要使用土地的；（二）为实施城市规划进行旧城区改建，需要调整使用土地的；（三）土地出让等有偿使用合同约定的使用期限届满，土地使用者未申请续期或者申请续期未获批准的；（四）因单位撤销、迁移等原因，停止使用原划拨的国有土地的；（五）公路、铁路、机场、矿场等经核准报废的。"《土地管理法实施条例》第七条规定，依照《土地管理法》的有关规定，收回用地单位的土地使用权的,由原土地登记机关注销土地登记。据此可知,收回国有建设用地使用权,应当由县级以上人民政府土地行政主管部门作出收回意见,经同级人民政府批准后生效,但该被收回的国有建设用地使用权由登记机构依职权办理注销登记。本问中,登记机构依职权办理被收回的国有建设用地使用权注销登记有行政法规上的依据。在不动产登记实务中,按《不动产登记暂行条例实施细则》第十七条规定,登记机构依职权办理注销登记的,应当先行公告15个工作日以上。公告期满无异议或者异议不成立的,应当及时记载于不动产登记簿。据此可知,本问中,登记机构依职权办理被收回的国有建设用地使用权注销登记时应当先行公告,公告期满无异议或者异议不成立的,才可以将注销登记记载于不动产登记簿上。

《民法典》第二百一十六条第一款规定,不动产登记簿是物权归属和内容的根据。据此可知,一般情形下,登记簿上记载的未被注销的不动产物权,是真实有效的不动产物权。《最高人民法院、国土资源部、建设部关于依法规范人民法院执行和国土资源房地产管理部门协助执行若干问题的通知》(法发〔2004〕5号)第三条第一款规定,对人民法院查封或者预查封的土地使用权、房屋,国土资源、房地产管理部门应当及时办理查封或者预查封登记。该通知第五条第一款规定,人民法院查封时,土地、房屋权属的确认以国土资源、房地产管理部门的登记或者出具的权属证明为准。权属证明与权属登记不一致的,以权属登记为准。据此可知,登记机构自收到人民法院送达的查封文书时,应当及时在登记簿上记载查封登记。本问中,行政机关收回的国有建设用地使用权,因公告期间未届满,登记机构本应依职权办理的注销登记因程序不充分而无法实施,保持了该宗国有建设用地使用权在登记簿上的合法、有效状态,满足查封登记的要求,故登记机构应当为人民法院办理查封登记。

第 133 问　基于拍卖成交裁定书取得的房地产在完成转移登记前又被其他人民法院查封产生的查封登记，登记机构可否办理

甲人民法院查封了张某的一处房屋，查封期间为 A6 年 10 月 9 日—A9 年 10 月 8 日，登记机构办理了查封登记。不久，甲人民法院拍卖了该房屋，乙是该房屋的买受人。甲人民法院向乙出具了拍卖成交裁定书，该拍卖成交裁定书载明：自乙签收本裁定书时起，房屋所有权转移给乙。乙可以持本裁定书及时到不动产登记部门办理过户登记手续。甲人民法院的查封期限届满后未再办理续查封登记。A9 年 10 月 23 日上午，乙持拍卖成交裁定书等材料到登记机构申请转移登记，登记机构受理了乙的转移登记申请。A9 年 10 月 23 日下午，丙人民法院因执行张某的其他案件，经查询得知该房屋还登记在张某名下，庚即出具查封裁定书和协助执行通知书，要求查封该房屋。登记机构告知了丙人民法院乙已经申请转移登记的情况，但丙人民法院坚持查封该房屋。

登记机构是为乙办理转移登记，还是为丙人民法院办理查封登记？

笔者认为，登记机构应当为丙人民法院办理查封登记。

《最高人民法院、国土资源部、建设部关于依法规范人民法院执行和国土资源房地产管理部门协助执行若干问题的通知》（法发〔2004〕5号）第二条第一款规定，人民法院对土地使用权、房屋实施查封或者进行实体处理前，应当向国土资源、房地产管理部门查询该土地、房屋的权属。该通知第五条第一款规定，人民法院查封时，土地、房屋权属的确认以国土资源、房地产管理部门的登记或者出具的权属证明为准。权属证明与权属登记不一致的，以权属登记为准。据此可知，人民法院在对房地产实施查封前，向登记机构查询欲作为查封对象的房地产权属情况是必须的司法程序。人民法院查封房地产时，欲作为查封对象的房地产有包括登记簿的记载在内的两个以上的权属证明的，以登记簿上记载的权属为准。本问中，丙人民法院经查询得知该房屋还登记在张某名下，表明：登记簿上记载的欲作为查封对象的房屋属于张某，虽然乙凭甲人民法院出具的拍卖成交裁定书无须登记即已经依法享有该房屋的所有权，但丙人民法院实施查封时，以登记簿上记载的房屋权属为准，既然登记簿上记载的欲作为查封对象的房屋属于被执行人张某，丙人民法院就可以对其实施查封。

《最高人民法院、国土资源部、建设部关于依法规范人民法院执行和国土资源房地产管理部门协助执行若干问题的通知》（法发〔2004〕5号）第二十七条规定，人民法院制作的土地使用权、房屋所有权转移裁定送达权利受让人时即发生法律效力，人民法院应当明确告知权利受让人及时到国土资源、房地产管理部门申请土地、房屋权属变更、转移登记。国土资源、房地产管理部门依据生效法律文书进行权属登记时，当事人的土地、房屋权利应当追溯到相关法律文书生效之时。据此可知，自人民法院制作的土地使用权、房屋所有权转移裁定书送达权利受让人时起，权利受让人无须登记即依法、即时享有该土地使用权、房屋所有权，但受让人应当及时凭此裁定书到国土资源、房地产管理部门申请土地、房屋权属变更、转移登记，使该土地使用权、房屋所有权记载在登记簿上，向不特定的社会公众公示，以充分保护自己的权利。本问中，如果乙向登记机构申请并将自己基于生效的人民法院的裁定书取得的房地产记载于登记簿上后，就可以排除丙人民法院对该房地产的查封，使自己的权利得到保护。否则，乙属于怠于行使自己权利的情形，由此产生的不利后果由其自行承担。

结论：在不动产登记实务中，按《不动产登记操作规范（试行）》4.8.2条之5规定，申请登记的事项与不动产登记簿的记载相冲突的，登记机构应当作不予登记处理。本问中，如果登记机构为丙人民法院办理查封登记后，再为乙办理转移登记，则二者形成冲突，乙申请的转移登记属于不予登记的情形。因此，登记机构应当为丙人民法院办理查封登记，对乙申请的转移登记作不予登记处理。但是，《最高人民法院、国土资源部、建设部关于依法规范人民法院执行和国土资源房地产管理部门协助执行若干问题的通知》（法发〔2004〕5号）第三条第二款规定，国土资源、房地产管理部门认为人民法院查封、预查封或者处理的土地、房屋权属错误的，可以向人民法院提出审查建议，但不应当停止办理协助执行事项。据此可知，登记机构在按人民法院的执行文书要求办结查封登记或预查封登记的情形下，认为被查封或被预查封的土地、房屋存在权属错误的，可以向人民法院提出审查建议。本问中，如前所述，乙凭甲人民法院出具的拍卖成交裁定书无须登记即已经依法享有该房屋的所有权，但该房屋却被丙人民法院查封，表明丙人民法院的查封对象存在权属错误，登记机构在即时为丙人民法院办理查封登记的情形下，可以向丙人民法院提出书面审查建议。

第134问 执行中，区人民法院可否直接解除省高级人民法院对房屋的查封

某自然人与房地产开发企业因拆迁安置补偿合同纠纷一案，经区人民法院初审和市中级人民法院终审后，判决已经生效。但房地产开发企业向省高级人民法院申请再审。再审期间，申请人申请保全，省高级人民法院查封了房地产开发企业名下房产。现省高级人民法院已经依法作出判决，申请人依据省高级人民法院的判决书，向区人民法院申请执行，区人民法院向登记机构送达协助执行通知书和省高级人民法院的判决书，要求解除房地产开发企业名下部分被查封的房产，为申请人办理该部分房屋的过户转移登记。

执行中，区人民法院可否直接解除省高级人民法院对房屋的查封？

笔者认为，本问中，实施执行的区人民法院可以直接解除省高级人民法院对房屋的查封。

《民事诉讼法》第一百六十四条规定，当事人不服地方人民法院第一

第八部分 协助执行

审判决的,有权在判决书送达之日起十五日内向上一级人民法院提起上诉。当事人不服地方人民法院第一审裁定的,有权在裁定书送达之日起十日内向上一级人民法院提起上诉。按该法第一百九十九条规定,当事人对已经发生法律效力的判决、裁定,认为有错误的,可以向上一级人民法院申请再审。据此可知,我国的民事审判实行二审终审制,但终审后,当事人认为已经发生法律效力的判决、裁定有错误的,还可以向终审人民法院的上一级人民法院申请再审。本问中,某自然人与房地产开发企业因拆迁安置补偿合同纠纷一案,经区人民法院初审和市中级人民法院终审后,判决书虽然已经生效,但房地产开发企业向省高级人民法院申请再审于法有据。

按《民事诉讼法》第二百零六条规定,按照审判监督程序决定再审的案件,裁定中止原判决、裁定、调解书的执行。按该法第二百零七条规定,发生法律效力的判决、裁定是由第二审法院作出的,按照第二审程序审理,所作的判决、裁定,是发生法律效力的判决、裁定。按该法第二百二十四条第一款规定,发生法律效力的民事判决、裁定,由第一审人民法院或者与第一审人民法院同级的被执行的财产所在地人民法院执行。据此可知,再审人民法院决定再审的案件,之前已经生效的判决书中止执行。如果是二审结束后申请再审的案件,再审人民法院作出的判决书即是已经生效的判决书,当事人可以据此向第一审人民法院或者与第一审人民法院同级的被执行的财产所在地人民法院执行。本问中,区人民法院向登记机构送达协助执行通知书和省高级人民法院的判决书,表明其依法执行的是省高级人民法院生效的判决书,要求解除房地产开发企业名下部分被省高级人民法院查封的房产于法有据,即执行中,区人民法院可以直接解除省高级人民法院对房屋的查封,使省高级人民法院生效的判决书确定的权利实现。

第 135 问　登记簿上记载的轮候查封登记转为查封登记后，已经依法办理的查封登记注销登记可否再恢复

一处不动产上面有一个查封登记和两个轮候查封登记。查封法院送达解除查封的协助执行通知书，登记机构据此办理了查封登记注销登记。事后第二天，原查封法院执行员向登记机构送达书面说明，解除查封错误，请求恢复原查封登记并保持原查封登记的顺位。

登记机构可否为原查封法院恢复原查封登记并保持原查封登记的顺位？

有观点认为，人民法院已经书面说明解除查封错误，那么，登记机构办理的查封登记注销登记也是错误的，应当通过更正登记恢复原查封登记并保持原查封登记的顺位。笔者不支持此观点。

按《最高人民法院、国土资源部、建设部关于依法规范人民法院执行和国土资源房地产管理部门协助执行若干问题的通知》（法发〔2004〕5号）第十九条规定，两个以上人民法院对同一宗土地使用权、房屋进行查封的，国土资源、房地产管理部门为首先送达协助执行通知书的人民法院办理查封登记手续后，对后来办理查封登记的人民法院作轮候查封登记。据此可知，两个以上的人民法院对同一宗土地使用权、房屋进行查封的，只能有一个查封登记。按《最高人民法院、国土资源部、建设部关于依法规范人民法院执行和国土资源房地产管理部门协助执行若干问题的通知》（法发〔2004〕5号）第二十条第一款规定，查封法院依法解除查封的，排列在先的轮候查封自动转为查封。在不动产登记实务中，《不动产登记暂行条例实施细则》第九十二条第一款规定，查封期间，人民法院解除查封的，不动产登记机构应当及时根据人民法院协助执行通知书注销查封登记。据此可知，登记机构按查封法院的嘱托办理查封登记注销登记后，排列在先的轮候查封登记自动转为查封登记，即轮候查封登记自动转为查封登记后占据了原查封登记的顺位。本问中，原查封登记注销登记完成后，处于第一顺位的轮候查封登记自动转为查封登记，占据了原查封登记的顺位，被注销的原查封登记无法恢复。

结论：查封登记注销登记完成后，处于第一顺位的轮候查封登记自动转为查封登记，登记机构不能再为原查封法院恢复原查封登记并保持原查封登记的顺位。

第 136 问　凭要求查封土地的执行文书办理该地上房屋的查封登记后，登记机构可否对房屋上的查封登记予以更正登记

甲在一宗地上建造了五幢厂房，办理了国有建设用地使用权及地上房屋所有权登记。乙人民法院因执行案件需要，向登记机构送达裁定书和协助执行通知书，但裁定书和协助执行通知书上只要求查封土地。登记机构基于因查封土地效力及于地上房屋的原则，在土地及地上房屋上均做了查封登记。甲在其律师的陪同下查询了登记簿，认为自己的房屋不属于查封范围，登记机构在其房屋上办理的查封登记错误，要求登记机构办理更正登记，以消除其房屋上的查封登记。

登记机构可否应甲的要求，办理其房屋上的查封登记更正登记？

笔者认为，登记机构不能应甲的要求，办理其房屋上的查封登记更正登记。

《民法典》第二百二十条第一款规定，权利人、利害关系人认为不动产登记簿记载的事项错误的，可以申请更正登记。不动产登记簿记载的权利人书面同意更正或者有证据证明登记确有错误的，登记机构应当予以更正。质言之，登记簿上记载的事项有错误时才产生更正登记，没有错误则不产生更正登记。本问中，登记机构可否应甲的要求，办理其房屋上的查封登记更正登记的关键，是该房屋上记载的查封登记是否存在错误。在司法实务中，《最高人民法院关于人民法院民事执行中查封、扣押、冻结财产的规定》（法释〔2004〕15 号）第二十三条第一款规定，查封地上建筑物的效力及于该地上建筑物使用范围内的土地使用权，查封土地使用权的效力及于地上建筑物，但土地使用权与地上建筑物的所有权分属被执行人与他人的除外。据此可知，一般情形下，人民法院查封房地产时，也遵循房地一并查封的原则。本问中，虽然人民法院送达的裁定书和协助执行通知书上只要求查封土地，但查封土地时，地上已经有房屋存在，且房地产权利主体同一的，则地上的房屋也属于人民法院的查封范围，登记机构在这些房屋上做查封登记并无不当，即登记机构在甲的房屋上做的查封登记正确。因此，登记机构不能应甲的要求，办理其房屋上的查封登记更正登记。

第 137 问 登记机构可否凭执行优先债权的非查封法院送达的执行文书办理转移登记

某企业经当地法院裁定破产，但其一处不动产上有十几家法院的查封登记、轮候查封登记。现当地法院（破产执行法院，但不是查封法院、轮候查封法院）处分该不动产后，向登记机构送达协助执行通知书，要求办理转移登记手续。登记机构将不动产上有查封登记、轮候查封登记的情况告知当地法院，当地法院以执行优先债权为由坚持要登记机构协助办理处分该不动产产生的转移登记。

登记机构可否凭当地法院送达的协助执行通知书为其办理处分被其他法院查封的不动产产生的转移登记。

笔者认为，登记机构不能凭当地法院送达的协助执行通知书为其办理处分被其他法院查封的不动产产生的转移登记。

所谓优先债权，是指可以先于一般债权得到清偿的债权。《企业破产法》第四十三条第一款规定，破产费用和共益债务由债务人财产随时清偿。该法第一百一十三条第一款规定，破产财产在优先清偿破产费用和共益债务后，依照下列顺序清偿：（一）破产人所欠职工的工资和医疗、伤残补助、抚恤费用，所欠的应当划入职工个人账户的基本养老保险、基本医疗保险费用，以及法律、行政法规规定应当支付给职工的补偿金；

（二）破产人欠缴的除前项规定以外的社会保险费用和破产人所欠税款；

（三）普通破产债权。据此可知，破产费用、共益债务、应当划入职工个人账户的基本养老保险和基本医疗保险费用、法律或行政法规规定应当支付给职工的补偿金以及破产人欠缴的税款等，相对于其他债权而言，就是优先债权。因此，本问中，当地法院执行的是企业破产案件，执行事项中有优先债权。但是，按《最高人民法院关于首先查封法院与优先债权执行法院处分查封财产有关问题的批复》（法释〔2016〕6号）第一条和第三条第一款规定，执行过程中，应当由首先查封、扣押、冻结法院负责处分查封财产。但已进入其他法院执行程序的债权对查封财产有顺位在先的担保物权、优先权，自首先查封之日起已超过60日，且首先查封法院就该查封财产尚未发布拍卖公告或者进入变卖程序的，优先债权执行法院可以要求将该查封财产移送执行。财产移送执行后，优先债权执行法院在处分或继续查封该财产时，可以持首先查封法院移送执行函办理相关手续。据此可知，优先债权的执行法院不得直接处分被其他法院首先查封的财产，须与首先查封法院协商取得一致，由首先查封法院与其办理移送执行手续后，优先债权的执行法院才可以处分被查封的财产，并凭首先查封法院出具的移送执行手续及自己（优先债权执行法院）出具的执行文书才可以办理处分被查封财产的相关手续。因此，本问中，当地法院只向登记机构送达了要求协助办理处分被其他法院查封的不动产产生的转移登记，没有同时送达首先查封法院出具的移送执行手续，故登记机构不能办理该转移登记。登记机构应当告知本地法院，送达首先查封法院出具的移送执行手续后才可以协助其办理处分被其他法院查封的不动产产生的转移登记。

另外，按国家发展改革委、最高人民法院等部门联合发布实施的规范性文件《关于推动和保障管理人在破产程序中依法履职进一步优化营商环境的意见》（发改财金规〔2021〕274号）第十八条规定，人民法院裁定受理企业破产案件后，管理人持受理破产申请裁定书和指定管理人决定书，依法向有关部门、金融机构申请解除对破产企业财产的查封、扣押、冻结等保全措施的，相关部门和单位应当根据企业破产法规定予以支持配合。据此可知，登记机构似乎可以凭破产财产管理人的请求直接注销不动产上的人民法院的查封登记。但是，按《最高人民法院关于裁判文书引用法律、法规等规范性法律文件的规定》（法释〔2009〕14号）第五条、第六条规定，行政裁判文书应当引用法律、法律解释、行政法规或者司法解释。根据审理案件的需要，经审查认定为合法有效的规范性文件，可以作为裁判说理的依据。据此可知，司法解释可以直接作为人民法院裁判行政案件的依据，而规范性文件不能作为人民法院裁判行政案件的依据，经人民法院审查合法的规范性文件也只能作为人民法院裁判行政案件的裁判文书中说理的依据。申言之，在司法实务中，司法解释的阶位高于规范性文件。笔者据此认为，破产财产管理人申请解除人民法院的查封登记时适用司法解释《最高人民法院关于首先查封法院与优先债权执行法院处分查封财产有关问题的批复》的相关规定，即登记机构须凭查封法院出具的解除查封的执行文书或移送执行文书才可以注销不动产上的查封登记。

第138问　查封法院因轮候查封案件处分被查封的不动产产生的登记，登记机构可否办理

张三有一处不动产，登记簿上的记载显示：甲人民法院是查封法院，查封申请人乙；丙人民法院是第一轮候查封法院，查封申请人丁；甲人民法院是第二轮候查封法院，查封申请人李四。现甲人民法院因执行李四的案件拍卖了张三的房屋，王五购得。甲人民法院向登记机构送达协助执行通知书和拍卖成交裁定书，要求登记机构将房屋从张三名下登记到王五名下。

登记机构可否按甲人民法院送达的协助执行通知书的要求，将房屋从张三名下登记到王五名下？

第八部分 协助执行

笔者认为，登记机构不能按甲人民法院送达的协助执行通知书的要求，将房屋从张三名下登记到王五名下。

按《最高人民法院、国土资源部、建设部关于依法规范人民法院执行和国土资源房地产管理部门协助执行若干问题的通知》（法发〔2004〕5号）第二十条规定，查封法院依法解除查封的，排列在先的轮候查封自动转为查封；查封法院对查封的土地使用权、房屋全部处理的，排列在后的轮候查封自动失效；查封法院对查封的土地使用权、房屋部分处理的，对剩余部分，排列在后的轮候查封自动转为查封。《民事诉讼法司法解释》第四百八十六条规定，对被执行的财产，人民法院非经查封、扣押、冻结不得处分。据此可知，一般情形下，查封法院才对被查封的财产有处分权，轮候查封法院只有在前面的查封失效或查封法院解除查封后转换为查封法院的，才取得对查封财产的处分权。本问中，甲人民法院若执行乙的案件处分被查封的房屋时，其为查封法院，处分被查封房屋产生的登记，登记机构应当办理。但是，甲人民法院却是因执行李四的案件处分被查封的房屋，此情形下，其为第二轮候查封法院，因执行李四的案件时无权处分被查封的房屋，由此产生的登记，登记机构不得办理。因此，登记机构不能按甲人民法院送达的协助执行通知书的要求，将房屋从张三名下登记到王五名下。

若甲人民法院坚持要求登记机构按其送达的协助执行通知书的规定，将房屋从张三名下登记到王五名下，登记机构该怎么办？

最高人民法院与中央19个部门联合发布实施的《关于建立和完善执行联动机制若干问题的意见》（法发〔2010〕15号）第二十三条规定，执行联动机制工作领导小组由各级政法委员会牵头，定期、不定期召开会议，通报情况，研究解决执行联动机制运行中出现的问题，确保执行联动机制顺利运行。据此可知，各级党的政法委员会是当地执行联动机制工作领导小组的牵头单位，负责协调、处理执行联动中出现的问题。本问中，若甲人民法院坚持要求登记机构按其送达的协助执行通知书的规定，将其在无处分权的情形下擅自处分的房屋，从张三名下登记到王五名下，此即是执行联动中出现的问题，登记机构在签收执行文书后，应当及时就不能按协助执行通知书的规定，将房屋从张三名下登记到王五名下的理由和依据书面告知甲人民法院，同时，书面向对甲人民法院有领导权的政法委员会汇报，也向登记机构所在地政法委员会报送该书面汇报，请求各政法委员会客观、公正、公平地协调、解决登记机构无法解决的问题。

第 139 问　轮候查封的人民法院因实现抵押权处分被查封的不动产产生的转移登记，登记机构可否办理

一处有抵押权负担的房屋，上面有 A 人民法院的查封登记和 B、C、D 三个人民法院的轮候查封登记。抵押权人向 E 人民法院起诉债务人后，E 人民法院办理了第四个轮候查封登记。之后，E 人民法院为实现抵押权拍卖该房屋，张三购得。E 人民法院向登记机构送达拍卖成交裁定书和协助执行通知书，要求将该房屋过户登记给张三。

有 A 人民法院的查封登记存在的情形下，登记机构可否凭 E 人民法院送达的拍卖成交裁定书和协助执行通知书将该房屋转移登记（过户登记）给张三？

笔者认为，有 A 人民法院的查封登记存在的情形下，登记机构不能凭 E 人民法院送达的拍卖成交裁定书和协助执行通知书将该房屋转移登记（过户登记）给张三。

一、对被查封房屋的处分权在查封法院

按《最高人民法院、国土资源部、建设部关于依法规范人民法院执行和国土资源房地产管理部门协助执行若干问题的通知》（法发〔2004〕5 号）第二十条规定，查封法院对查封的土地使用权、房屋全部处理的，排列在后的轮候查封自动失效；查封法院对查封的土地使用权、房屋部分处理的，对剩余部分，排列在后的轮候查封自动转为查封。据此可知，一般情形下，查封法院才可以对被查封的土地使用权、房屋作处分，换言之，一般情形下，轮候查封法院不得处分被查封的土地使用权、房屋。本问中，为实现抵押权拍卖被查封房屋的 E 人民法院是轮候查封法院，不具有处分被查封房屋的资格。E 人民法院拍卖被查封房屋的行为，违反《最高人民法院、国土资源部、建设部关于依法规范人民法院执行和国土资源房地产管理部门协助执行若干问题的通知》（法发〔2004〕5 号）第二十条规定。按《关于建立和完善执行联动机制若干问题的意见》（法发〔2010〕15 号）第十二条规定，轮候查封的人民法院违法要求协助办理房屋登记手续的，依法不予办理。据此可知，对非查封法院处分被查封的土地使用权、房屋的，登记机构不得办理权属变更、转移登记手续。因此，本问中，作为轮候查封法院的 E 人民法院因实现抵押权将被查封房屋拍卖给张三，由此产生的转移登记（过户登记），登记机构不能办理。

二、本问的实务处理

《关于建立和完善执行联动机制若干问题的意见》（法发〔2010〕15 号）第二十三条规定，执行联动机制工作领导小组由各级政法委员会牵头，定期、不定期召开会议，通报情况，研究解决执行联动机制运行中出现的问题，确保执行联动机制顺利运行。据此可知，登记机构在签收 E 人民法院送达的要求将该房屋过户登记给张三的拍卖成交裁定书和协助执行通知书时，应当将该房屋上有 A 人民法院的查封登记记载的事实告知 E 人民法院。如果 E 人民法院仍然要求登记机构将该房屋转移登记（过户登记）给张三的，则登记机构与 E 人民法院产生了执行争执，登记机构应当将 E 人民法院送达的拍卖成交裁定书和协助执行通知书要求转移登记（过户登记）给张三的房屋上存在 A 人民法院的查封登记，不能履行协助执行义务的情况向对 E 人民法院有领导权的政法委、人大报告，请求解决此执行争执。

三、本问中抵押权人利益的保障

《最高人民法院关于人民法院执行工作若干问题的规定（试行）》第四十条规定："人民法院对被执行人所有的其他人享有抵押权、质押权或留置权的财产，可以采取查封、扣押措施。财产拍卖、变卖后所得价款，应当在抵押权人、质押权人或留置权人优先受偿后，其余额部分用于清偿申请执行人的债权。"据此可知，有抵押权负担的财产被查封后，实施查封的人民法院处分该被查封财产后，给抵押权人留够份额后的余额，才分配给查封登记申请人，即抵押权的优先受偿体现在变现款的分配上。本问中，在 A 人民法院变现该抵押房屋时，会给抵押权人留够份额，即抵押权人的利益有充分的保障。

第 140 问　人民法院处分共同抵押物中的一处不动产后，登记机构如何协助人民法院将该处不动产转移登记给买受人

一家公司为获取贷款，将五处房屋抵押给银行，办理了一件一般抵押权登记。因该公司无法按期偿还贷款本息，银行向人民法院起诉，请求人民法院判决其履行还本付息义务，人民法院判决支持了银行的诉求，执行中，将其中的一处房屋进行了拍卖。现人民法院向登记机构送达协助执行通知书、拍卖成交裁定书。协助执行通知书要求登记机构注销该处房屋上的抵押权后将其转移登记给买受人。

对人民法院的协助执行，登记机构该如何处理？

笔者认为，登记机构应当办理因抵押物减少产生的抵押权变更登记，除去该房屋上的抵押权负担后，再将该房屋转移登记给买受人。

所谓抵押权变更登记，是指记载在登记簿上的抵押权，在权利主体不变，权利客体、权利内容等登记簿上记载的事项变动产生的抵押权登记。本问中，五处房屋作为共同抵押物为公司的贷款债务履行作抵押担保，因该公司无法按期偿还贷款本息，银行向人民法院起诉，请求人民法院判决其履行还本付息义务，人民法院判决支持了银行的诉求，执行中，将其

中的一处房屋进行了拍卖。人民法院向登记机构送达协助执行通知书要求登记机构注销该处房屋抵押权后将其转移登记给买受人,表明:作为共同抵押物的五处房屋中的一处房屋,因被人民法院拍卖退出抵押关系且要转移登记给买受人,其他四处房屋仍然属于共同抵押物且处于持续抵押状态。被拍卖的房屋退出抵押关系属于抵押物减少的情形,即抵押权的权利客体发生变动,成就了产生抵押权变更登记的事由。抵押权变更登记办结后,被拍卖的房屋上的抵押权负担消灭,达到抵押权注销登记的效果,此举并不违反人民法院送达的协助执行通知书中要求注销该房屋上的抵押权的要求,因此,登记机构应当办理因抵押物减少产生的抵押权变更登记,除去该房屋上的抵押权负担后,再将该房屋转移登记给买受人。

第 141 问　登记机构可否协助人民法院将用假的登记申请材料获取登记的房屋所有权转移登记给买受人

人民法院向登记机构送达裁定书和协助执行通知书,要求将一处房屋过户登记给买受人,但登记机构查询档案及与相关部门核实后,发现存档的办理该房屋登记的国有土地使用权证、建设工程规划许可证、竣工验收证明均是假的。

登记机构可否按人民法院送达的裁定书和协助执行通知书要求,将该房屋所有权转移登记给买受人?

笔者认为,登记机构应当按人民法院送达的裁定书和协助执行通知书要求,将该房屋所有权转移登记给买受人。

一、登记机构应当按人民法院送达的裁定书和协助执行通知书要求,将该房屋所有权转移登记给买受人

《民法典》第二百一十六条第一款规定,不动产登记簿是物权归属和内容的根据。据此可知,一般情形下,登记簿上记载的物权归属和内容具有合法性和有效性。本问中,虽然登记簿上现时记载的房屋所有权是基于假的国有土地使用权证、建设工程规划许可证、竣工验收证明获取的,但该房屋所有权在没有被更正、注销或被撤销前,仍然具有合法性和有效性,可以作为人民法院的执行标的。

《民事诉讼法》第二百五十一条规定,在执行中,需要办理有关财产权证照转移手续的,人民法院可以向有关单位发出协助执行通知书,有关单位必须办理。据此可知,协助执行通知书,是指实施执行措施的人民法院制作的,通知有关单位或者个人协助执行发生法律效力的法律文书所确定的内容的一种法律文书,协助执行通知书具有强制性。

在不动产登记实务中,按《不动产登记暂行条例实施细则》第十九条第二款第(一)项规定,人民法院持生效法律文书和协助执行通知书要求不动产登记机构办理登记的,不动产登记机构应当直接办理。据此可知,人民法院持生效法律文书和协助执行通知书要求登记机构办理不动产登记的,登记机构不得添加任何中间环节,应当即时、严格按生效法律文书和协助执行通知书要求办理相关登记。因此,本问中,登记机构应当按人民法院送达的裁定书和协助执行通知书要求,将该房屋所有权转移登记给买受人。

二、登记机构无须质疑人民法院可否将用假的登记申请材料获取登记的房屋所有权作为执行标的

按《最高人民法院、国土资源部、建设部关于依法规范人民法院执行和国土资源房地产管理部门协助执行若干问题的通知》(法发〔2004〕5号)第三条第二款规定,国土资源、房地产管理部门在协助人民法院执行土地使用权、房屋时,不对生效法律文书和协助执行通知书进行实体审查。其中,对人民法院生效法律文书和协助执行通知书进行实体审查是指什么?

《民事诉讼法》第一百六十四条第一款规定,当事人不服地方人民法院第一审判决的,有权在判决书送达之日起十五日内向上一级人民法院提起上诉。该法第一百六十八条规定,第二审人民法院应当对上诉请求的有关事实和适用法律进行审查。据此可知，我国的民事审判实行二审终审制，对当事人就一审人民法院作出的法律文书提出的上诉，二审人民法院对该法律文书确认的事实是否清楚和适用的法律是否正确进行审查。笔者据此认为，二审人民法院对上诉后的一审人民法院作出的法律文书确认的事实是否清楚和适用的法律是否正确进行审查即实体审查。本问中，登记机构如果质疑人民法院可否将用假的登记申请材料获取登记的房屋所有权作为执行标的，即是对人民法院的裁定书和协助执行通知书确认的事实是否清楚和适用的法律是否正确进行审查，此举是对人民法院生效的法律文书和协助执行通知书进行实体审查，违反《最高人民法院、国土资源部、建设部关于依法规范人民法院执行和国土资源房地产管理部门协助执行若干问题的通知》（法发〔2004〕5号）第三条第二款规定，不值得倡导。

三、对执行标的存在权属错误的，登记机构可以向执行法院提出书面审查建议

在不动产登记实务中，按《不动产登记暂行条例实施细则》第一百零四条第（一）项规定，采用提供虚假材料等欺骗手段申请登记属于应当受到惩处的违法行为。申言之，采用提供虚假材料等欺骗手段获取登记更属于应当受到惩处的违法行为，且基于此办理的不动产登记属于错误登记，基于此错误登记记载在登记簿上的权利和内容也是错误的。按《最高人民法院、国土资源部、建设部关于依法规范人民法院执行和国土资源房地产管理部门协助执行若干问题的通知》（法发〔2004〕5号）第三条第二款规定，国土资源、房地产管理部门认为人民法院查封、预查封或者处理的土地、房屋权属错误的，可以向人民法院提出审查建议，但不应当停止办理协助执行事项。本问中，如前所述，基于假的国有土地使用权证、建设工程规划许可证、竣工验收证明获取的房屋所有权登记是错误的，即作为人民法院执行标的的房屋存在权属错误。登记机构

在即时、严格按人民法院送达的裁定书和协助执行通知书要求，将该房屋所有权转移登记给买受人的同时，应当以作为执行标的物的房屋存在权属错误为由，向人民法院送达书面审查建议。如果人民法院采纳登记机构的审查建议的，按人民法院送达的执行文书处理。当然，登记机构当初办理当事人用假的国有土地使用权证、建设工程规划许可证、竣工验收证明申请的房屋所有权登记时，若没有尽到合理审慎的注意义务的，应当承担相应的不利后果。

第 142 问　有抵押权负担的房屋，登记机构可否按人民法院的协助执行通知书办理增加共有人产生的登记

有一房屋登记为张三单独所有。某年 2 月，张三用该房屋向银行抵押贷款，办理了一般抵押权登记，债务履行期限 2 年。同年 5 月，人民法院向登记机构送达判决书和协助执行通知书，判决书载明房屋归张三、李四按份共有，其中，张三占三分之二份额，李四占三分之一份额。协助执行通知书要求登记机构将登记为张三单独所有的房屋登记为张三、李四按份共有，其中，张三占三分之二份额，李四占三分之一份额。

房屋上有抵押权，登记机构可否按协助执行通知书要求，将房屋登记为张三、李四按份共有？如果可以，由于张三不配合，其持有的不动产权属证书不能收回，如何处理？

笔者认为，虽然房屋上有抵押权，登记机构也应当按人民法院送达的协助执行通知书要求，将房屋登记为张三、李四按份共有。如果张三不配合，其持有的不动产权属证书，在转移登记完成后，由登记机构公告作废。

第一种处理方式：

《民事诉讼法》第二百五十一条规定，在执行中，需要办理有关财产权证照转移手续的，人民法院可以向有关单位发出协助执行通知书，有关单位必须办理。据此可知，人民法院向协助执行单位送达的协助执行通知书具有强制性。换言之，登记机构按人民法院送达的协助执行通知书的要求办理相关登记，是履行其法定义务。在不动产登记实务中，按《不动产登记暂行条例实施细则》第二十六条第（六）项规定，共有人增加属于当事人申请转移登记的情形。因此，本问中，登记机构应当按人民法院送达的协助执行通知书的要求，适用增加共有人产生的转移登记，将房屋由张三单独所有转移登记为张三、李四按份共有，其中，张三占三分之二份额，李四占三分之一份额。同时，在张三的份额上加注抵押权。登记机构无须收取抵押权人同意的证明，也无须解除抵押权后再做增加共有人产生的转移登记。

第二种处理方式：

《民法典》第二百二十条第一款规定，权利人、利害关系人认为不动产登记簿记载的事项错误的，可以申请更正登记。不动产登记簿记载的权利人书面同意更正或者有证据证明登记确有错误的，登记机构应当予以更正。据此可知，登记簿的记载发生错误时，应当通过更正登记予以纠正。本问中，人民法院生效的判决书将登记为张三单独所有的房屋确认为归张三、李四按份共有，与登记簿上的记载不一致，表明登记簿上房屋归张三单独所有的记载错误，应当通过更正登记予以纠正，即将房屋由张三单独所有更正登记为张三、李四按份共有，其中，张三占三分之二份额，李四占三分之一份额。同时，在张三的份额上加注抵押权。此举并不违反人民法院送达的协助执行通知书要求。

在不动产登记实务中，《不动产登记暂行条例实施细则》第二十三条规定，因不动产权利灭失等情形，不动产登记机构需要收回不动产权属证书或者不动产登记证明的，应当在不动产登记簿上将收回不动产权属证书或者不动产登记证明的事项予以注明；确实无法收回的，应当在不动产登记机构门户网站或者当地公开发行的报刊上公告作废。据此可知，本问中，登记为张三单独所有的房屋所有权因转移登记或更正登记为张

三、李四按份共有后消灭，表征该已经消灭的房屋所有权的不动产权属证书，在不能收回的情形下，由登记机构在其门户网站或者当地公开发行的报刊上公告作废。

在司法实务中，《最高人民法院关于审理房屋登记案件若干问题的规定》（法释〔2010〕15号）第二条规定，房屋登记机构根据人民法院、仲裁委员会的法律文书或者有权机关的协助执行通知书以及人民政府的征收决定办理的房屋登记行为，公民、法人或者其他组织不服提起行政诉讼的，人民法院不予受理，但公民、法人或者其他组织认为登记与有关文书内容不一致的除外。质言之，登记机构如果按人民法院生效的法律文书确定的内容做登记，就不会承担不利的法律责任，反之不然。因此，本问中，登记机构若按人民法院送达的协助执行通知书要求，将房屋登记为张三、李四按份共有，其中，张三占三分之二份额，李四占三分之一份额。即使抵押权人的利益因此而受到损害，将登记机构作为被告起诉时，也不会得到人民法院的支持，换言之，登记机构不因办理此登记而承担不利后果。

第 143 问　人民法院要求协助办理其处分有抵押权负担的不动产产生的转移登记，登记机构可否办理

人民法院向登记机构送达协助执行通知书，要求办理一处不动产的过户手续，但该不动产上设立有抵押权，并且人民法院送达的协助执行通知书中并未注明可以注销抵押权。

登记机构是否按协助执行通知书要求办理该不动产的转移登记？

笔者认为，登记机构应当按协助执行通知书要求办理该不动产的转移登记。

《民事诉讼法》第二百五十一条规定，在执行中，需要办理有关财产权证照转移手续的，人民法院可以向有关单位发出协助执行通知书，有关单位必须办理。据此可知，人民法院向协助执行单位送达的协助执行通知书具有强制性。在不动产登记实务中，《不动产登记暂行条例实施细则》第十九条第二款第（一）项规定，人民法院持生效法律文书和协助执行通知书要求不动产登记机构办理登记的，登记机构应当直接办理相关不动产登记。笔者认为，其中的"直接办理"即登记机构直接凭执行文书办理相关登记，无须添加其他任何中间环节。因此，本问中，虽然人民法院送达协助执行通知书要求过户的房屋上有抵押权存在，但登记机构也应当按协助执行通知书要求办理该不动产的转移登记，以履行法定的协助执行义务。如果要注销抵押权后再办理转移登记，属于添加中间环节的行为，与《不动产登记暂行条例实施细则》第十九条第二款第（二）项规定相悖。如果登记机构按协助执行通知书要求办理该不动产的转移登记，是否会承担不利后果？

《最高人民法院关于审理房屋登记案件若干问题的规定》（法释〔2010〕15号）第二条第一款规定，房屋登记机构根据人民法院、仲裁委员会的法律文书或者有权机关的协助执行通知书以及人民政府的征收决定办理的房屋登记行为，公民、法人或者其他组织不服提起行政诉讼的，人民法院不予受理，但公民、法人或者其他组织认为登记与有关文书内容不一致的除外。据此可知，登记机构按法律文书或者有权机关的协助执行通知书确定的范围办理相关登记，其他人因此以登记机构为被告向人民法院起诉的，人民法院不予受理。因此，本问中，如果登记机构按协助执行通知书要求办理该不动产的转移登记，也不会承担不利后果。

第144问　未收回的不动产权属证书是在协助执行事宜办理前公告作废，还是在办结后公告作废

人民法院向不动产登记机构送达裁定书和协助执行通知书，要求登记机构将现时登记在张三名下的不动产过户登记到李四名下。人民法院没有向登记机构送达张三名下的不动产权属证书。

对未收回的张三名下的不动产权属证书，登记机构是在办理转移登

记之前公告作废，还是在办理转移登记之后公告作废？

笔者认为，对未收回的张三名下的不动产权属证书，登记机构应当在办理转移登记之后公告作废。

《民法典》第二百一十七条规定，不动产权属证书是权利人享有该不动产物权的证明。不动产权属证书记载的事项，应当与不动产登记簿一致；记载不一致的，除有证据证明不动产登记簿确有错误外，以不动产登记簿为准。据此可知，不动产权属证书是登记簿上记载的有效的不动产权利的外在表征凭证。申言之，登记簿上没有有效的不动产权利记载，则没有不动产权属证书表征的对象，不动产权属证书无制作、颁发的前提。在不动产登记实务中，《不动产登记暂行条例实施细则》第二十三条规定，因不动产权利灭失等情形，不动产登记机构需要收回不动产权属证书或者不动产登记证明的，应当在不动产登记簿上将收回不动产权属证书或者不动产登记证明的事项予以注明；确实无法收回的，应当在不动产登记机构门户网站或者当地公开发行的报刊上公告作废。本问中，登记机构按人民法院的执行文书将张三名下的不动产转移（过户）登记到李四名下前，张三享有的不动产权利还记载在张三名下，不动产权属证书表征的对象还存在。登记机构按人民法院的执行文书将张三名下的不动产转移（过户）登记到李四名下后，张三享有的不动产权利因转移（过户）登记的完成而消灭，张三名下的不动产权属证书失去表征对象。因此，对未收回的张三名下的不动产权属证书，登记机构应当在办理转移登记之后公告作废。

第145问　执行事项存在权属错误的协助执行通知书，登记机构可否据此办理不动产登记

甲、乙按份共有某套房屋。甲用其享有的份额为自己的债务提供抵押担保，办理了抵押权登记。后来，甲因不能清偿债务被法院拍卖抵押份额，丙为买受人，人民法院向登记机构送达了拍卖成交裁定书和协助执行通知书，拍卖成交裁定书上的被执行人为甲，裁定结果为"甲位于某处的房屋归丙所有"。协助执行通知书上载明："将甲位于某处的一套房屋登记到丙名下"。

登记机构能否根据协助执行通知书将甲、乙共有的某套房屋登记到丙名下？

笔者认为，登记机构应当按协助执行通知书要求将甲、乙共有的某套房屋登记到丙名下。

《民事诉讼法》第二百五十一条规定，在执行中，需要办理有关财产权证照转移手续的，人民法院可以向有关单位发出协助执行通知书，有关单位必须办理。质言之，协助执行通知书，是指实施执行措施的人民法院制作的，通知有关单位或者个人协助执行发生法律效力的法律文书所确定的内容的一种法律文书，协助执行通知书具有强制性。在不动产登记实务中，《不动产登记暂行条例实施细则》第十九条第二款第（一）项规定，人民法院持生效法律文书和协助执行通知书要求不动产登记机构办理登记的，不动产登记机构应当直接办理。据此可知，本问中，人民法院向登记机构送达了拍卖成交裁定书和协助执行通知书，要求登记机构"将甲位于某处的一套房屋登记到丙名下"，即登记机构应当按具有强制效力的协助执行通知书要求将甲、乙共有的该套房屋登记到丙名下。

但是，丙通过拍卖买受取得的是甲的份额，人民法院应当要求登记机构将甲的份额转移登记到丙名下，使乙、丙按份共有该房屋，但人民法院却向登记机构送达拍卖成交裁定书和协助执行通知书，要求登记机构将甲、乙共有的该套房屋全部登记到丙名下，即人民法院要求登记机构办理的协助执行事项存在权属错误。按《最高人民法院、国土资源部、建设部关于依法规范人民法院执行和国土资源房地产管理部门协助执行若干问题的通知》（法发〔2004〕5号）第三条规定，国土资源、房地产管理部门认为人民法院查封、预查封或者处理的土地、房屋权属错误的，可以向人民法院提出审查建议，但不应当停止办理协助执行事项。据此可知，本问中，登记机构在按协助执行通知书要求将该套房屋登记到丙名下的同时，应当以人民法院要求登记机构办理的房屋登记存在权属错误为由，向人民法院提出审查建议。人民法院若采纳登记机构的审查建议，但房屋已经登记到丙名下的，人民法院可以通过执行回转等程序将房屋恢复到正确的登记状态。

第九部分 其 他

第 146 问 对申请人通过邮政挂号信方式申请的不动产登记，登记机构该如何处理

有申请人通过邮政挂号信的方式向登记机构申请不动产登记，登记人员查询：登记申请书等申请材料齐全，也符合法定形式。

对申请人通过邮政挂号信的方式申请的不动产登记，登记机构该如何处理？

有观点认为，申请人通过邮政挂号信方式申请不动产登记时，登记机构无法核实申请人的身份，也无法对申请人进行询问，对此申请，登记机构应当不予受理。笔者不支持此观点。

《不动产登记暂行条例》第十五条第一款规定，当事人或者其代理人应当向不动产登记机构申请不动产登记。据此可知，行政法规没有规定具体的不动产登记申请方式。因此，本问中，申请人通过邮政挂号信的方式申请不动产登记并不违反行政法规的规定。按该暂行条例第十七条第（一）项规定，申请材料齐全、符合法定形式的不动产登记申请，登记机构应当受理并书面告知申请人。本问中，登记人员查询：登记申请书等申请材料齐全，也符合法定形式。据此可知，申请人通过邮政挂号信方式申请的不动产登记，满足行政法规规定的受理条件，登记机构应当受理。

《民法典》第二百一十二条第一款规定："登记机构应当履行下列职责：（一）查验申请人提供的权属证明和其他必要材料；（二）就有关登记事项询问申请人；（三）如实、及时登记有关事项；（四）法律、行政法规规定的其他职责。"据此可知，登记机构查验登记申请材料后，根据查验情况对申请人进行询问是其法定职责，询问结果证明材料是申请人的不动产登记申请是否合法的组成部分。按《不动产登记暂行条例》第二十二条第（一）项规定，登记申请违反法律、行政法规规定的，登记机构应当作不予登记处理。因此，本问中，登记机构受理申请人以邮政挂号信方式申请的不动产登记后，通过电话、网络视频的方式询问申请人，询问内容由公证机构制成公证文书邮寄送达登记机构的，登记机构可以依法完成登记。否则，应当以申请人无法接受登记机构的询问，其申请不符合法律的规定为由作不予登记处理。

第147问 非婚生未成年人的父母是否是其共同监护人

未成年人甲是乙、丙的非婚生儿子，甲现随父亲乙生活。登记在甲名下的房屋转让给他人。现乙与受让方向登记机构申请转让转移登记，但甲的父亲乙提交的户口簿只能反映父子关系，父亲婚姻状况一栏显示未婚。经询问乙得知：甲的母亲丙不知所终，甲入户凭的是有资质的机构出具的 DNA 鉴定报告。

对乙与受让方申请的转让转移登记，登记机构可否办理？

笔者认为，对乙与受让方申请的转让转移登记，登记机构不得办理

《民法典》第二十七条第一款规定，父母是未成年子女的监护人。按该法第三十六条、第三十七条和第三十八条规定，只有人民法院才有权撤销监护人的监护资格。该法第一千零七十一条第一款规定，非婚生子女享有与婚生子女同等的权利，任何组织或者个人不得加以危害和歧视。据此可知，无论婚生子女，还是非婚生子女，父母都是其共同监护人且共同行使监护权。非经人民法院判决，父或母的监护人的监护资格不被撤销。在不动产登记实务中，《不动产登记暂行条例实施细则》第十一条第一款规定，无民事行为能力人、限制民事行为能力人申请不动产登记的，应当由其监护人代为申请。据此可知，本问中，转让未成年人甲的

第九部分 其他

房屋产生的转移登记应当由其父母乙、丙共同代其与买方一起申请，故对乙与受让方向登记机构申请的转让转移登记，登记机构不得办理。

按《民法典》第三十六条规定，监护人怠于履行监护职责，或者无法履行监护职责并且拒绝将监护职责部分或者全部委托给他人，导致被监护人处于危困状态的，其他有监护资格的人或组织可以向人民法院申请撤销监护人的监护资格。据此可知，监护人不履行或不充分履行监护职责时，其他有监护资格的人或组织可以向人民法院起诉，请求人民法院判决其履行监护职责，也可以请求人民法院撤销其监护资格。本问中，乙可以将丙作为被告起诉，请求人民法院判决其履行监护职责或撤销其监护资格，至于丙不知所终，人民法院立案后，发出寻人公告，然后按程序裁判。如果人民法院判决丙履行监护职责的，乙可以申请人民法院执行，登记机构凭人民法院的执行文书办登记。如果人民法院判决撤销丙的监护资格的，乙凭生效的判决书单方代甲申请转让转移登记。

第 148 问　监护人单独代其非婚生的未成年子女申请房产转移登记时，应当提交的监护关系证明是什么

甲转让登记在五岁的乙名下的房产时，甲提交的户口本上只有甲、乙的户口信息，由于乙是其非婚生的女儿，甲不愿意提供乙的父亲的任何信息，只请求准许她单独作为乙的监护人代为申请转移登记。

如果甲要单独作为乙的监护人代为申请转让房屋产生的转移登记，其应当提交的监护关系证明是什么？

《民法典》第二十条规定，不满八周岁的未成年人为无民事行为能力人，由其法定代理人代理实施民事法律行为。该法第二十三条规定，无民事行为能力人、限制民事行为能力人的监护人是其法定代理人。该法第二十七条第一款规定，父母是未成年子女的监护人。在不动产登记实务中，按《不动产登记暂行条例实施细则》第十一条第一款和第二款规定，无民事行为能力人、限制民事行为能力人申请不动产登记的，应当由其监护人代为申请。监护人代为申请登记的，应当提供监护人与被监护人的身份证或者户口簿、有关监护关系等材料。据此可知，不满八周岁的未成年人为无民事行为能力人，父母是其共同监护人，一般情形下，应当由父母持监护关系证明共同代其申请不动产登记。本问中，五岁的乙是非婚生的无民事行为能力人的未成年人，其母亲甲不愿意提供她的父亲的任何信息，如果甲要单独作为乙的监护人代为申请转移登记，甲应当提交的监护关系证明是什么呢？

《母婴保健法》第二十三条规定，医疗保健机构和从事家庭接生的人员按照国务院卫生行政部门的规定，出具统一制发的新生儿出生医学证明。《关于启用和规范管理新版〈出生医学证明〉的通知》（国卫妇幼发〔2013〕52号）规定，《出生医学证明》应当载明新生儿姓名和新生儿父母姓名。据此可知，医疗保健机构和从事家庭接生的人员出具的出生医学证明上应当载明新生儿姓名和新生儿父母姓名，故出生医学证明能够证明新生儿与父母的关系，申言之，出生医学证明可以作未成年人的监护关系证明。本问中，笔者认为，如果甲能够提交乙的出生医学证明且该出生医学证明上只载明母亲的姓名，而没有载明父亲的姓名的，登记机构可以采用为甲单独作为乙的监护人的监护关系证明。

《民法典》第三十一条第一款规定，对监护人的确定有争议的，由被监护人住所地的居民委员会、村民委员会或者民政部门指定监护人，有关当事人对指定不服的，可以向人民法院申请指定监护人；有关当事人也可以直接向人民法院申请指定监护人。据此可知，对被监护人的监护人的确定有争议的，可以由被监护人住所地的居民委员会、村民委员会或者民政部门为其指定监护人，也可以由人民法院以判决书的方式为其指定监护人。本问中，如果甲提交乙的户籍所在地的居民委员会、村民委员会或者民政部门指定其为乙的监护人的证明，或者提交人民法院指定其为乙的监护人的判决书的，登记机构也可以采用为甲单独作为乙的监护人的监护关系证明。

第九部分 其他

第 149 问 社区居民委员会为阿尔茨海默症病人指定监护人的证明，登记机构可否用作登记的证据材料

老人周某患有阿尔茨海默症，女儿小周为给其筹集医疗费，将登记在周某名下的一处房屋转让给他人。现小周和受让方持人民法院确认周某为限制民事行为能力人的判决书、周某所在社区居民委员会指定小周为其监护人的证明等材料申请房屋转让转移登记。

对周某所在社区居民委员会指定小周为其监护人的证明，登记机构可否用作登记材料？

笔者认为，对周某所在社区居民委员会指定小周为其监护人的证明，登记机构应当根据对小周的询问情况决定是否用作登记材料。

《民法典》第二十八条规定："无民事行为能力或者限制民事行为能力的成年人，由下列有监护能力的人按顺序担任监护人：（一）配偶；（二）父母、子女；（三）其他近亲属；（四）其他愿意担任监护人的个人或者组织，但是须经被监护人住所地的居民委员会、村民委员会或者民政部门同意。"据此可知，一般情形下，成年被监护人的配偶、父母或子女、其他近亲属、被监护人住所地的居民委员会（村民委员会）或者民政部门同意的组织或个人，按顺序担任其监护人。该法第三十条规定，依法具有监护资格的人之间可以协议确定监护人。协议确定监护人应当尊重被监护人的真实意愿。该法第三十一条第一款规定，对监护人的确定有争议的，由被监护人住所地的居民委员会、村民委员会或者民政部门指定监护人，有关当事人对指定不服的，可以向人民法院申请指定监护人；有关当事人也可以直接向人民法院申请指定监护人。据此可知，成年被监护人的配偶、父母或子女、其他近亲属等具有监护资格的人之间可以通过协议的方式为其确定监护人，当具有监护资格的人之间就协议确定监护人不能达成一致意见时，被监护人住所地的居民委员会（村民委员会）或者民政部门才可以为其指定监护人。因此，被监护人住所地的居民委员会、村民委员会或者民政部门为其出具指定监护人的证明，表明

被监护人的全体具有监护资格的人知晓监护人的指定事宜，该证明是符合法律规定的监护人资格证明材料。按《民法典》第二百一十二条规定，询问申请人是登记机构的职责。按前述《民法典》第三十一条第一款规定，有关当事人对指定不服的，可以向人民法院申请指定监护人；有关当事人也可以直接向人民法院申请指定监护人。在不动产登记实务中，《不动产登记暂行条例实施细则》第十一条规定，监护人代被监护人申请不动产登记时，有关监护关系材料是应当提交的材料。据此可知，虽然被监护人住所地的居民委员会（村民委员会）或者民政部门为其指定监护人的证明，是符合法律规定的监护人资格证明材料，但也可能同时存在人民法院为该被监护人指定监护人的情形，故登记机构应当询问申请人人民法院是否也为被监护人指定了监护人，如果申请人回答"没有"的，登记机构才可以将被监护人住所地的居民委员会（村民委员会）或者民政部门为其指定监护人的证明用作登记证据材料。本问中，小周代周某与受让人申请转让转移登记时，提交的是周某所在社区居民委员会指定小周为监护人的证明，登记机构应当询问小周"人民法院是否也为周某指定监护人"，小周作否定陈述后，才可以将该证明用作登记的证据材料。否则，应当将人民法院指定监护人的证明用作登记的证据材料。

第 150 问　登记人员受理不动产登记申请时，如何判断成年人是否是无民事行为能力人

《民法典》第二十一条第一款规定，不能辨认自己行为的成年人为无民事行为能力人，由其法定代理人代理实施民事法律行为。在不动产登记实务中，《不动产登记暂行条例实施细则》第十一条第一款规定，无民事行为能力人、限制民事行为能力人申请不动产登记的，应当由其监护人代为申请。据此可知，不能辨认自己行为的成年人为无民事行为能力人，无民事行为能力人不能直接申请不动产登记，只能由其监护人代其申请。

第九部分 其 他

登记人员受理不动产登记申请时，如何判定成年人是否是无民事行为能力人？

笔者认为，登记人员应当通过询问申请人和指导其填写申请书、提交登记申请材料等方式，看其对自己申请的不动产登记是否有清晰的辨识能力来判定。

按《民法典》第二百一十二条第一款第（二）项规定，就有关登记事项询问申请人是登记机构的职责。在不动产登记实务中，《不动产登记操作规范（试行）》2.1.5条第一款规定，申请不动产登记，申请人本人或者其代理人应当到不动产登记机构办公场所提交申请材料并接受不动产登记机构工作人员的询问。该规范3.4.1条规定："不动产登记机构工作人员应根据不同的申请登记事项询问申请人以下内容，并制作询问记录，以进一步了解有关情况：1 申请登记的事项是否是申请人的真实意思表示；2 申请登记的不动产是否存在共有人；3 存在异议登记的，申请人是否知悉存在异议登记的情况；4 不动产登记机构需要了解的其他与登记有关的内容。"据此可知，登记人员在受理登记申请时，须根据申请登记的权利或相关事项，依法依规对申请人进行询问，通过申请人的回答，结合登记申请材料、查看现场提取的信息，综合判定申请登记的权利或相关事项是否合法、真实、有效，从而确定可否登记。换言之，登记人员履行询问申请人、指导申请人填写申请书和提交登记申请材料等职责时，发现申请人不能正常接受与其申请的不动产登记相关的询问，或不能在登记人员指导下完成登记申请书的填写并提交登记申请材料的情形下，申请人是否有民事行为能力存疑，其提交的基于民事行为产生的登记申请材料的效力也存疑。《民法典》第二十一条第一款规定，不能辨认自己行为的成年人为无民事行为能力人，由其法定代理人代理实施民事法律行为。据此可知，不能辨认自己行为的成年人为无民事行为能力人，反之，能够辨认自己行为的成年人不是无民事行为能力人。本问中，申请不动产登记，是民事主体实施的启动不动产登记的行为，属于民事行为，如果申请人对其实施的不动产登记申请行为能够辨识，则其不是无民事行为能力人。反之，为无民事行为能力人。

第 151 问　权利人委托他人代为领证又亲自到登记机构请求领证的，登记机构该怎样处理

甲购买某房地产开发公司的商品房，出具委托书委托该房地产开发公司的工作人员乙代为申请转移登记、代为领取不动产权属证书。不动产权属证书缮制好后，甲持身份证明自己来登记机构要求领取不动产权属证书。

登记机构可否准予甲领取其权属证书？如果可以，甲未能提交的用作领证凭据的受理凭证该怎样处理？

笔者认为，登记机构应当准予甲领取其权属证书，对甲未能提交的用作领证凭据的受理凭证，可以要求甲出具因该受理凭证产生的责任由其承担的保证书代替之。

在不动产登记实务中，《不动产登记暂行条例实施细则》第十二条第一款规定，当事人可以委托他人代为申请不动产登记。据此可知，不动产登记，当事人尚且可以委托他人代为申请，不动产登记记载于登记簿上后，登记机构基于登记簿的记载向权利人颁发的不动产权属证书，权利人也可以委托他人代为领取。因此，本问中，甲购买某房地产开发公司的商品房后，委托房地产开发公司的工作人员乙代为领取不动产权属证书，符合《不动产登记暂行条例实施细则》第十二条第一款的规定。但是，按《民法典》第一百七十三条第（二）项规定，被代理人取消委托属于委托代理终止的情形。据此可知，委托人可以基于自己的意思表示，取消其对受托人的委托。本问中，甲虽然委托了房地产开发公司的工作人员乙代为领取不动产权属证书，但甲以自己亲自来领取不动产权属证书的行为表明其取消对乙的委托，因此，登记机构应当准予甲领取其权属证书。

第九部分 其 他

《不动产登记操作规范（试行）》6.1.4条规定，发放不动产权证书或不动产登记证明时，不动产登记机构应当核对申请人（代理人）的身份证明，收回受理凭证。据此可知，当事人领取不动产权属证书或不动产登记证明时，应当向登记机构提交受理凭证。但是，受理凭证不是不动产登记的登记申请材料，换言之，受理凭证对登记簿上记载的不动产登记无影响力。登记机构收取此受理凭证，只表明权利人或其代理人凭受理凭证领取了不动产权属证书或不动产登记证明。因此，本问中，甲亲自来领取不动产权属证书时，不能提交的受理凭证，登记机构可以要求甲出具因该受理凭证产生的责任由其承担的保证书收执归档，不必强制要求甲提交。

第152问　建筑物的地下层可否参与相应的地表土地使用权分摊

有一幢按建设工程规划许可证建造并竣工的建筑物，地上33层、地下2层，通过了规划验收，但只持有载明该建筑物占用范围内的地表的国有建设用地使用权的不动产权属证书。

该建筑物的地下2层，可否分摊地表的国有建设用地使用权？

笔者认为，该建筑物的地下2层应当分摊地表的国有建设用地使用权。

按《城乡规划法》第四十条第二款规定，申请办理建设工程规划许可证，应当提交使用土地的有关证明文件、建设工程设计方案等材料。据此可知，持有合法的用地手续是当事人取得建设工程规划许可手续的前提。申言之，基于合法的用地手续取得建设工程规划许可手续并按此建造、竣工的建筑物，享有该合法的用地手续载明的土地使用权。因此，本问中，虽然当事人申请建设工程规划许可手续时提交的不动产权属证书载明的只是地表的国有建设用地使用权，但在该地块上按建设工程规划许可手续建造并竣工的建筑物是地上33层、地下2层，且通过了规划验收，表明此建筑物为合法建造的建筑物，也表明该建筑物整体享有不动产权属证书载明的在地表设立的国有建设用地使用权，因此，该建筑物的地下2层，应当分摊地表的国有建设用地使用权。

《民法典》第三百四十五条规定，建设用地使用权可以在土地的地表、地上或者地下分别设立。据此可知，经过合法途径，可以设立专门的地下建设用地使用权。本问中，如果当事人办理建设工程规划许可手续时，提交的用地证明文件为取得地表建设用地使用权的材料和取得地下建设用地使用权的材料，表明该建筑物的地下层部分享有专门的地下建设用地使用权，即该建筑物的地下层部分不分摊地表的国有建设用地使用权。

第153问　人民法院裁定房屋转移后，当事人申请该房屋占用范围内的土地权属证书补发的，登记机构可否办理

不动产统一登记前，甲公司因债务纠纷，登记在其名下的房屋被人民法院裁定抵债给乙公司，该房屋也转移登记给了乙公司，但该房屋占用范围内的国有建设用地使用权却没有因执行而转移登记给乙公司。现甲公司向登记机构申请此国有建设用地使用权的不动产权属证书遗失补证。

对甲公司向登记机构申请的不动产权属证书遗失补证，登记机构可否办理？

笔者认为，对甲公司向登记机构申请的不动产权属证书遗失补证，登记机构不能办理。

《民法典》第三百五十六条规定，建设用地使用权转让、互换、出资或者赠与的，附着于该土地上的建筑物、构筑物及其附属设施一并处分。该法第三百五十七条规定，建筑物、构筑物及其附属设施转让、互换、出资或者赠与的，该建筑物、构筑物及其附属设施占用范围内的建设用地使用权一并处分。该法第三百九十七条规定，以建筑物抵押的，该建筑物占用范围内的建设用地使用权一并抵押。以建设用地使用权抵押的，该土地上的建筑物一并抵押。抵押人未依据前款规定一并抵押的，未抵押的财产视为一并抵押。质言之，建设用地使用权应当与其地上的建筑物、构筑物及其附属设施所有权一并转让、抵押，换言之，建设用地使用权与其地上的建筑物、构筑物及其附属设施一并处分是法律规定的原则。在司法实务务中,《最高人民法院关于人民法院民事执行中查封、扣押、冻结财产的规定》(法释〔2004〕15号)第二十三条第一款规定,查封地上建筑物的效力及于该地上建筑物使用范围内的土地使用权,查封土地使用权的效力及于地上建筑物,但土地使用权与地上建筑物的所有权分属被执行人与他人的除外。《最高人民法院、国土资源部、建设部关于依法规范人民法院执行和国土资源房地产管理部门协助执行若干问题的通通知》(法发〔2004〕5号)第二十七条规定,人民法院制作的土地使用权、房屋所有权转移裁定送达权利受让人时即发生法律效力,人民法院应当明确告知权利受让人及时到国土资源、房地产管理部门申请土地、房屋权属变更、转移登记。据此可知,一般情形下,人民法院实施查封时,遵循土地及地上建筑物一并查封原则。申言之,人民法院处分被查封的土地及地上建筑物时,也遵循土地及地上建筑物一并处分原则,且因处分被查封的土地及地上建筑物产生的裁定书,自该裁定书送达当事人时起,当事人无须登记即取得了该土地及地上建筑物的权利。本问中,甲公司因债务纠纷,登记在其名下的房屋被人民法院裁定抵债给乙公司,且该房屋已经转移登记给了乙公司,虽然该房屋占用范围内的国有建设用地使用权没有因执行而及时转移登记给乙公司,但自人民法院将房屋抵债给乙公司的裁定书送达乙公司时起,该房屋占用范围内的国有建设用地使用权同时归乙公司,原登记在甲名下的国有建设用地使用权消灭,故甲公司不应当再持有表征该国有建设用地使用权的不动产权属证书。因此,对甲公司向登记机构申请的该国有建设用地使用权的不动产权属证书遗失补证,登记机构不能办理。

第154问 登记机构可否将不动产登记在死者名下

【案例一】 甲以出让方式取得一宗国有建设用地使用权,签订了土地出让合同,缴清了土地出让税费。取得建设工程规划许可证后,建造了一幢房屋，房屋竣工后，取得了竣工验收手续。但在申请国有建设用地使用权及地上房屋所有权首次登记前，甲意外死亡。甲的唯一继承人乙持甲名下的土地出让合同、土地出让税费缴纳凭证、建设工程规划许可证、房屋竣工验收证、继承权公证书等材料，向登记机构申请国有建设用地使用权及地上房屋所有权登记。

登记机构可否将国有建设用地使用权及地上房屋所有权首次登记在甲名下后，再为乙办理继承转移登记？

【案例二】 张一有三个儿子，分别为张二、张三、张四，张二、张三在外地工作，张四随张一生活。张一的父母先于其亡故。有一处房屋登记为张一单独所有。张一死亡后，张四没有告知张二、张三父亲死亡之事。张四持张一名下的不动产权属证书、采用欺诈手段取得的继承权公证书等材料向登记机构申请继承转移登记，将张一名下的房屋转移登记到自己名下并领取了不动产权属证书。后来，张二持公证机构撤销其为张四出具的公证书的证明、张二和张三是张一合法继承人的证明等材料，向登记机构申请更正登记，要求将房屋更正登记回张一名下，等张三回家后，再协商房屋继承事宜。

登记机构可否将房屋更正登记在张一名下？

《民法典》第一百一十四条规定，民事主体依法享有物权。该法第二百一十六条第一款规定，不动产登记簿是物权归属和内容的根据。按《不动产登记暂行条例》第五条规定，国有建设用地使用权及地上房屋所有权属于登记簿记载的不动产物权。据此可知，国有建设用地使用权及地上房屋所有权属于民事权利，且国有建设用地使用权及地上房屋所有权的权利主体以登记簿上的记载为准。那么，什么样的自然人，才可以成为登记簿上记载的国有建设用地使用权及地上房屋所有权的权利主体呢？

《民法典》第十三条规定，自然人从出生时起到死亡时止，具有民事权利能力，依法享有民事权利，承担民事义务。据此可知，只有具有生命的自然人,才具有民事权利能力,民事权利能力是自然人享有民事权利、履行民事义务的资格。换言之,具有生命的自然人,才具备享有国有建设用地使用权及地上房屋所有权的资格,即只有具有生命的自然人,才可以成为登记簿上记载的国有建设用地使用权及地上房屋所有权的新的权利主体。案例一中,甲由于意外死亡,不能成为登记簿上记载的国有建设用地使用权及地上房屋所有权的新的权利主体。那么,登记机构应当为乙办理什么登记呢?

《民法典》第一千一百二十一条第一款规定,继承从被继承人死亡时开始。该法第一千一百二十二条第一款规定,遗产是自然人死亡时遗留的个人合法财产。据此可知,自被承人死亡时起,继承人享有被继承人遗留的合法财产的权利。案例一中,甲以出让方式取得一宗国有建设用地使用权,签订了土地出让合同,缴清了土地出让税费。取得建设工程规划许可证后,建造了一幢房屋,房屋竣工后,取得了竣工验收手续。据此可知,甲生前基于土地出让合同和合法建造的房屋享有的房地产权利均是合法的,可以被乙继承享有。因此,登记机构应当凭土地出让合同、建设工程规划许可证、房屋竣工验收证、继承权公证书等材料为乙办理国有建设用地使用权及地上房屋所有权首次登记。若如此,是否违反不动产登记的连续登记原则?

按《不动产登记操作规范(试行)》1.2.3 条规定,未办理不动产首次登记的,不得办理不动产其他类型登记。据此可知,不动产登记的连续性原则是指首次登记是变更登记、转移登记等后续登记的前提。案例一中,登记机构应乙的申请为其办理的是国有建设用地使用权及地上房屋所有权的首次登记,不是未经首次登记为其办理变更登记、转移登记等后续的登记,故此举并不违反不动产登记的连续登记原则。

案例二中,登记机构可否将房屋更正登记在张一名下呢?

《民法典》第二百二十条第一款规定,权利人、利害关系人认为不动产登记簿记载的事项错误的,可以申请更正登记。不动产登记簿记载的权利人书面同意更正或者有证据证明登记确有错误的，登记机构应当予以更正。据此可知，一般情形下，登记簿上的记载有错误的，登记簿上记载的权利人或与登记簿上记载的错误事项有利害关系的人均可以申请更正登记，将登记簿上记载的错误事项恢复到错误登记前的状态或正确的登记状态。案例二中，张二向登记机构提交的公证机构撤销其为张四出具的公证书的证明、张二和张三是张一合法继承人的证明等材料，表明：一是登记机构为张四做的继承转移登记错误，当事人申请更正登记的前提成立；二是张二是张一遗留房屋的合法继承人，登记簿上现时记载的错误的继承转移登记，由于影响了其基于继承对该房屋所有权的享有而形成利害关系，即张二作为更正登记申请人适格。概言之，张二向登记机构申请更正登记于法有据。但是，案例二中，张一已经死亡，登记机构能将房屋更正登记到其名下吗？如前所述，更正登记可以将登记簿上记载的错误事项恢复到错误登记前的状态，当然包括将登记簿上现时记载的错误的权利主体，恢复为之前的权利主体。即错误的继承转移登记前，房屋登记在张一名下，表明房屋是张一的遗产，登记机构若将房屋更正登记回张一名下，是纠正登记簿的错误记载所致，换言之，登记机构此举不是将张一作为取得或设立房屋权利的新的权利主体记载在登记簿上。概言之，登记机构若将房屋更正登记到张一名下，是恢复该房屋作为遗产的本来面目，与已经去世的张一有无民事权利能力无关。因此，登记机构应当应张二的申请将房屋更正登记到张一名下。

结论：登记机构不可以将死者作为取得或设立的权利的新的主体记载在登记簿上，但在登记发生错误时，可以将不动产权利更正登记回死者名下。

第155问 未办理继承转移登记的房屋所有权可否被继承

甲、乙是夫妻，有一套住房登记为甲、乙共同共有。某年3月，甲死亡，甲的继承人有乙、甲的父亲丙、甲的儿子丁，甲、乙从未对其共

第九部分 其 他

同财产作过分割,甲的继承人也没有对该住房作遗产分割。第二年12月,甲的父亲丙死亡,甲的妹妹主张对该住房享有继承权。

甲的妹妹对该住房是否享有继承权?

笔者认为,甲的妹妹对该住房享有继承权。

《民法典》第二百三十条规定,因继承取得物权的,自继承开始时发生效力。该法第一千一百二十一条第一款规定,继承从被继承人死亡时开始。该法第一千一百二十七条第一款、第二款规定:"遗产按照下列顺序继承:(一)第一顺序:配偶、子女、父母;(二)第二顺序:兄弟姐妹、祖父母、外祖父母。继承开始后,由第一顺序继承人继承,第二顺序继承人不继承;没有第一顺序继承人继承的,由第二顺序继承人继承。"该法第一千一百五十三条第一款规定,夫妻共同所有的财产,除有约定的外,遗产分割时,应当先将共同所有的财产的一半分出为配偶所有,其余的为被继承人的遗产。据此可知,夫妻生前对其共有财产没有作处分安排的,自其中一方死亡时起,夫妻共有财产的一半由死者的继承人继承,另一半归健在的配偶享有。本问中,甲于某年3月死亡,但甲、乙从未对其共同财产作过分割,自甲死亡时起,该住房一半的份额由乙享有,另一半由甲的第一顺位继承人乙、丙、丁等额按份共有。即乙、丙、丁因继承对原登记在甲、乙名下的住房按份共有,其中乙占六分之四、丙和丁各占六分之一。据此可知,作为第二顺位继承人的甲的妹妹对甲的遗产不享有继承权。

但是,《民法典》第一千一百二十二条第一款规定,遗产是自然人死亡时遗留的个人合法财产。本问中,甲的父亲丙因继承对原登记在甲、乙名下的住房享有六分之一份额的所有权,虽然该六分之一份额的住房所有权现时未登记在丙的名下,但此为甲依法享有的无须登记即生效的住房所有权,丙死亡后,该六分之一份额的住房所有权是可以被丙的继承人继承的遗产。甲的妹妹是丙的第一顺位继承人,对该六分之一份额的住房所有权享有继承权,即此时,甲的妹妹继承的是其父亲丙的遗产,而非甲的遗产。因此,甲的妹妹对该住房享有继承权。

第 156 问　当事人能否将其因注销登记丧失的不动产权利再申请登记到其名下

权利人取得房屋所有权的途径：一是基于合同、协议等法律行为；二是基于生效的法律文书、继承、合法建造等非法律行为。

权利人因放弃权利产生的注销登记完成后，可否凭原申请材料申请将已经被注销的房屋所有权再登记到其名下？

笔者认为，权利人因放弃权利产生的注销登记完成后，不可以凭原申请材料申请将已经被注销的房屋所有权再登记到其名下。

从法理上看，设立不动产物权应当遵守"一物一权"的民法原则。所谓"一物一权"的民法原则，是指在一个物上不能设定两个以上（含两个）内容相冲突的物权，比如一个物上不能设定两个所有权。

权利人放弃房屋所有权，是指权利人依自己的意思表示以抛弃的方式消灭自己依法享有的房屋所有权的行为。按《民法典》第二百一十四条规定，一般情形下，以法律行为消灭不动产物权的，自记载于登记簿上时起生效。在不动产登记实务中，按《不动产登记暂行条例实施细则》第二十八第一款第（二）项规定，放弃不动产权利属于当事人申请注销登记的情形。因此，当事人放弃房屋所有权的，自其申请并完成注销登记时起生效。房屋所有权注销登记完成后，只表明原权利人享有的房屋所有权消灭，但该房屋所有权本身并不消灭，其归属处于待定状态。此情形下的房屋所有权消灭，系相对消灭。

本问中，如果权利人因放弃权利产生的注销登记完成后，可以凭原申请材料申请将已经被注销的房屋所有权再登记到其名下：一是如果通过变更登记、转移登记途径，因欲变更、转移的房屋所有权已经被注销，失去办理变更登记、转移登记的前提；二是如果通过首次登记，则首次登记完成后，在一个房屋上再设立了一个所有权，此情形下，一个房屋上既存在一个属于权利人的所有权，又同时存在一个处于待定状态的所有权，有悖"一物一权"的民法原则。因此，权利人因放弃权利产生的房屋所有权注销登记完成后，不可以凭原申请材料申请将该房屋的所有权再登记到其名下。

从法律规范上看，按《民法典》第七条规定，诚信是民法的基本原则。原权利人放弃权利属于民事法律行为，当然应当遵守诚实信用的民法基本原则。如果权利人因放弃权利产生的房屋所有权注销登记完成后，再凭原申请材料主张该房屋的所有权并申请房屋所有权登记，"出尔反尔"，属于违反诚实信用原则的行为，也是违法行为。按《不动产登记暂行条例》第二十二条规定，违反法律、行政法规的登记申请，登记机构应当作不予登记处理。据此可知，权利人因放弃权利产生的房屋所有权注销登记完成后，不可以凭原申请材料申请将该房屋的所有权再登记到其名下。

从不动产登记程序上看，原申请材料承载的房屋所有权因已经记载在权利人名下，表明原申请材料的证明目的已经实现，原权利人据此再申请登记一个与已经登记但被其放弃的权利同一的权利，原申请材料对此不再具有证明效力，登记机构不应当再用作登记的证据材料。

第 157 问　遗失补证的申请人是否仅是原证书上记载的权利人

陈某、王某是夫妻，共同购买了一间商铺，但登记在陈某名下，即登记簿和房屋所有权证书上的权利人是陈某一人，共有情况栏空白（即没有填写任何信息）。现因房屋所有权证书遗失，陈某申请遗失补证。申请补证时，陈某向登记人员陈述，此商铺是其与王某的夫妻共同财产。

该商铺的遗失补证是由陈某申请，还是由陈某、王某共同申请？

笔者认为，该商铺的遗失补证由陈某申请。

在不动产登记实务中，《不动产登记暂行条例实施细则》第二十二条第二款规定："不动产权属证书或者不动产登记证明遗失、灭失，不动产权利人申请补发的，由不动产登记机构在其门户网站上刊发不动产权利人的遗失、灭失声明 15 个工作日后，予以补发。"据此可知，在不动产权属证书或者不动产登记证明遗失、灭失的情形下，权利人可以向登记机构申请补发。因此，遗失补证是在不动产权属证书或者不动产登记证明遗失、灭失的情形下，登记机构根据申请人的申请，基于登记簿上现时的记载，向申请人核发载明内容与遗失、灭失的不动产权属证书或者不动产登记证明载明内容一致的新的不动产权属证书或者不动产登记证明，补证不属于不动产登记类型，不改变原有的物权归属。简言之，一般情形下，补证由登记簿和不动产权属证书、不动产登记证明上载明的权利人申请。本问中，陈某是登记簿和房屋所有权证书上载明的权利人，遗失补证应当由其申请，无须其与配偶王某共同申请。

第158问　登记机构是否查验用作登记申请材料的合同是否生效

在因合同产生的不动产登记中，对作为登记申请材料的以设立、变更、转移、消灭不动产物权为目的合同，登记机构是否对其生效与否作查验？

登记机构是否对用作登记申请材料的合同是否生效作查验，《民法典》《不动产登记暂行条例》《不动产登记暂行条例实施细则》《不动产登记操作规范（试行）》均没有作明确规定。

有观点认为，任何一个用于办理不动产登记的申请材料都不应尚未生效，因为不动产登记记载物权变动的结果正是基于申请材料。申请材料如果无效，登记结果也无效。合同属于申请材料，因此登记机构应当审查合同是否生效。

也有观点认为，对合同效力的审查，属于人民法院裁判权范围。其他任何部门都无权对合同效力进行审查。在不动产登记中采用的很多合同，被人民法院裁定为无效，在合同无明显瑕疵的情况下，并未因此让登记机构承担过错责任，可见对合同效力的审查不属于不动产登记机构的权限范畴。只要成立的合同，登记机构就可以用作办理不动产登记的证据材料。

第九部分 其他

笔者认为，登记机构应当在力所能及的范围内，对作为登记申请材料的以设立、变更、转移、消灭不动产物权为目的的合同生效与否作查验。

一、合同的成立与生效

按《民法典》第一百五十八条规定，一般情形下，民事法律行为可以附条件，但是根据其性质不得附条件的除外。附生效条件的民事法律行为，自条件成就时生效。按该法第一百六十条规定，一般情形下，民事法律行为可以附期限，附生效期限的民事法律行为，自期限届至时生效。该法第五百零二条规定，依法成立的合同，自成立时生效，但是法律另有规定或者当事人另有约定的除外。据此可知，作为民事法律行为的合同，其成立与生效是二个不同的概念，即合同成立不等于合同生效，合同成立是合同生效的前提。一般情形下，依法成立的合同，自成立时生效，但法律、行政法规规定应当办理批准、登记等手续生效的，当事人须依照法律、行政法规规定办理批准、登记等手续后合同方生效。当事人约定有生效期限或生效条件的，约定的生效期限届至或生效条件具备时，合同方生效。在不动产登记实务中，用作登记申请材料的仅仅是成立的合同，还是生效的合同？

二、用作登记申请材料的应当是生效的合同

《民法典》第二百一十一条规定，当事人申请登记，应当根据不同登记事项提供权属证明和不动产界址、面积等必要材料。按该法第二百一十二条第一款第（一）项和第（三）项规定，查验申请人提供的权属证明和其他必要材料，如实、及时登记有关事项是登记机构的职责。据此可知，对申请人提交的权属证明和不动产界址、面积等登记申请材料作查验并按登记申请材料上载明的相关信息在登记簿上如实、及时登记是登记机构的职责。

《民法典》第二百一十六条第一款规定，不动产登记簿是物权归属和内容的根据。质言之，不动产物权的权利主体和权利内容，以不动产登

记簿上的记载为准。换言之，不动产登记簿上记载的内容是有公信力的，但公信力的支撑是登记簿上记载的内容必须合法、真实、有效。如前所述，登记簿上记载的内容来自登记申请材料上的相关信息，因此，登记申请材料也应当合法、真实、有效，否则，有损登记簿的公信力。如甲、乙于A年8月1日向登记机构申请一般抵押权登记，但提交的借款合同约定该合同于A年11月1日生效，即自A年11月1日合同生效时起债权才产生，换言之，甲、乙申请登记的一般抵押权保全的债权还不存在。但是，《民法典》第三百九十四条规定，为担保债务的履行，债务人或者第三人不转移财产的占有，将该财产抵押给债权人的，债务人不履行到期债务或者发生当事人约定的实现抵押权的情形，债权人有权就该财产优先受偿。前款规定的债务人或者第三人为抵押人，债权人为抵押权人，提供担保的财产为抵押财产。据此可知，一般情形下，债权的存在是设立抵押权的前提。因此，登记机构如果将甲、乙申请的抵押权记载在登记簿上，明显违反《民法典》第三百九十四条规定，有损登记簿的公信力。所谓公信力，即法律对第三人依据不动产登记簿的记载所表述的不动产物权的内容而取得的该项权利予以强制保护，使其免受任何人追夺的强制力[①]。

因此，在不动产登记实务中，作为登记申请材料的以设立、变更、转移、消灭不动产物权为目的合同应当是生效的合同，登记机构应当对其是否生效作查验。

三、登记机构应当在力所能及的范围内查验合同是否生效

在司法实务中，《最高人民法院关于审理房屋登记案件若干问题的规定》（法释〔2010〕15号）第十二条规定，申请人提供虚假材料办理房屋登记，给原告造成损害，房屋登记机构未尽合理审慎职责的，应当根据其过错程度及其在损害发生中所起作用承担相应的赔偿责任。质言之，

---

① 梁慧星：《中国物权法草案建议稿附理由：物权编》，法律出版社2004年版，第239页。

第九部分 其 他

登记机构对申请人提交的虚假申请材料，没有尽到合理审慎的查验职责致使登记错误的，应当承担不利后果。申言之，登记机构对申请人提交的登记申请材料的真实性、合法性和有效性的查验，应当履行的是合理审慎的查验职责。所谓合理审慎的查验职责，是指登记机构在现有的设备、设施条件下，以一般社会人的认知标准，对申请人提交的登记申请材料的合法性、真实性和有效性尽到力所能及的查验职责。

按《民法典》第一百四十四条、第一百四十五条、第一百四十六条、第一百五十三条、第一百五十四条和第一百五十五条规定，下列民事法律行为无效：（一）无民事行为能力人实施的民事法律行为；（二）限制民事行为能力人依法不能独立实施的民事法律行为；（三）行为人与相对人以虚假的意思表示实施的民事法律行为；（四）违反法律、行政法规关于效力性强制性规定的民事法律行为和违背公序良俗的民事法律行为；（五）行为人与相对人恶意串通，损害他人合法权益的民事法律行为。笔者据此认为，这些规定系当事人或相关利害关系人就作为民事法律行为之合同的效力性问题产生争执时，申请仲裁或提起民事诉讼后，仲裁员或法官根据庭审举证、质证情况及其他途径掌握的材料、信息进行综合分析、判定后据以认定合同效力的依据，属于应当以专业的认知标准履行查验职责的仲裁员、法官把握的依据。

按《民法典》第四百九十条第一款规定，当事人采用合同书形式订立合同的，自当事人均签名、盖章或者按指印时合同成立。在不动产登记实务中，按《不动产登记操作规范（试行）》1.8.2.2 条规定，申请材料应当为纸质介质，其他形式的材料应当转化为纸质介质后方可用作登记收件。据此可知，作为不动产登记申请材料的合同应当是合同书。因此，登记机构在力所能及的范围内查验作为登记申请材料的合同是否生效的标准是合同书上双方当事人签字或者盖章的前提下：一是当事人没有约定该合同生效期限或生效条件的，合同已经生效。否则，须在生效期限届至或生效条件具备时，合同方生效；二是法律、行政法没有规规定应当办理批准、登记等手续生效的，合同已经生效。否则，当事人须依照法律、行政法规规定办理批准、登记等手续后合同方生效。

第 159 问　公证机构可否确认房屋权属

张三、李四在婚姻存续期间购买了一处房屋，登记为张三单独所有。之后，张三将房屋转让给王五，但因种种原因，张三委托赵六代其申请转让转移登记。办理委托手续公证时，公证机构认为被转让的房屋虽然登记为张三单独所有，却是张三、李四婚姻关系存续期间购买的，应当认定为其夫妻共同财产，由其夫妻共同转让，因此，委托公证书上的委托人是张三和李四，即张三、李四共同委托赵六到登记机构代为申请转让该房屋产生的转移登记。现王五、赵六持委托公证书等材料向登记机构申请转让房屋产生的转移登记。

对王五、赵六申请的转移登记，登记机构可否办理？

笔者认为，对王五、赵六申请的转移登记，登记机构应当办理。

按《民法典》第二百一十六条规定，不动产登记簿是物权归属和内容的根据。据此可知，一般情形下，不动产物权的归属，以登记簿上记载的权属状况为准。本问中，虽然房屋是在张三、李四婚姻关系存续期间购买的，但已经登记为张三单独所有，即张三是该房屋的唯一所有权人，有权依自己的意思表示对房屋作处分，由其自己或委托他人到登记机构申请转让房屋产生的转移登记。

按《民法典》第二百二十九条规定，人民法院、仲裁机构可以确认物权的归属。按《确定土地所有权和使用权的若干规定》第二条规定，县级以上人民政府可以确认土地权属。按《公证法》第二条规定，公证机构属于证明机构。据此可知，作为证明机构的公证机构无权确认不动产物权的归属。本问中，公证机构认为转让的房屋虽然登记为张三单独所有，却是张三、李四婚姻关系存续期间购买的，应当认定为其夫妻共同财产于法无据。

第九部分 其他

在不动产登记实务中,按《不动产登记暂行条例实施细则》第十二条规定,自然处分不动产的,可以通过公证委托书的方式委托他人代为申请登记。本问中,虽然受托人赵六提交的是张三、李四共同委托其代为申请转让房屋产生的转移登记的委托公证书,但其中有房屋所有权人张三委托其代为申请转让房屋产生的转移登记的意思表示,赵六有权代张三申请转让该房屋产生的转移登记。因此,对王五、赵六申请的转移登记,登记机构应当办理。该公证文书中,张的配偶也是委托人,但其没有明确的委托事项,登记机构对此无须过问。

第 160 问 居住权有些什么特性?当事人该怎样申请居住权登记

居住权有些什么特性?当事人该怎样申请居住权登记?

笔者根据《民法典》第二编第十四章关于居住权的相关规定作阐释。

按《民法典》第二编第十四章"居住权"规定,居住权是基于合同或遗嘱设立的,对他人的住宅享有占有、使用的用益物权,以满足权利人生活居住的需要。居住权的特性主要有:

(1)设立居住权的原因证明是居住权人与住宅所有权人签订的居住权合同,或住宅所有权人为居住权人设立居住权的遗嘱,即居住权合同或设立居住权的遗嘱是居住权的权源材料。

(2)居住权是无偿的由居住权人专门享有的权利,不得转让、继承。

(3)居住权是经登记才生效的用益物权,即居住权自记载于登记簿上时起生效。

那么,当事人该怎么申请居住权登记呢?

因居住权合同取得的居住权,由居住权人与住宅所有权人共同申请登记,或由其代理人申请登记,同时提交登记申请书、申请人的身份证明、居住权设立合同、住宅所有权人名下的不动产权属证书等申请材料;因遗嘱取得的居住权,由居住权人或其代理人代为申请登记,同时提交登记申请书、申请人的身份证明、设立居住权的遗嘱、立遗嘱人的死亡证明、被继承人或者继承人名下的不动产权属证书等申请材料。

主要参考书目

[1] 梁慧星. 中国民法典草案建议稿附理由：物权编[M]. 北京：法律出版社，2004.

[2] 梁慧星. 民法总论[M]. 北京：法律出版社，2001.

[3] 王利民. 民法学[M]. 上海：复旦大学出版社，2004.

[4] 佟柔，周大伟. 佟柔中国民法讲稿[M]. 北京：北京大学出版社，2008.

[5] 赵旭东. 公司法[M]. 北京：中国政法大学出版社，2013.